长城

一部抗战时期
的视觉文化史

The Great Wall:
Visual Culture During the
Sino-Japanese War, 1931-1945

吴雪杉

著

生活·讀書·新知 三联书店

图书在版编目（CIP）数据

长城：一部抗战时期的视觉文化史／吴雪杉著．—北京：生活·
读书·新知三联书店，2018.3
ISBN 978 – 7 – 108 – 06002 – 0

Ⅰ．①长…　Ⅱ．①吴…　Ⅲ．①长城－文化史－近代－通俗读物
Ⅳ．K928.77-49

中国版本图书馆 CIP 数据核字（2017）第 137059 号

责任编辑　杨　乐
装帧设计　蔡立国
责任校对　张国荣
责任印制　宋　家
出版发行　生活·讀書·新知 三联书店
　　　　　（北京市东城区美术馆东街 22 号　100010）
网　　址　www.sdxjpc.com
经　　销　新华书店
印　　刷　北京隆昌伟业印刷有限公司
版　　次　2018 年 3 月北京第 1 版
　　　　　2018 年 3 月北京第 1 次印刷
开　　本　635 毫米 × 965 毫米　1/16　印张 21.5
字　　数　250 千字　图 247 幅
印　　数　0,001 – 5,000 册
定　　价　49.00 元
（印装查询：01064002715；邮购查询：01084010542）

献给我的父母：

吴元春　张晓春

目　录

序　　1

导论　　4

第一章　现代目光下的"长城"　　11

第二章　1933：长城抗战与"血肉"长城　　46

第三章　另一种想象：日本及"满洲国"宣传图像中的长城　　84

第四章　"筑成我们新的长城"：《风云儿女》的广告、
　　　　影像及观念　　118

第五章　召唤声音：图像中的《义勇军进行曲》　　161

第六章　新长城图像的扩散　　196

第七章　无尽的行列：西方"新长城"漫画及其中国回响　　258

第八章　不到长城非好汉　　303

结语　　332

序

　　我对长城的研究始于 2007 年夏，当时正在写《四僧名目考》，每天到国家图书馆翻阅民国期刊。当看到民国人在 1912 年的《真相画报》上严肃讨论长城该拆还是不该拆时，仿佛一个神奇的世界浮现在面前。后面一年断断续续查找民国文献，2008 年 10 月到杭州"海外汉学与中西文化交流国际研讨会"上以《图像"长城"：抗战美术与现代民族话语的生成》为名做了一个报告。本书的基本观念在那时就已经确立。不过 2008 年的我还在纠结是不是该把研究方向从明清美术史转到汉代画像石，近现代部分偶有涉猎，却没打算全情投入。长城这个题目只想写篇文章了事，每每动笔又觉得千头万绪，一篇文章无法穷尽，便搁置一边。

　　2011 年，我后来的博士导师尹吉男教授推荐我参加汪悦进教授在哈佛燕京学社主持的一个艺术史小组，汪老师做研究纵横捭阖，看问题极具穿透力，他看我兴趣驳杂，便提前约法三章，去了只能做近现代，也是在那个时候，我个人的研究重心开始转向晚清民国，又主攻长城的图像与观念。那一年应老朋友施杰之邀，去芝加哥大学东亚艺术研究中心做了一个孟姜女与长城的报告，又在哈佛燕京学社主办的"Power, Status and Space in East Asian Art"研讨会上宣读了"日本及伪满洲国宣传画里的长城图像"，也就是本书第三章，算是阶段性成果。

2012 年回国后，到中央美术学院跟尹吉男教授攻读博士学位，和他商量博士论文选题。我原想把古今中外的长城图像一锅端掉，尹先生说博士论文做长城可以，但是只能选做一段——于是定下来做抗战期间的长城图像与民族话语，也就是现在这本书的主题。说起来初次聆听尹先生教诲是在 1994 年初进美院读本科的时候，算下来也有二十来年了。尹先生的智慧自不必多言，个人魅力也是超高，身为弟子的我唯有高山仰止。每次跟尹先生谈完论文，都觉得学术之路还很漫长……到 2015 年博士毕业，论文基本成形，后面又经过两年反复修改，才有了本书的问世。

我的硕士导师是薛永年先生。跟薛先生读书是在 2000 年，主攻明清。毕业之后在艺术史领域里东游西荡，去明清渐远，不过每有新发现和新研究，总会到先生家请教。薛先生学养极深厚，关注艺术本体，推重实打实的研究，每次向先生汇报进展，先生三言两语就能戳到痛处。这篇博士论文也被薛先生"戳"过多次，文章也越来越实在。

中央美术学院的李军教授 2011 年恰好也到哈佛大学访学，李老师也是看着我从本科到博士成长起来的"老"先生，不过要到哈佛时才有机会向李老师密集学习。李老师理论出身，近来又打通中西艺术史壁垒，眼光锐利与老辣兼备，我从那一年开始，受益至今。老师辈里还要提到郑岩教授。我跟郑老师私淑过几年墓葬美术，做了几篇汉代文章。现在改"邪"归正，还是常常向郑老师请教。郑老师博古通今，才思敏捷，只要讨论图像问题，他就不厌其烦。

同辈友人里，对我帮助最大的是老同学邹建林。建林兄本科比我高一级，多少年来一直是我学习的楷模，每有新作，大多都要呈送师兄过目，请他指点。博士论文更不能例外，每出一个章节，都要在电话里讨论许久。于我而言，建林兄称得上亦友亦师了。

师妹杨多是我十余年来另一位益友，在长城问题上给过很多精彩意见，又帮我查找资料，在纽约一卷卷调阅《亚里桑那州共和报》胶片，为一条材料前后就花费两三个月时间，让我好生感动。施杰最早提醒我注意日本方面的长城材料，又在芝加哥大学为我找到《圣路易斯邮报》的关键信息。美国老报纸胶片应该和中国胶片一样，会让人看到头晕眼花吧？施杰兄和杨师妹代我受苦了。汪老师组织的艺术史小组里还有两位同侪，广州美术学院的蔡涛和北京师范大学的唐宏峰，我们三人同龄又"同班"，那时的蔡涛投身黄鹤楼大壁画，宏峰专攻点石斋，他们二位在近现代方面入行比我早，我从他们那里获益良多。在中央民族大学时的同事袁江名精通电影史，在这个领域里也给了我很多启发。

读博期间，老同学初枢昊把图书卡借我三年，让我借阅量翻倍。王燕数年来为我进出北大图书馆查阅资料提供了很多便利。需要在北大图书馆借书时，也会烦劳任楷和马丽云二位友人。吴垠帮我检索到一批材料。李燕和杨乐都从美国为我带书，那些书真是又厚又重。书中若干章节完成之后，曾烦请徐胭胭和陈婧莎两位学妹审读，令文句通畅了许多。

承蒙殷双喜、张鹏、陈诗红和李若晴等资深编辑厚爱，本书部分章节曾经发表在《美术研究》《文艺研究》和《美术学报》上。杨乐帮助我申请出版，敦促修改书稿，又花费心力编辑本书，要特别致谢。写出来的东西能够变成白纸黑字，总是让人备受鼓舞。

最后感谢我的父亲、母亲还有妹妹。我能够有所成长，甚至行有余力做些无关功利的学术研究，他们的爱护、宽容和支持至关重要。

导　论

在 21 世纪的今天看来，"长城是中华民族的象征"属于常识，这个常识还以图像的形式贯穿在当代政治与社会生活的方方面面。但这个常识是怎么来的，一直没有一个十分清晰的解答。学术领域对于长城象征意义的历史建构性已有共识，但对具体建构过程的认识却一直停留在比较粗糙的阶段。随处可见的长城图像在这个过程里发挥的作用，更没有得到足够重视。

长城伫立在大地山河之上，历千百年而魏然依旧。它的营造和修建历时两千多年，本身就有一部漫长的历史。长城的文化意义又相对独立于长城建筑之外，来自不同群体和文化传统在历史长河中对长城的书写与言说、理解与互动。与长城有关的一切象征观念及图像表达，都是在历史中层累叠加的结果。对长城象征意义的讨论也就应该放在文化史，而非建筑史的领域之内。

迄今为止，从文化史角度研究长城最丰硕的成果是美国学者林霨（Arthur Waldron）1990 年所著的《长城：从历史到神话》。[1] 他明确提出："长城结果是一种令人着迷的幻象，它现

---

[1] Arthur Waldron: *The Great Wall of China: From History to Myth*, Cambridge: Cambridge University Press, 1990. 中译本在 2008 年由江苏教育出版社出版，见 [美] 阿瑟·沃尔德隆著，石云龙、金鑫荣译：《长城：从历史到神话》，南京：江苏教育出版社，2008 年。本书主要使用中译本，必要时也会参照、援引英文原著。该书作者中文名为林霨。

在已经习惯性地深深地嵌入了中国和西方学术和普通老百姓的想象之中。"[2]通过细致翔实的历史研究，林霨区分了作为军事边界的长城、政治产物的长城和作为文化产物的长城。在林霨看来，修建长城是一个政治问题，尤其在明代，是否建长城以及在哪里建长城，是外交政策、军事战略和政治观念相互竞争与妥协的结果。而长城的文化意义——也就是关于长城的"神话"——则经历了另一个曲折的过程。在古代中国，它象征秦始皇统治的暴政；在16世纪晚期欧洲人开始关注长城之后，长城一步步演变成能够从月球上"看到"的唯一地球建筑；到了20世纪初期，"西方有关长城的错误概念"渗透到中国，长城"在日常生活中被逐渐当做民族的象征"，孙中山又在其中起到重要作用。在摆脱清朝统治之后，对于一个"比其他国家更加依靠统一强大的象征和文化等级来维持其凝聚力的国家来说"，中国或者说中华文明的中心出现了真空，这个时候，"孙逸仙率真地开始将长城变成一种民族的进步象征，从根本上来说是对这种变化的反应"[3]。在该书的最后一章，林霨勾勒出长城获得象征性价值的基本线索，辨析长城大致是在什么时候、在什么意义上获得怎样的象征价值。

本书受惠于这本著作极深。林霨提出的长城在历史上具有多种意义以及长城有一个"从历史到神话"的过程，都成为本书立论的前提。但林霨在讨论长城之于现代中国的重大意义时，将两个核心问题轻轻放过了，而这两个问题恰是本书关注的焦点。

一是抗日战争与长城现代意义的关系。林霨注意到两者的联系，提到毛泽东《清平乐·六盘山》里的"不到长城非好汉"

---

〔2〕 ［美］阿瑟·沃尔德隆著，石云龙、金鑫荣译：《长城：从历史到神话》，第6页。
〔3〕 同上书，第280—281页。

可能与抗日有关，也注意到《义勇军进行曲》与抗日的紧密联系，不过他对抗日战争在长城意义转变中的决定性作用重视不够，一些历史细节未能得到清晰、准确的呈现。[4] 此外，林霨对历史伟人孙中山的过度强调，也使他不由自主地弱化了抗日战争发挥的效力。

二是图像的作用。林霨并非不注意图像，他在论著里提到并使用了17至19世纪中国、欧洲以及新中国成立后各类关于长城的绘画作品，却唯独忽略了民国时期大量出现的长城图像，只用一言以蔽之："可是，大致说来，长城在民国的图像志（iconography）里不怎么出现。"[5] 随便翻翻本书选用的图版，就可以发现林霨在这个问题上的疏忽。

有两位学者部分弥补了林霨对于图像关注的不足。洪长泰《战争与大众文化：现代中国的抵抗，1937—1945》（1994）注意到是抗日战争促使长城转化成一个能够将中国凝聚为整体的象征物，不过他没有认真梳理这个转变的历史过程，只是以张仃《收复失土》、穆一龙《蜿蜒南下》等抗战期间绘制的漫画作品为例，就长城在画中的象征意义略作陈述。[6]

高名潞在《墙：中国当代艺术的历史与边界》（2006）里延续洪长泰的见解，他在一条长长的注释里批评林霨"漠视了抗日战争期间一种与长城相关的大众文化的发展"，并认为20世

---

〔4〕　林霨用一页篇幅谈论抗日战争与长城的关系（英文本的第215至216页），而如本书所示，或许一本博士论文才算充分。在具体时间点上，林霨将抗日战争之于长城发生影响的时间点放在1931—1932年（《长城：从历史到神话》，第281页），本书对此有不同看法，详见第二章。

〔5〕　原文是 "By and large, however, the Wall had little role in the iconography of Republican China", Arthur Waldron: *The Great Wall of China: From History to Myth*, p.216, 江苏教育出版社中译本的译文是"可是，大致说来，长城在民国的肖像画中影响甚微"，见〔美〕阿瑟·沃尔德隆著，石云龙、金鑫荣译：《长城：从历史到神话》，第283页。

〔6〕　Chang-tai Hung: *War and Popular Culture, Resistance in Modern China, 1937-1945*, Berkeley-Los Angeles-Oxford: University of California Press, 1994, p.2.

纪 30 年代开始的抗日战争从根本上确立了长城作为中华民族象征的特殊地位，"更具体地说，把长城定位为一个民族身份的不可动摇的象征，是在日本军队 1931 年侵略中国东北后才被广泛传播开的"[7]。和洪长泰一样，高名潞在史实和图像研究上也都没有更进一步的展开。

到 2010 年，罗鹏（Carlos Rojas）在《长城：一部文化史》里再次推进了这个讨论。他和林霨一样，过于注重精英政治家和知识分子对于长城的解读，尤其是孙中山、鲁迅和毛泽东；和林霨一样，他也毫不涉及抗战时期的长城图像。他的进展在于，他把对长城的讨论扩展到大众文化领域，着重研究了电影《风云儿女》的情节及其主题曲《义勇军进行曲》在抗战背景下对于长城意义的建构。[8]遗憾的是，就影片《风云儿女》而言，他也只涉及影片叙事和歌曲中体现出的长城观念，没有注意到电影对于长城形象的视觉塑造。

从以上几位学者的研究可以看出，长城之于现代中国的象征意义与抗战密不可分，这在林霨以后已经成为西方学术界的普遍认识。对于这个象征意义出现的具体历史过程的模糊不清，自林霨以降也一直在延续。图像在这个过程中究竟起到何种作用，学者们大多蜻蜓点水，一笔带过。本书所要深入讨论的正是这两个问题：在抗日战争这样一个具体的历史过程中，长城究竟如何成为中华民族的象征？由于长城本身是一种视觉性的存在，又以视觉的方式（摄影、漫画、版画等）得到再现与传播，视觉图像与长城新观念的历史建构有何种关联？

20 世纪，长城以图像的方式被大规模地生产、制作，各种

---

[7] 高名潞：《墙：中国当代艺术的历史与边界》，北京：中国人民大学出版社，2006 年，第 188 页。

[8] Carlos Rojas: *The Great Wall: A Cultural History*, Cambridge: Harvard University Press, 2010.

报纸杂志都乐于刊登有关长城的照片和漫画。尤其在抗日战争的大背景下，关于长城的图像——精英的和通俗的——在形式和内容上都发生了急遽变化。这一变化恰与长城观念的变化相一致。集中梳理、阐释 1931 年至 1945 年关于长城的各种图像类型，讨论它们得以产生的社会动力以及艺术家所付出的形式探索，不仅可以拓展中国现代艺术史的研究领域，也为讨论 20 世纪中国艺术史、视觉文化以及文化史之间盘根错节的复杂关系提供了一个场域。

要将长城视为中华民族的象征，就要把中国历史上一座原本与"中华民族"无关的建筑物，"吸纳"到 20 世纪出现的对于"中华民族"的现代理解之中。这一"吸纳"的结果已经很清楚，本书首先要讨论的是"吸纳"的历史过程，对于历史脉络的梳理成为本书谋篇布局的一个基本线索。

第一章讨论抗日战争之前对于长城的一些基本观念，以及长城以何种视觉形象进入现代。此时的长城具有古老、伟大等正面价值，但它的"无用"也为当时人所公认。无论孙中山还是鲁迅，对于长城的理解都没有跳出这两个范畴之外。从林霨到罗鹏等现代学者都过高估计了这两位政治、文化精英在长城问题上的原创性。

第二章是本书核心。1933 年初的长城抗战使当时人真切感受到"砖石的长城"不足以保护国家，"人的长城"和"血肉长城"等观念开始浮现出来，长城从此开始与民族、与国家有了更紧密的结合。

第三章针对抗战期间日本和伪满洲国宣传画里出现的长城形象。虽然新长城观念的发生源出于中国内部，却有一个 20 世纪全球化的语境作为背景。日本和伪满洲国在 20 世纪 30 年代无中生有"捏造"出的长城意义及图像虽然没有在中国获得认同和回应，却与正在中国得到重塑的"新长城"观念构成了竞争。

第四章主要讨论 1935 年拍摄的影片《风云儿女》及其主题曲《义勇军进行曲》的影像与观念。长城与中华民族最主要的联系,"把我们的血肉,筑成我们新的长城"就是在这部电影中才得到明确提出。影片从最初的宣传品开始,就借用已经在中国、日本和欧洲得到反复传播的长城图像,来"筑成我们新的长城"。

不过,要在 1937 年抗日战争全面爆发之后,"新长城"的视觉图式才得到确认,并借助官方的宣传机器得到推广,这是第五章和第六章要解决的问题。《义勇军进行曲》对于长城新观念的传播意义非凡,有相当数量的绘画和摄影作品以视觉方式借用并重塑了《义勇军进行曲》,其中涉及图像、声音与观念的互动。巨人与长城组合在一起的图式出现在 1937 年中华民国的首都南京,随后在 1938 年的武汉被大量印制,最终扩散到各个战区。长城图像及其观念的出现和扩散,也是民国时期国民政府利用官方力量推动图像传播的典型案例。

第七章再次将视野拉出中国,看一个完全由人构成的"新长城"图式如何从美国产生,而后在中国发扬光大。后来所有由战士构成的"血肉长城""钢铁长城"图像,都可以在这里找到源头。

最后一章将视线转移到解放区和抗日根据地。共产党政权也接受了新长城的观念,集中体现在河北、山西一带八路军的抗战摄影和版画创作上。这是一个非常复杂的问题,全面的讨论可能需要一本书的篇幅。本章以沙飞 1937 年和 1938 年拍摄的"战斗在古长城"系列摄影作为个案,讨论战争时期对于长城的再现方式和创作意图,以及沙飞摄影对毛泽东 1935 年《长征谣》中"不到长城非好汉"一语的重新阐释。沙飞拍摄的长城照片赋予毛泽东诗句新的含义,也折射出"长城"在解放区获得了广泛认同。这种认同为 1949 年以后的长城观念及图像奠定了基础。

即如前文所言，本书特别关注图像。从根本上说，这是一本艺术史著作。不过本书的两个目标：对长城现代意义的生成做一个历史梳理，以及图像之于观念的建构性效力，都不完全是艺术史问题。在本书的论述框架下，图像既是一种能够发出声音的历史文本，又是具有独立文化逻辑的视觉语言；它们是历史的图像，本身也足以构成一部图像的历史。所以最终呈现在读者面前的，可能就不是一个传统意义上的艺术史，而是一部抗日战争时期的视觉文化史。

第一章　现代目光下的"长城"

1912 年，《真相画报》杂志对上海与广东各市拆除旧城墙一事大加赞赏，随后提出了一个问题：中国最古最大的城墙是长城，那么长城该不该拆掉呢？答案虽然是不拆，但提出这个问题本身，仍可引发对于长城的思考：在 20 世纪初期，一个现代国家刚刚建立之时，人们如何面对长城这个中国最古老的建筑？长城又以何种方式，进入到现代世界？

1.　伟大的古物

在中华民国建立后的民国元年，《真相画报》第 5 期专门刊载"广东拆城之现象""上海拆城之现象""万里长城"三组照片，配有相关文字，展示中国古城墙的现代命运。第一组和第二组是上海和广州城墙旧貌、拆后残迹，以及拆除后改建的马路，另附有文字解说拆除古城墙的必要性：

> 上海为万国商业之中枢，租界六通四辟，车水马龙，毫无障碍，唯县城闭塞，有同圈禁，不独贻笑外人，对于我国民，亦有种种之妨害。商场贸迁，全待交通，人民卫生，必资空气，崇墉屹屹，环绕四周，交通既形不便，空

气定多秽浊，吾民何辜，受兹苦恼。[1]

　　总结起来，城墙的负面作用主要集中在三个方面：1. 阻塞交通、妨碍出行；2. 不利空气流动，影响"人民卫生"；3. 城墙四面合围，"有同圈禁"，让外国人笑话。晚清以来，拆城提议络绎不绝，主要因素就是第一点，城墙的存在使城市只具备极少数出入口，限制了城市交通。至于卫生问题，已属可疑；"贻笑外人"，就更是莫须有了。

　　一旦城墙拆除，拓宽马路，架设电车，城市便能散发出一番新气象：

　　　　民国光复，扫去一切腐败政见，与民更始，前都督陈炯明入手第一着，既先拆卸城垣，以利交通。以粤省烟户稠密，衢道湫隘，一旦筑马路，电车、马车、自由车，长扬往来，真足为新世界新人物之纪念。[2]

　　在《真相画报》编者心目中，马路上自由往来的电车、马车和自由车，构成了"新世界"的象征，而古老的城墙，则是"新世界"和"新人物"的对立面，阻碍了新世界的到来，是应该彻底铲除的对象。【图 1.1】

　　在这个走向"新世界"的视域中，中国所有的城墙，都发挥着当时人所认定的负面作用，均在该当拆除之列，其中自然也包括长城。但是编者又以为，长城可以例外：

_____

[1]　《广东拆城之现象》，《真相画报》1912 年第 5 期。原刊物中未标注页码的，本文注释中也不提供页码信息，下文不再专门注明。
[2]　见《真相画报》1912 年第 5 期。

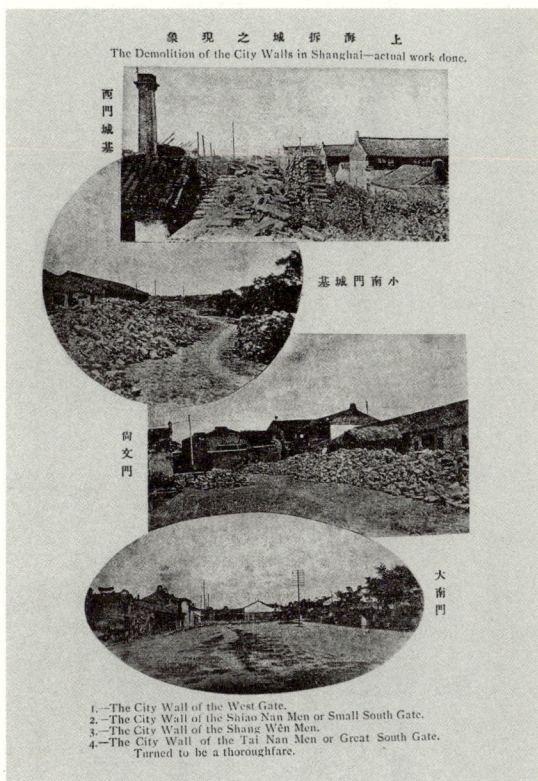

图 1.1 可以拆的上海、广东等地城墙，《真相画报》1912 年

城垣之宜拆，已略如上文所云。而我中国最古最大者，莫如长城。由前二说，则长城亦在必拆之列矣。是又不然。长城西起于甘肃安西州布隆古城，迤东抵直隶临榆县之山海关。延袤五千四百里，高十五丈至三十丈，基址幅广二十五尺，顶面幅广十五尺，堑山堙谷，升降或有差至数百尺者，以坚牢之炼砖，及石筑之。每三十六丈筑一堡寨，置烽火台于上，工程伟大，莫与伦比。历代以之限西北戎马之足，匈奴、突厥、回纥、沙陀、契丹、女真、蒙古等族，皆有所畏慑，不能越雷池一步。前清自辽左入

主中原，且与蒙古世婚，列为外藩，二百余年，北方无烽
燧之警，今更五族一家，共为同化，此城遂同虚设，拆与
不拆，已无讨论之价值。而与其拆之而劳民，不若存之以
为考古之资料。埃及之金字塔、罗马之千里石渠，合之长
城，同为地球上最伟大之古物软。[3]

　　编者承认长城工程伟大和曾经发挥的作用，不过同时也认
为，入清以后长城既已闲置，到民国"五族一家"，长城更是可
有可无。即便如此，长城仍不可拆，原因有两个：一是从成本
上考虑，拆之"劳民"；二是长城与金字塔、罗马石渠一样，都
是"地球上最伟大之古物"，可以留作考古的资料。【图 1.2】

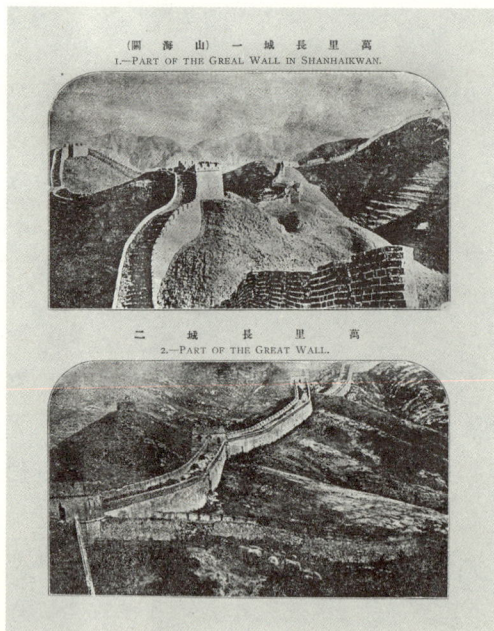

图 1.2　不能拆的万里长城，
《真相画报》1912 年

〔3〕　《万里长城》，《真相画报》1912 年第 5 期。引文中着重标出部分为本书作者所
　　　强调，下文皆同，不再——注明。

这里体现出一种世界性的眼光，把中国长城与埃及金字塔、古罗马引水石渠相提并论。这样一来，长城无论有用无用，都不能只从中国出发来考虑，还应该放在"地球"的层面上来理解！这种思路和眼光，显然是此前历朝历代所不具备的。民国时期的中国，已经开始习惯于在一种世界性（如果还不是全球化）的参照系中来审视自身。

　　这种看待长城的方式还带有一种现代性视角，"古"和"今"被明确地对立起来。长城在中国"历代"或许起到作用，而在现"今"，它已经形同"虚设"。关于长城无用的观点，在清代就已经很流行，康熙在《山海关》一诗里说长城："漫劳严锁钥，空自结山川。在德诚非易，临风更慨然。"乾隆《古长城》诗说得更清楚："延袤古长城，东西数万里。其说出蒙古，克勒木迤逦。汉书称龙堆，仿佛疑即此。蜿蜒走山川，见田岂谬拟。向曾为之记，浅言抉深理。天地自然生，南北限以是。设云人力为，早应就堕圮。然今果限谁，内外一家矣。"[4]《真相画报》的编者在长城无用的基础上更进一步，提出长城的价值在于它是一种"古物"，应该作为一种"考古之资料"来保存，这种态度却是古代从未有过的。

　　从现代性与世界性双重视角来审视长城，可以发现一个共通的价值属性："伟大"。长城在建立之初，"工程伟大，莫与伦比"；即便放在整个地球上来看，长城也是"最伟大之古物"。这个"我中国"最古、最大的城垣，在世界性的坐标系统下就自然而然地获得了它的民族意义，长城的"伟大"，恰足以说明"我中国"的伟大。即便这个古物现在没什么实际作用了，但这无碍于它的"伟大"，或者说，它的"伟大"还在。

　　不过，用长城类比其他国家古代遗物，以此佐证长城存在

―――――――――――

〔4〕　刘庆德等集注：《中国历代长城诗录》，石家庄：河北美术出版社，1991年，第477、533—534页。

的价值，多少带有西方世界的思想痕迹。在伏尔泰（François-Marie Arouet, 1694—1778）1756 年完成的《风俗论》里，他开始将中国长城与埃及金字塔做比较：

> 公元前 137 年修筑的、把中国同鞑靼人隔开并用以防御鞑靼人的长城，至今依然存在。长城绵亘 500 法里，蜿蜒高山之上，深谷之间，几乎全都有我们的法尺 20 尺宽，30 多尺高。就其用途及规模来说，这是超过埃及金字塔的伟大建筑。[5]

把长城和金字塔放到一起来认识古代世界，是伏尔泰一贯的方式。在伏尔泰《哲学辞典》"论中国"里又回到这个话题：

> 这里无须拿中国古迹万里长城跟其他国家的古迹对比；后者绝对比不上万里长城；也无须再提起埃及金字塔比起万里长城来不过是一些无用而幼稚可笑的堆堆罢了的话。[6]

虽然伏尔泰反复强调中国长城胜过埃及金字塔，不过在"古人"与"今天"的对比当中，长城还是变得"无用"了，这也是伏尔泰《哲学辞典》里"古人与今人"这一词条的基本价值取向：

> 中国人，在我们通俗纪元前二百多年就修筑了万里长城，这道城墙却也没有挡住鞑靼人的入侵。埃及人，三千年

---

〔5〕〔法〕伏尔泰：《风俗论》上册，北京：商务印书馆，2000 年，第 244 页。
〔6〕〔法〕伏尔泰著，王燕生译：《哲学辞典》，北京：商务印书馆，1991 年，第 322 页。

前，用他们那有九万平方尺地基的惊人的金字塔给大地增加了负重。没有人怀疑，倘若有人想要在现今搞这些无用的工程，虽然浪费大量金钱，也不易办到。万里长城是一座由恐惧不安而产生的巨大建筑；金字塔是一些虚荣和迷信的遗迹。长城和金字塔都证明人民的巨大耐心，却并不说明任何高等的建筑技术。无论是中国人也好，埃及人也好，都不会塑成一件像现今我们的雕塑家所塑造的人像。[7]

伏尔泰将长城与金字塔相提并论，又从"今人"出发看到长城的"无用"，这和《真相画报》关于长城的论述几乎完全相同。作为欧洲启蒙时代最负盛名的思想家之一，伏尔泰在18世纪对中国长城的讨论很能代表西方世界对于长城的理解。伏尔泰对长城的认识也一直在西方世界得到延续，如1793年马戛尔尼使团来华，没能看到长城的使团成员巴罗（John Barrow）在1804年出版的《中国纪行》里说："正是犯下焚书坑儒罪行的皇帝修筑了这道宏伟的长城，举世无双，甚至最大的金字塔使用的材料也仅仅是中国长城的一小点。"[8]提到中国长城就马上联想到埃及金字塔，在19世纪的欧洲可能是一种常态。

到19世纪晚期，这也成为中国自身看待长城的方式了，1883年《画图新报》一段文字充分体现了这种世界意识：

> 世上最古之国阙有五，曰：中国、印度、犹太、埃及、巴比伦。巴比伦已衰败，不能为国。凡人工所作之古迹，首推埃及。如大庙、高塔，以及古王陵寝，皆巨大无

---

〔7〕　[法] 伏尔泰著，王燕生译：《哲学辞典》，第100页。

〔8〕　[英] 马戛尔尼、巴罗著，何高济、何毓宁译：《马戛尔尼使华观感》，北京：商务印书馆，2013年，第318页。

比，如第三图。然不过表扬其国君之能，而无俾于实用。不如中国之两大人工，可为万世之利益也。两大人工者，即万里长城，与运粮河。[9]

最古之国有五，中国是其中之一。所存古迹之中，最古者首推埃及，但埃及"巨大无比"的古建筑从始至终皆无"实用"，这样一来，最了不起的就还是中国的"两大工程"，万里长城是其中之一。所以，单纯的"古"，也可以是长城获得价值的来源。而长城曾经具有的实用价值（"为万世之利益"），反而要排在"古"的后面，只是在单靠"古"拼不过埃及时，成为拿来说事的一个理由。

长城在建筑的实用性方面与埃及或西方古建筑之间的差别，美国旅行家、地理学家盖洛（William Edgar Geil,1865—1925）也有类似阐述："如果中国和印度受到了那些有巨型建筑，并因此引发了许多赞美的国家的影响，那么为什么这两个国家现在都缺乏标志性建筑呢？要回答这个问题就必须回到民众的生活状况和政府中去找原因。在那些上述拥有宏伟建筑的国度里，这些丰碑大多是由于帝王或个人为使自己流芳百世而建造的；但中国和印度是农业国家，因此虚荣心较小，其建筑主要是为人民的现实需要所服务的。这样，除了秦始皇美化京都的做法外，我们所见到的就只有像运河、大道，以及以有史以来最令人瞩目的长城为代表的防御工事等实用工程。长城标志着一个伟大的时代。"[10]

用埃及来与中国并列，以其作为中国古老的证明，这种观念潜移默化，到20世纪时就深入人心了。1938年一首现代诗

---

〔9〕《画图新报》1883年第4卷第6期，第52—53页。
〔10〕［美］盖洛著，沈弘、恽文捷译：《中国长城》，济南：山东画报出版社，2005年，第57—58页。

《怒吧我们的祖国》不自觉地就运用了这种并列：

　　你赋与着自然的一切美丽，
　　你赋与着自然的一切富藏，
　　这儿是供给不尽的物产，
　　那儿是望不尽的平原……
　　这儿有高迈的泰山作你的屏障，
　　那儿有作为人类创造力的夸耀，
　　更有运河，点缀着你的壮丽……
　　还有供人凭吊的万里长城，
　　不愧与古埃及的金字塔并肩；
　　哦，号称为古东方文明象征的祖国哟，
　　你在世界上是远过一切！[11]

　　通过与埃及、巴比伦或者罗马的对比，长城的"古老"获得了新的坐标。"古老"与否需要以全球为尺度来衡量。通过这种比较，长城以及它所代表的中国，在世界上获得了一个位置，即"世上最古之国"。《真相画报》看长城的眼光，在某种意义上，就是挪用或者内化了西方世界对于长城的理解，转借西方的认知来确立自身文明古国的身份。

2. 现代长城的视觉传统

　　长城作为独立的视觉图像开始出现于中国的报纸杂志，大

---

[11]　林蒂：《怒吧我们的祖国》，《春雷》1938年第4卷第1期，第7—8页。标题原文中没有句读。

约是在 19 世纪末、20 世纪初。这些图像明显带有欧洲视觉艺术的影子。

1883 年《画图新报》上的《万里长城图》大概是最早在中国杂志上刊登的长城图像之一。虽然《画图新报》没有注明出处，从画面特征上仍然可以辨识出，这幅长城画像最早的原型是 1797 年在伦敦出版的《英使谒见乾隆纪实》中收录的一幅长城插图。该插图由画家威廉·亚历山大（William Alexander, 1767—1816）根据帕里什（H. W. Parish）的速写制成铜版画，名为《古北口附近的万里长城景色》。[12]【图 1.3】这幅插图是欧洲最早根据中国长城实景写生做出的铜版画，在欧洲广为流传，后来画家常以此为蓝本改制出新的作品。改绘的基本方式

图 1.3　威廉·亚历山大《古北口附近的万里长城景色》，1796 年

〔12〕作品英文名是 "View of the Great Wall of China, called VAN-LEE-TCHING, or WALL of TEN THOUSAND LEE taken near the Pass of Cou Pe Koo"，版画下方注明印制时间为 1796 年。George Staunton: *An Authentic Account of an Embassy from the King of Great Britain to the Emperor of China* (London: W. Bulmer and Go. For G. Nicol, 1797).

是保留背景中的古北口长城，在前景里置换或添加新的人物。1883年《画图新报》里选用的这一长城图像也是如此，在画面右下角重新添加了两组人物，一组喂马，一组眺望远方。这幅版画的作者待考，但出自欧洲版画无疑。这是一个很有意思的现象。在中国刊物上刊登长城图像来宣扬长城的古老与伟大，用的却是一幅欧洲版画。

关于用图像来呈现长城的必要性，1889年《万国公报》给出了一个理由：

> 长城者，古昔防胡之阨塞也。考长城之筑，相传出于祖龙，然赵有长城，则武灵之所筑也。燕有长城，则燕将秦开之所筑也。皆在始皇之先。特秦灭六国，混一区宇，就燕赵之旧，扩而大之，远及四千余里，后人遂专归之秦耳。
>
> 惟今中朝龙兴漠北，长城转在内地，无事控制，亦既日就毁缺矣，而其故迹，要有不容灭者，用特著之于图，以备参考云。[13]

从清王朝的角度看长城，长城固然在"古昔"作为边塞重地有实际用途，"今"天长城变成"内地"，缺乏维护管理，不免日渐残毁。面对这种"日就毁缺"的情况应该怎么办呢？不是去修理维护，而是用图像来保存长城"故迹"。文中虽然没有指出"要有不容灭者"究竟为何物，大约也还是长城的古老与伟大。同样，"著之于图"，用来展现长城古老与伟大的《长城图》，也是转载自欧洲铜版画。【图1.4】

由中国画家创作、又比较具有现代感的长城图像，是1909年（宣统元年二月上旬）《时事报图画旬报》上的一幅《万里长

---

〔13〕《万国公报》1889年第4、5月号，第11页。

图 1.4 《长城图》，刊于 1889 年《万国公报》

城》，由画家刘伯良绘成。刘伯良是一个商业画家，主要为报刊
绘制插图和连环画。他长期为《时事报图画旬报》作画，《时事
报图画旬报》停刊后又为《图画日报》创稿，比较著名的一组
作品是 1910 年在《图画日报》开设的一个专栏"三十年来伶界
之拿手戏"，共计连载 186 期，每期都由刘伯良制图，在当时颇
有影响。[14]

　　刘伯良的《万里长城》仿中国传统山水画构图，将背景做
留白处理，空白处有一段署名为"颠"的"万里长城"短文：

> 长城筑于秦时，起临洮迄辽东，计长四千余里。墙高
> 三丈，底厚二丈五尺，顶厚一丈五尺。史载秦始皇使蒙将
> 军北筑长城，却匈奴七百余里。胡人不敢南下而牧马。当
> 时糜财之多，施工之巨，诚为中国数千年来所罕见。自此

---

[14] 由《图画日报》第 229 号开始连载，每期第 8 页。

以后，汉武帝、元魏明帝、北齐文宣帝、周宣帝、隋文帝，历代屡有增修，皆恃为西北边防之要点。本朝龙兴辽藩，定鼎燕都，东三省均隶入版图之内，声教且远迄内外蒙古焉。是则历代所经营缔造之长城，今皆一无所用。惟令考古者俯仰登临，留为中国前古之遗迹而已矣。[15]

　　此处对长城的铺陈同样着重长城本身的"糜财之多"与"施工之巨"，以及如今的"一无所用"。但在一无所用之外，还有一项新用途，就是可供"考古者"登临览胜，游览这一"前古之遗迹"。从画上旁白来看，刘伯良似乎是要用图像来呈现这个可供"俯仰登临"的古迹。【图1.5】

　　《时事报图画旬报》是上海时事报馆创刊发行的新闻画刊，光绪三十三年（1907）创刊，每月出版三册，随该报馆

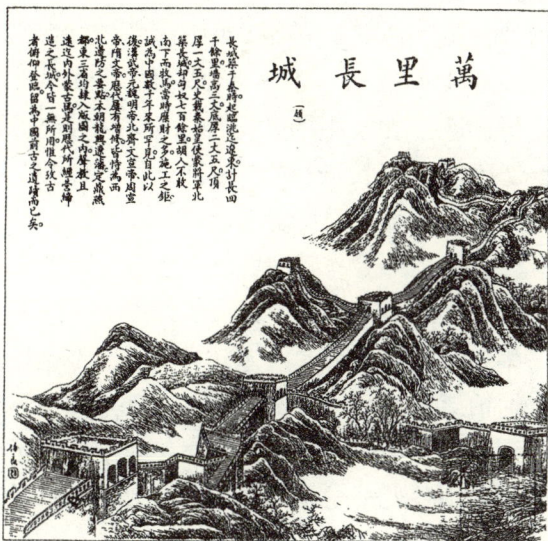

图1.5　刘伯良《万里长城》，1909年

---

〔15〕《万里长城》，《时事报图画旬刊》，宣统元年（1909）二月上旬，第1页。

发行的《时事报》附送。上海时事报馆很早就采用了石印技术，所以这件作品应是刘伯良以毛笔水墨创稿，而后制成石版印出。画中物像多用线条绘成，形式上近似明清时的木刻版画，可能是画家考虑到最后的制版印刷效果而刻意采用的技巧。

画中长城结构清晰，明暗关系区分得很清楚，这是西方画法的一个标志，尽管不同城楼上的受光面与背光面还不能在整体上协调一致。长城的描绘力图遵循透视法则，长城从前景开始，随山势起伏，一层层向远方延伸，渐行渐远。但是这两种手法（明暗与透视）都不适用于长城所在的山峦——这部分用的是传统技巧，以类似披麻皴的方式分出山石的阴阳向背，远山与近山也都呈三角形斜向后退，而各山峰之间存在明显的断裂感，空间关系上缺乏连续性。这种平面化的山石处理方式，以及画中大面积留白，都是传统中国画的特点。西式的长城和中国化的山水背景，最终形成的是一种亦中亦西也不中不西的奇特效果，长城好像一条锁链，把仿佛飘浮在空中的几座山头拴在一起。这一风格混杂的长城图像暗示了长城早期现代视觉形象的双重性：它带有西方眼光，又未脱中国传统手笔。

除了技巧上的混搭之外，这幅《万里长城》是对着照片临摹的。虽然不能确定究竟临摹自哪一件摄影作品，但很可能是一幅现存英国的照片《八达岭长城全景》（或其他类似照片），大约拍摄于1860年。这种临摹关系可以通过照片与图画的比对得到确认。从内容上看，照片与画作几乎完全相同。然而在一些重要细节处——尤其是长城的结构和位置——画家画得南辕北辙，错得离谱。【图1.6】

这里举两个例子。一是八达岭城关西门及八达岭南1楼之间的城墙，这是一段由北向南上行、有厚度的城墙，只是由于拍摄角度关系，从照片上只能看到这段城墙的东墙以及西墙上的少量垛口，城墙的厚度没有得到呈现；在画家笔下，这段城墙就变成了一个完全没有厚度的墙面，而且像屏风一样生硬地折叠起来。【图 1.7】

二是八达岭城关北城墙的描绘。八达岭城关东门和西门围合成一个近似矩形的城池，因地势起伏的缘故，照片里的城关北墙（东西向）略带一点弧度，但基本还是直线；画家在处理这段城墙时没有弄得太明白，就多画了一个转折。【图 1.8】如果画家本人去过八达岭，自然就不会出现类似错误；如果画家对长城城关的构造多一些理解，也不会有这些问题。

图 1.6　八达岭长城全景，1860 年

图 1.7　八达岭城关西门及南 1 楼之间的城墙

图 1.8　八达岭城关东门及关城北墙

物像大体相近而细部构造不对，是画家转绘照片时容易出现的现象。这种差错有时是风格上的原因，画家主动做出改动；更多时候是因为画家对照片细节有所曲解，从而产生的错讹。

　　这幅摄影现存于英国伦敦维多利亚与阿尔伯特博物馆（The Victoria and Albert Museum），摄制者不详，拍摄的是长城的八达岭段。[16] 照片里渺无人踪，部分烽火台和城墙已经残破不堪，很吻合西方对于废墟的趣味。刘伯良选择这幅照片（至少是类似景象的照片）绝非偶然，因为这一段八达岭在晚清民国时期，是各种大众传媒中出现最频繁的长城图像。

　　现代机械复制技术的出现，让人们可以轻易通过书刊上的影像来了解长城。反过来，某些特定地点、特定角度的长城，也通过反复印刷得以广为人知。八达岭长城最早以图像的方式在大众刊物上得以流传，有赖于《伦敦新闻画报》（The Illustrated London News）1873 年 2 月 8 日（第 62 卷第 1745 号）里的一张《长城》铜版画。1872 年同治皇帝大婚，《伦敦新闻画报》委托画家威廉·辛普森（William Simpson）到中国把这

---

〔16〕　刘香成编著：《壹玖壹壹：从鸦片战争到军阀混战的百年影像史》，香港：商务印书馆（香港）有限公司，2011 年，第 54—55 页。

一盛况用图画的方式记录下来。关于这场东方皇帝婚礼的系列报道从 1872 年 12 月开始，一直持续到 1873 年。画家又专门前往南口，也就是现在的八达岭考察并现场速写，而后将速写送回报社，制成两幅铜版画刊用。一幅发表在 1873 年 1 月 18 日（第 62 卷第 1742 号），名为《通往长城的南口关》，另一幅就是 2 月 8 日的《长城》。【图 1.9】

这幅版画与 1860 年前后的那张照片在视角和取景上非常接近，都是在八达岭城关南面的城墙上向北远眺。与实景比较，可以看出一些艺术家加工的痕迹：一、突出了北 2 楼至北 4 楼的宏伟。北 4 楼向来以宏伟著称，但画家是站在南 2 楼附近向北远眺，站在这个位置，北 4 楼并不会显得特别高大。画家作图时拉升了北 4 楼所在的山峦，使这一段长城显得更高，也更加深远。二、强调远山的城楼和城墙。北 4 楼山峰抬高

图 1.9 《长城》铜版画，刊于 1873 年《伦敦新闻画报》

后，远景也做同样处理，形成此起彼伏的峰峦，长城城墙在山峰间起伏穿梭，益增宏伟壮阔之感。三、长城在前景中伸出画面之外，而在远处又隐入群山之中，前后皆无尽头，以这种手法来暗示长城之长（Great）。四、在前景中增添人物活动，将这里描绘成一个繁华所在。点景人物是英国"如画"风景中的必要元素，19世纪的英国人相信，当观画者的眼睛从风景看到人物，再由画中人物转向风景时，风景会更令人喜悦。[17]这些塑造景物的手法，使照片中荒寒萧瑟的八达岭变得热闹非凡，而且更具一种雄伟的崇高感。【图1.10】

这幅版画在19世纪的英国广为流传。《伦敦新闻画报》本身发行量就很大，19世纪60年代达到每期30万份。它刊登的版画也常被其他报刊转载，如时隔18年之后，1891年12月12日《便士画报》（*Penny Illustrated Paper*）上转引了这幅1873年的长城版画，称这幅画为《位于边境的中国风景》（*View of the Great Wall of China on the Frontier*）。由16、17世纪传教士带回欧洲的观点总以为长城是中国内地与"鞑靼"之间的边境（就明代而言，这么说不算错），放到19世纪依然使用"边境"这个词就有些不大对，不过这倒表明，画报编辑有意识地在提示读者，图中所示只是中国万里长城的部分景致。【图1.11】

这幅关于中国长城的铜版画在19世纪末又从英国流传到中国。《伦敦新闻画报》1942年创刊，1858年英国人就发现在广州有中国人用它来装饰墙壁和帆船。1872年，这幅《长城》版画的创稿人威廉·辛普森说，他在北京看到有销售这

----

〔17〕庚斯伯罗说：要在画上创造点什么，"以吸引人的眼睛离开那些树，以使目光带着更大的喜悦之情重新打量那些树"。转引自［英］马尔科姆·安德鲁斯著，张箭飞、韦照周译：《寻找如画美：英国的风景美学与旅游，1760—1800》，南京：译林出版社，2014年，第36页。

图 1.10　19 世纪八达岭长城摄影与版画的比较

图 1.11 《位于边境的中国风景》，1891 年《便士画报》翻印

份报纸的广告，又看到《伦敦新闻画报》密密麻麻贴在上海
舢板船内。[18]可见至少在中国的大都市及外国人聚居地，这
份报纸并不罕见。这幅铜版画也刊印在 19 世纪末的中文报
刊上。1897 年《新学报》就以《万里长城图》为名，刊出
了这幅版画（虽然没有注明出处）。【图 1.12】在"万里长城
图"标题下，还附加了一段文字说明："秦始皇畏胡之扰，筑
万里长城，东自山海关，西迄嘉峪关，计其城垣，实长五千
余里云。"[19]文字和图像之间其实很有些差距，文字里是长达
"五千余里"的"万里长城"。而当它变成"图"的时候，就
浓缩到八达岭关城及其北边 3、4 座城楼了。自下而上，这一

---

〔18〕 沈弘编译：《遗失在西方的中国史：〈伦敦新闻画报〉记录的晚清 1842—1873》，
　　　 北京：北京时代华文书局，2014 年，第 8 页。
〔19〕《新学报》1897 年第 6 期，第 41 页。

图 1.12 《万里长城图》，刊于 1897 年《新学报》

刊印于 1897 年的《万里长城图》画页分出了三个层次：最下一层是描绘某一段长城（八达岭）的长城画像；中间一层是长城历史的文字叙述；最上层是高度概括凝练的五个字——"万里长城图"。这个逐渐从复杂到简单、从具体到抽象的变化，反过来提示了图像所能具有的意义：某一个长城的局部（八达岭），它可以表征长城的历史，更可以替代整个"万里长城"。

就在民国初年，八达岭长城的形象差不多已经可以代表整个万里长城了。晚清民国时的地图学家卢彤在民国元年（1912）编著的《中华民国历史四裔战争形势全图》里，绘制了 48 组共计 184 幅地图和作战图。其中第二组"秦皇北伐匈奴"里收录有四图：甲图为北伐匈奴的"秦兵进路"；乙图为"长城之建筑"；丙图"长城之现状"；丁图"南越之略取"，将秦始皇北伐南略都收录其中，又专辟两图说明长城。其中"长城之建筑"没有画长城建筑本身，而是配了一幅长城地图。"长城之现状"反而是一幅带有长城的线描图画。图下附长文，讲述长城的建筑特征和功用，文末总结说："泰东西论古之士，皆以长城运河为中国自古两大工程云。"[20]插图以俯瞰视角描绘一段横亘在山峦上的长城，由5个烽火台将城墙连接在一起。山峦取传统山水样式，三角形的山头相互叠加、连绵不绝。山的轮廓线下略加晕染。城墙也用线条描绘，略带一点西式手法，城的外墙用墨渲染，门洞内墨色较深，有近似投影的效果；城墙向远处延伸时也颇得近大远小的要义，透视关系比较清楚。这一中一西之间，城墙与山峦的关系显得极其生硬，长城似乎是架在山水之上，又好像悬在空中，无所依凭。这幅"长城之现状"描绘的还是八达岭城关北段，最近处是城关西面的门楼，而后是北1楼、北2楼和北3楼。从描摹物像的忠实与否来看，这幅画和刘伯良的《万里长城》有相似的错误，城关的东门和西门本应在东西方向上直线相对，画中却完全错开了。画家大概没有去过八达岭游览，不太清楚照片所摄物像本身的城垣结构，所依据的对象，应该也是一张八达岭长城照片。【图 1.13】

实际上，晚清以至民国初年画家要描绘长城，大多依靠照片。上海画家周湘曾在 1911 年《启民爱国画报》上连载过一系列"中国风景"，其中就有一幅《万里长城》（"中国风景第十五"）。这十余幅中国风景全用墨笔，横涂纵抹，虽乏笔墨变化之趣，却颇为生动。周湘受过西画训练，这幅《万里长城》在空间感的表达上很到位，长城坐落在山峦上，向远处延伸。近景处大量留白，构图上也有中国画特点。周湘大概也是没有去过八达岭的，对八达岭城关及城墙构造也不大了解。但他善于取舍，将城关的东面尽数删去，不仅让画面近处更加开阔，也省去一些物像上令人费解的地方（如

---

[20] 卢彤：《中华民国历史四裔战争形势全图》，南京：同伦学社，1912 年，第二图。

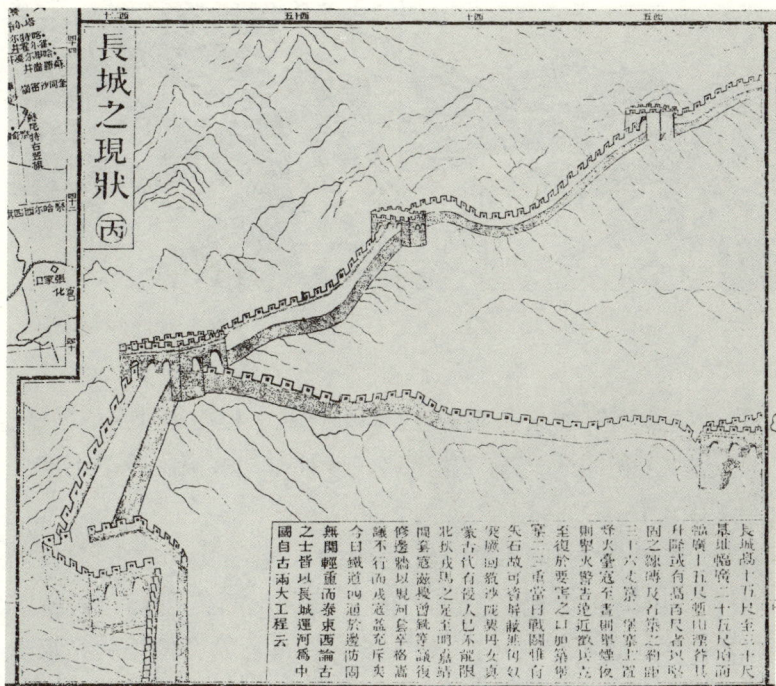

图 1.13 《中华民国历史四裔战争形势全图》中的"长城之现状", 1912 年

八达岭城关东墙与北墙的转折,各城楼、城墙与阶梯通道间的衔接等,仅仅凭借照片而没有亲身游览,就难免会有一些疑惑)。然而画家对这些难题的消解总不能做到十分彻底,依然在画中留下一段向右侧伸出的城墙,让它莫名其妙地消失在山坡上。【图 1.14】

依据八达岭尤其是八达岭城关以北部分的摄影照片来进行描绘,到 1919 年还在延续。《京兆通俗周刊》刊登了一幅《万里长城》钢笔画,用西方的素描手法细致地描画了这一段长城景色。画家照例也是没有看过实景的,作画时大约误以为照片中的城关和远处城楼一样,也是坐落在山上,就突出了地面的起伏,把原本相对平坦的城关画在一个倾斜的山丘上。和周湘

图 1.14　周湘《万里长城》，1911 年

一样，这位钢笔画家也不知道如何处理北 1 楼向东伸出的城墙，于是也做了相同的处理，让这堵城墙神奇地逐渐隐没于山坡之上。【图 1.15 】

晚清民国初年中国画家创作的长城画作，有几个共同点：1. 刊登在现代杂志上，依托大众化的传播媒介，就难免带上一点商业诉求；2. 画家没有看过长城，依据的是摄影

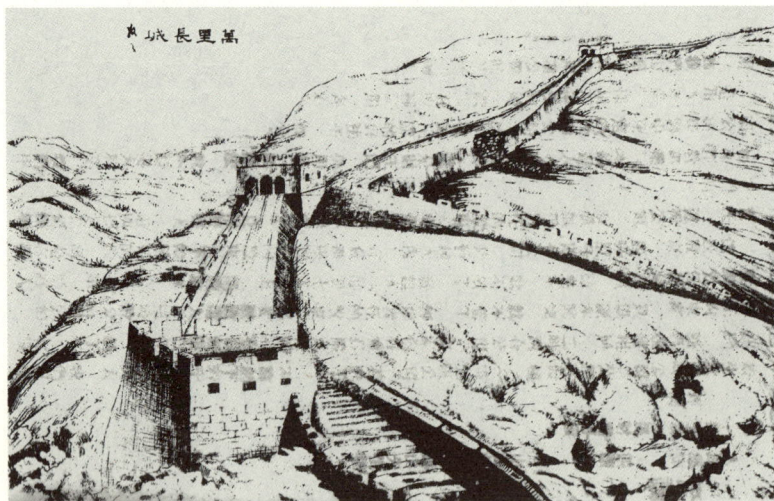

图 1.15　《万里长城》，1919 年

照片，也就是说，照片不仅传播，而且限定了长城的视觉形象；3. 描绘对象主要限定于八达岭长城。这是一个有趣的现象。在 1909 年至 1919 年之间，关于长城的摄影照片已经大量制作和传播，画家们为什么不约而同地选择八达岭及其北段呢？

这可能要从四个方面来解释。一、晚清时期，八达岭长城就成为游客，尤其是外国游客游览长城的必经之地（很多时候，可能还是唯一可供选择的长城景点）。二、在八达岭长城沿线里，八达岭城关至北 4 楼一带的长城气势特别雄伟，很能吸引人们的目光。初次到八达岭游览的旅行者，在长城未经修缮的情况下，能够攀爬和感受到的主要也是这一段。三、游览长城的游客以欧洲人居多，他们热衷于拍摄纪念照片，进而促使这段长城影像四处流传，很容易为人所获取。四、这段长城的"图像"本身可能已经逐渐形成为一个传统，至少从 1873 年开始，八达岭长城的视觉形象就在欧洲画家笔下确立下来，随后的复制和扩散让它成为类似波德里亚所说的"超真实"的一种形象。似乎非八达岭就不足以代表长城。

回到 1912 年的《真相画报》，在这份有浓厚国民党背景的现代刊物里，长城也不只是作为文字出现，它还呈现为两张照片。第一张注明山海关，第二张没有标注长城所在位置，但也很容易就能辨识出来，拍摄的就是八达岭长城城关以北（从北 1 楼至北 3 楼）。【图 1.16】当面临是不是应该拆除的问题时，用什么图像来代表长城的古老与伟大？山海关位于长城的最东端，被视为长城在东边的起始之处，是"万里长城"地理意义上的标志性节点。而此处不注明出处的八达岭长城，则是晚清以及民国早期，最能代表长城的长城"图像"。也就是说，这一段看起来在山峦上蔓延，荒凉而悲怆的长城景象，塑造了那个

萬 里 長 城 二

2.—PART OF THE GREAT WALL.

图1.16 《真相画报》上的长城照片，1912 年

年代对于长城的理解。

3. 长城成为中国的象征

孙中山在 1920 年完成的《建国方略》里，为证明"行易知难"举了十个"铁证"，第六个铁证提到了长城：

> 中国最有名之陆地工程者，万里长城也。秦始皇令蒙恬北筑长城，以御匈奴。东起辽沈，西迄临洮，陵山越谷五千余里，工程之大，古无其匹，为世界独一之奇观。当秦之时代，科学未发明也，机器未创造也，人工无今日之多也，物力无今日之宏也，工程之学不及今日之深造也，然竟能成此伟大之建筑者，其道安在？曰：为需要所迫不

得不行而已。西谚有云："需要者，创造之母也。"秦始皇虽以一世之雄，并吞六国，统一中原；然彼自度扫大漠而灭匈奴，有所未能也，而设边戍以防飘忽无定之游骑，又有不胜其烦也，为一劳永逸之计，莫善于设长城以御之。始皇虽无道，而长城之有功于后世，实与大禹之治水等。由今观之，倘无长城之捍卫，则中国亡于北狄，不待宋明而在楚汉之时代矣。如是则中国民族必无汉唐之发展昌大而同化南方之种族也。及我民族同化力强固之后，虽一亡与蒙古，而蒙古为我所同化；再亡于满洲，而满洲亦为我所同化。其初能保存挛大此同化之力，不为北狄之侵凌夭折者，长城之功为不少也。而当时之筑长城者，只为保其一姓之私、子孙帝皇万世之业耳，而未尝知其收效之广且远也。[21]

这段话常被学者视为长城成为中华民族象征的最早例证，如林霨在《长城：从历史到神话》里就据此认定"孙逸仙率真地开始将长城变成一种民族的进步象征"[22]。如果放在晚清、民国初年关于长城的话语情景里来看，长城在这里还不具备民族的象征意义。孙中山说在长城保护下，"中国民族"从秦到宋一直没有被"北狄"所亡，谈的主要还是长城在历史上发挥的功用。这段话同时也暗示，在面对"蒙古"和"满洲"时，长城并没有发挥作用，"中国民族"在这两个朝代就"一亡""再亡"。这个观点，与1912年《真相画报》说长城"历代以之限西北戎马之足"并无不同，是对于长城古代作用的一个传统表

〔21〕 中山大学历史系孙中山研究室编：《孙中山全集》第六卷，北京：中华书局，1985年，第188页。
〔22〕 ［美］阿瑟·沃尔德隆著，石云龙、金鑫荣译：《长城：从历史到神话》，第281页。

述。此外，孙中山的"中国民族"明显是指汉族，长城固然是作为"中国"的捍卫者出现，这里的"中国"却过于狭隘。而孙中山援引长城，还只是将它作为过去"中国民族"历史上取得的重大成就之一来提及，长城之于现代民族国家的象征意义并没有得到表述。

民国早期长城所蕴含的多层含义，在鲁迅1925年5月作的散文《长城》里激烈地显现出来：

> 伟大的长城！
>
> 这工程，虽在地图上也还有它的小像，凡是世界上稍有知识的人们，大概都知道的罢。
>
> 其实，从来不过徒然役死许多工人而已，胡人何尝挡得住。现在不过一种古迹了，但一时也不会灭尽，或者还要保存它。
>
> 我总觉得周围有长城围绕。这长城的构成材料，是旧有的古砖和补添的新砖。两种东西联为一气造成了城壁，将人们包围。
>
> 何时才不给长城添新砖呢？
>
> 这伟大而可诅咒的长城！

这篇短文最初发表在1925年5月15日《莽原》周刊的第四期，后来收入《华盖集》。文中所谓"伟大的长城""胡人何尝挡得住"，以及"现在不过一种古迹了"，都是民国时期对于长城的普遍认识，算不得新见。比较独特的是，鲁迅说长城是"可诅咒"的，因为长城"将人们包围"，阻碍人们走进新的世界。而长城之所以能将人们包围，却又是因为人们不断给长城添上"新砖"。这里的长城似乎在隐喻中国的文化传统，"这伟大而可诅咒的长城"完全可以理解为"这伟大而可诅咒的古老传统"。

在鲁迅这里，长城倒是具有比较鲜明的象征性，而这个象征也与后来的民族国家了无干系。

长城因为古老而受尊崇，同样也因为"老"，在面对现代时常常遭到批评甚至"诅咒"，从而出现既褒扬又嘲讽的双重声音。1936 年的一首《电贺万里长城》就发出了这种感叹：

> 万里长城！
> 不少往昔的诗人歌颂你的史迹，
> 也有现代的诗人诅咒你的存在，
> 但是我——
> 这发狂的歌者电贺你的老年。
> 你，虽是三十万奴隶的血肉的结晶，
> 你，虽是保护秦始皇的江上的壁垒，
> 但你保不住秦皇二世的统治，
> 你自己却生存了二千多年，
> 你是多么长命的蛮健家伙！
> 你嗅过无数内战的炮烟，
> 你看过无数水灾和旱灾，
> 一朵炮烟下，
> 一次水灾或旱灾当中，
> 何只牺牲三十万的生灵？
> 这些牺牲了的生灵，
> 没有留下一页悲惨的史迹，
> 而你，万里长城！
> 倒永远纪念着三十万人的牺牲。
> 到如今，你更显得伟大了，
> "友邦"的代言人室伏高信，
> 曾骑着你的尾巴摇头摆脑吊古，

并抬望塞北，俯视中原，

《支那游记》给你占了"光荣"的一页。

现在华北要划成"自治区"，

你却如泰山并存，

掩护着中日的"亲善"和"提携"，

假如"友邦"为了交通要把你炸平，

那不是我们的弹药的损失，

要是叫我们去粉碎你的话，

（我们的飞机大炮不够，

何况正逢内战忙煞的时候）

国防捐税便有挺好的账目开销。

万里长城哟！

你的存在值得我赞叹，

你的灭亡也值得我鼓掌。[23]

最后两句"你的存在值得我赞叹，你的灭亡也值得我鼓掌"，正与鲁迅所言"这伟大而可诅咒的长城"相呼应。诗中也出现了长城毁灭的意象（假如"友邦"为了交通要把你炸平），设想长城被"粉碎"的情况。从现在的眼光来看，这一设想堪称离奇，而放在民国初年，却是当时人眼中长城可能会面对的命运。

不过，因其伟大与古老，长城在民国时期已经近乎成为中国的象征了，然而这个象征却并不全是美好。在一篇作于1934年12月的文章里，作者说出了他对长城的感受：

---

〔23〕 雷石榆：《电贺万里长城》，《诗歌杂志》1937年第3期，第27页。诗末注明作于1936年8月15日。

> 长城啊中国！
>
> 长城与中国，好像是可以相提并论的古物。它们好像是一对千年相处的故友；他们之间又好像存在着一种"将军"与"名马"似的那样情调。而它们在历史上所表演的种种都不是没有声色的。然而数千年后的今日，万里长城却只是这般凄苦的待在荒野与狂风的里面——但它又似乎仍然挺其衰老之躯挣扎着图保护其故主呵。[24]

长城与中国"可以相提并论"，而衰老且凄凉的长城在荒野与狂风中挣扎求存，也恰如当时风雨飘摇下的中国。这种20世纪30年代对于长城与中国之关系的理解，和后来是绝然不同的。

长城之所以能够作为中国的隐喻，在一篇1935年的诗作里最能体现出来：

> 长城，你用庄严的静穆
> 告诉人伟大！朝着天心
> 你撑起绝世的雄姿，
> 点示这古老国家的文明。
> ……
> 可是变了，你瞅着看
> 太平转到荒乱的年代，
> 你瞅着看新鲜
> 的变旧，民族的盛衰。
> 长城，你今朝的荒凉
> 直使我伤心，神往，兴叹！

---

[24] 小甫：《长城》，《艺风》1935年第3卷第2期，第63页。

......

长城，最痛心是

关前又迫紧灭望的风云，

唉，长城，你如我

衰老的祖国，几时重兴？[25]

长城的伟大犹如古代中国的辉煌，而如今的荒凉也与中国当时的衰微相仿佛。作者最后发问："长城，你如我衰老的祖国，几时重兴？"这就把二者紧紧联系在一起，长城仿佛整个中国命运的缩影。而这个"衰老的祖国"，朝向的还是那个"古老国家的文明"。它指向过去，而不是未来。

小　结

在 1912 年至 1931 年初，长城被视为伟大的古物、东方文明的标志、秦始皇时代文化精神的体现。所有这些意义，都是针对长城本身而言。长城只能证明传统中国的伟大，而对于现代中国，长城却是无用的，甚至在民国的第一年，就要面对"拆"与"不拆"的问题。

可能恰恰是长城的"无用"被突出之后，使长城在国家的现代性转变中获得了象征性。霍布斯鲍姆曾经论证，一个物体要想具有象征意义，它需要摆脱原先所具有的功能："当不再受实际用途束缚时，物体或实践就具备了充分的象征和仪式用途。对于'传统'来说，当没有马的时候，骑兵军官军礼服上的马刺才显得更为重要；当没有被收拢携带（收拢携带即表示没用）

[25] 鲁郎：《长城》，《中学生文艺季刊》，1935 年第 1 卷第 4 期，第 1—3 页。

时，身着便装的近卫团军官们的雨伞也就失去了它们的意义；律师的假发也只有在其他人都不戴假发后，才获得了它们的现代含义。"[26]

可以和长城相参照的是法国埃菲尔铁塔。埃菲尔铁塔不仅是巴黎的象征，也是法兰西民族和法国的象征。罗兰·巴特指出，"为了满足这种使其成为一个完整的纪念塔的巨大梦幻功能，铁塔必须逃脱理性的束缚。为了成功实现这种逃脱，首要的条件是：铁塔须是一个完全无用的纪念塔"[27]。罗兰·巴特还揭示出，埃菲尔铁塔的"无用性"在法国甚至一直隐隐约约地被人们看作一桩丑闻。这和长城因其劳而无功而饱受争议如出一辙。这里可以用符号学的理论来做出一个解释。假定长城的形体是能指，抵御外敌的功能是所指；当这个功能消失之后，它就只剩下能指——一个空的能指。只有在这种情况下，才好赋予它一个新的所指，或者新的象征意义。

巴特问，为什么人们要去看埃菲尔铁塔？他的回答是，因为人们要参与到那个作为法国象征的巨大梦幻中去，通过这个梦幻去经历"目光和智慧的历险"[28]。同样的问题也可以转向长城：进入"现代"之后，人们从中国长城里看到了什么？是否也能从中获得"目光和智慧的历险"？

1930年，《良友》杂志刊载了一幅长城照片，用来和美国纽约的摩天楼对比。【图1.17】编者添加的说明文字很能说明长城进入"现代"之后所获得的现代意义：

---

[26] [英]霍布斯鲍姆、兰格编，顾杭、庞冠群译：《传统的发明》，南京：译林出版社，2004年，第4页。

[27] [法]罗兰·巴特著，李幼蒸译：《埃菲尔铁塔》，北京：中国人民大学出版社，2008年，第4—6页。

[28] [法]罗兰·巴特著，李幼蒸译：《埃菲尔铁塔》，第6页。

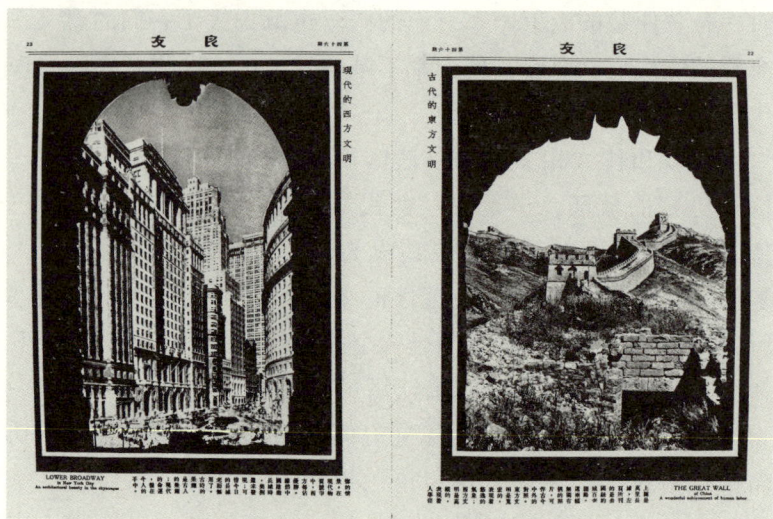

图 1.17 《良友》画报中的长城与纽约摩天楼，1930 年

上图是万里长城，左页所刊的是美国纽约城百老汇路。这两幅无独有偶的照片，可作古今中外的对照。东方文明是宽宏的，表现着悠逸的气象；西方文明是高纵的，表现着人事倥偬的情景。在现代物质竞争中，西方每占优胜。虽然中国建造长城时，美洲还未发现；可惜今日的长城老而无用了。古时的荣耀，是古人的荣耀；现代的命运，握在今人的手中。[29]

在这段文字里，长城明确作为东方文明的象征与西方文明对垒。再一次，西方的目光，或者说世界性的目光投射到长城上，赋予长城以全新的现代意义。在 20 世纪 20 年代和 30 年代，长城开始获取了各种象征性价值，在不同语境中作为"中国"的象

---

[29]《古代的东方文明》《现代的西方文明》说明文字，见《良友》1930 年第 46 期，第 22—23 页。

征、"祖国"的象征以及"东方文明"的象征出现，分别在不同话语体系里发生效力。而拥有这诸多现代象征含义的长城，却永远以古老、伟大却"老而无用"的形象出现。那么，面对长城这古老的文物、历史的遗迹，乃至文明的化身，生活在今天的现代人，当如何自处呢？古人的荣耀终归只是古人的荣耀，现代的命运还是要握在"今人"手中。而在不久的将来，"今人"就会筑起一座"新的长城"，将"古人的荣耀"与"现代的命运"融为一体。唯有透过"新的长城"，"目光和智慧的历险"才能最终投射到那座古老而伟大的长城上。

第二章 1933：长城抗战与“血肉”长城

1931 年“九一八”事变后，中日之间爆发战争，日本迅速占据东三省。到 1933 年初，战事蔓延到长城沿线。日本军队对长城沿线关隘的进犯非常具有象征意味，表明日本已经开始觊觎中国华北领土，让国人进一步感受到外国侵略之严峻。战局的发展以及随之而来的强烈危机意识使“一无所用”的长城重新进入公众视线。长城再次遭遇战争，与以往不同的是，这一次它遭遇到的是一场现代战争，这场战争使长城在 20 世纪获得了全新的意义。

1. 面向长城的“哭泣”

1933 年初，山海关失陷。1933 年 2 月 1 日的《东方杂志》上，发表了丰子恺漫画《关山月》。在“天下第一关”的城楼前插上了一面日本国旗，悬挂在天空中的月亮面对这一场景潸然泪下。城墙和天空都经过渲染，只有远山、城楼屋顶和月亮留出白色，画面简洁明晰，却弥漫着沉郁和悲痛。这种阴郁忧伤的格调与此前丰子恺漫画中的优雅欢快截然不同，开启了丰子恺后来战争漫画的先河。【图 2.1】

图 2.1　丰子恺《关山月》，1933 年

丰子恺以"关山月"为题，自有深意。"关山月"是乐府旧题，按唐人吴兢《乐府古题要解》的说法，"关山月"皆言"伤离别也"[1]。这种离别又多与战争相关。李白同名诗作《关山月》便抒发了因战争而生发的离别相思之苦："明月出天山，苍茫云海间。长风几万里，吹度玉门关。汉下白登道，胡窥青海湾。由来征战地，不见有人还。戍客望边色，思归多苦颜。高楼当此夜，叹息未应闲。"[2]丰子恺笔下的月夜边城，恰好与李白所谓"明月出天山，苍茫云海间""高楼当此夜，叹息未应闲"相呼应。画家运用一个传统主题及意象，来塑造这个发生在当下的、令人心碎的场景。古时因戍边、卫国而引发的思念之苦，转换为故土沦丧、敌国入侵带来的痛楚。丰子恺用图像做出了

[1]　［唐］吴兢：《乐府古题要解》，见丁福保辑：《历代诗话续编》，北京：中华书局，1983 年，第 52 页。
[2]　［唐］李白著，［清］王琦注：《李太白全集》，北京：中华书局，1977 年，第 219 页。

一个由"古"而"今"、由"家"而"国"的转换。

画中有两个要素赋予作品强烈的当下感。一是日本国旗。用国旗来代表一个国家，是现代世界对于国家的基本认识。国旗在图像层面上通常都很简单而且易于识别，形同一个符号，只需要援引这个符号，就可以清楚地指向某个特定国家。这种清晰的、用国旗来象征国家的方式在古代中国并未出现，对于国旗的认同在晚清才初显端倪，而把国旗当作一个国家来辨识和尊重，要到民国时期才得到推广。[3] 在 1933 年，国人对于国旗的象征意义已经非常清楚，丰子恺将日本国旗和中国的"天下第一关"组合在一起，当然就会形成强烈的冲突感，激发观看者愤懑不平之气。二是哭泣的月亮。用哭泣来表达情感在现实生活中是很自然的事情，但哭泣的月亮却别有内涵。月亮在这里被拟人化了。李白固然也会说"明月出天山"，这里的明月多半还是写景，又或营造一种浩瀚苍茫的氛围；在丰子恺漫画《关山月》里，月亮却因它的拟人化而带有了某种象征性，代表作者乃至所有中国人对山海关被日本侵占所做出的情感反应。这种拟人手法在西方漫画中经常被采用，丰子恺明显借鉴了西方的漫画语言。滂沱的泪水，传递出一种巨大而且强烈的情感。这个情感首先是丰子恺个人的情感，当使用拟人化的月亮成为哭泣者时，就使这种情感具有了普遍性。对于山海关失守这一源自当下的伤痛，丰子恺以传统的主题和手法来进行表达。

《关山月》可能是中国人绘制的第一件在长城插上日本旗的作品，也为面向长城哭泣开了先河。《东方杂志》的读者并不会因为它的新奇就无法辨识其中含义，就在同一期《东方杂志》

---

〔3〕 大约到 19 世纪 80 年代到 90 年代，部分中国人才开始"明确认识到'国旗'为何物"。见〔日〕小野寺史郎著，周俊宇译：《国旗·国歌·国庆——近代中国的国族主义与国家象征》，北京：社会科学文献出版社，2014 年，第 45 页。

里，还刊载了"榆关失陷"的主题画页，有《被日军占领之天下第一关》《何柱国司令部现已被改易为铃木司令部》等照片。这些反映战事进程的图像和文字，恰与丰子恺《关山月》漫画里哭泣的月亮前后呼应。

《关山月》能够感染人心，很大程度上源于画作城门上书写的"天下第一关"。《良友》杂志上一幅拼贴照片《日军大炮威胁下的山海关》里，也是以这块"天下第一关"匾牌为中心，添加上浓烟、骷髅和机枪，以极具现代感的形式手法构造出一个带有宣传画性质的图页，以此来说明"威胁，轰炸，死亡！日兵最近在中华国土里的大屠杀！"[4]。【图2.2】

当时中国报刊上还盛传，在日军占领山海关后，山海关城门上悬挂的"天下第一关"牌匾作为战利品被运到日本东京，陈列在九段的"游就馆"里。[5]山海关失陷后不到10天，这个传说就已经出现，报刊上有报道宣称这块匾额"已经给日本人

图2.2 《日军大炮威胁下的山海关》，
《良友》1933年第74期

---

[4] 《日军大炮威胁下的山海关》，《良友》1933年第74期，第1页。
[5] 虚舟：《一九三三年前奏曲》，《良友》1933年第74期，第2页。

取去，而且已经送到东京陈列在博物馆了"[6]。南京中国革命周刊社发行的《中国革命》杂志有一则《山海关通讯》，详细说明了这块匾额在山海关失陷后的经历：

> 山海关为万里长城东边的起点，负山面海，城依其地形与山峰之险峻，建筑于其上，自古称为险要。其东门"天下第一关"之木匾原有两块，一块在魁星阁悬挂之旧匾一面，现已被日人除下，用四个担夫抬起，沿街游行，军警随后，如此一日，木匾左侧用红纸大书特书——此匾是中国人送给日本人作礼物，现日人倍极爱惜，将该木牌送往东京陈列，认为战利品。[7]

在这个"通讯"里，"天下第一关"牌匾在夸耀武功的游行仪式中成为一个关键道具，象征性地表达了日本对于中国的胜利。山海关在1933年1月失陷，3月的报刊上就出现如此活灵活现的描述。这个说法一直流传，直到新中国成立后，在1952年一篇关于"天下第一关"现状的文章里还专门提到这个传说，说现在山海关城楼上挂着的"天下第一关"匾牌是复制品，"而地方上的人士说：'真的匾，早已被东洋人运走了。'"[8]放下真伪不论，这个传说在中国的流行大概很能激励国人知耻而后勇，发奋图强，收复失地。1936年的《中国漫画》用图像来回应这个传说：作者假想，如果中国取得胜利，"第一要将我们山海关上横额搬回来！"[9]漫画里一艘轮船正从日本开往山海关，上面放置一个巨大的"天下第一关"匾牌。它在未来的"失而复得"

---

〔6〕　洁青：《天下第一关》，《社会新闻》1933年第2卷第5期，第60页。

〔7〕　金一之：《山海关通讯》，《中国革命》1933年第3期，第26页。

〔8〕　吹万：《天下第一关》，《旅行杂志》1951年第25卷第7期，第71页。

〔9〕　陈孝祚：《中×大战胜败狂想》，《中国漫画》1936年第10期。

既流露出对于过去失败的耻辱感，又表达出对于国富民强的憧憬与渴望。或许在 20 世纪 30 年代，所有听闻这则传说的中国人自然都会在心中生出如此愿景。【图 2.3】

面对山海关哭泣的不仅仅是月亮，还有秦始皇。1933 年 6 月 17 日出版的《半角漫画》刊登了一幅漫画，让长城名义上的建造者穿越到"现在"。这件署名"允元"的作品名为《秦始皇的懊悔》，在山峦和天空之间勾勒出一段城墙，秦始皇在前方泪流满面。单就画面而言，秦始皇因何"懊悔"并不能很好地体现出来，于是作者在漫画上面做了一点说明：

早知长城是不能保中国，又何必当初的劳民伤财呢？[10]

这幅漫画比之丰子恺的《关山月》更富于叙事性。万里长城的建造者秦始皇来到 1933 年，他因长城无用而生出的懊悔表达了他对日本入侵和长城失守的悲痛。毫无疑问，秦始皇懊悔的眼泪也隐含了对于时局的批评。虽然就画面本身而言，这一漫画不及丰子恺的作品来得明晰、优雅和感人，《秦始皇的懊悔》与《关山月》的基本逻辑却是一致的。长城上的重要关隘——山海关——指代中国的国土，日本国旗象征着占领，面对这一景象，无论"自然"（月亮）还是"历史"（秦始皇），都唯有哭泣。【图 2.4】

与《关山月》相比，《秦始皇的懊悔》还传达了另一层含义，那就是长城之于"中国"的"无用"。第一章已经提及，长城的"无用"在清代就已近乎共识，在 1933 年重申长城的"无用"，又有新的意味。所谓"长城不能保中国"，说的是不能从日本军队手中"保中国"。仿佛长城以前还保得住中国，只是最

---

[10] 刊载于《半角漫画》1933 年第 9 卷第 2 期，第 3 页。

上横额搬回来！
(三)第一要我们将山海關

图 2.3　陈孝祚《中 × 大战胜败狂想》之（三），1936 年

图 2.4　《秦始皇的懊悔》，1933 年

近才丧失了它的效力。在这个情境里，元、清两代的入主中原，就都是中国内部的政权之争，不涉及"保中国"的问题，而现在不能抵挡日本，才是真正的"不能保"。这里用长城所界定的"中国"，不再是传统意义上的华夏正统，而是现代意义上的民族国家，具有了新的、也更加鲜明的针对性。这幅时政漫画很能打动当时人的痛点，远比《半角漫画》更有影响力的《北洋画报》在 1933 年 7 月 6 日转载了这件作品。[11]

山海关也即"天下第一关"自 1933 年始，成为中日战争的一个标志性建筑，以各种视觉形象反复出现。它不是第一块被日本占据的土地，在民国时人看来，却是日本侵占中国最具有象征意义的重要节点。1933 年 1 月 13 日的一篇文章《山海关失矣》评价说，山海关一失，"从此门户洞开，堂奥难保，以后国防，实不胜其忧惧懔懔"[12]。1934 年出版的《榆关抗日战史》指出了山海关失陷何以格外令人警醒的缘由：

> 榆关的失陷，无疑的，是指示中华民族又走上了一个悲惨的前途。历史不断的昭示我们，榆关的得失，是我们民族生死存亡的关键，明朝曾经因此而亡国，满清曾经因此而西狩。因为榆关是控制满蒙的支点，是保障平津的堡垒，是巩固河北的要塞，所以榆关失陷，不但是日本帝国主义稳定满洲统治之成功，而且也是他长驱直入中国内地之开始。[13]

山海关是和"中华民族"、和"我们"紧紧联系在一起的。它的

---

〔11〕《北洋画报》1933 年总第 955 期，第 2 页。
〔12〕如水：《山海关失矣》，《社会新闻》1933 年第 2 卷第 5 期，第 49 页。
〔13〕《榆关抗日战史》，中国国际宣传社，1934 年，"序言"第 1 页。

失陷，意味着日本即将侵占中国"内地"。这个"内"与"外"的边界，则是由长城来区分。以"天下第一关"为起点的长城被日军占领，让中国人站在一个新的角度看待日本的侵略，也使中国人重新审视长城及其象征意义。

2. 被"摧毁"的长城

在1933年的大众传媒中，中、日两国在长城沿线爆发的战争以及随后的外交斡旋、合约签订一直是新闻焦点。报刊登载大量表现日本军队对于中国万里长城的侵略图片，以为视觉上的佐证。其中长城往往处于一个被"摧毁"的状态。

这类长城图像，最早可以追溯到1933年初。1933年1月1日，日军进攻山海关，榆关战斗爆发，1月3日，榆关为日军占领。[14] 随后数月间，战事围绕长城沿线展开，中国军队频频失利。值得注意的是，当时的报纸杂志在报道战争最新消息时，开始使用在战火中毁坏的长城图片，以表明战事之激烈，日军之暴虐，从而激发国人的奋起之心。

《摄影画报》1933年第9卷第8期上刊登有一组照片，名为《河山破碎》。一张是《日人攻榆时被炮火击毁之山海关六角堂》，另一张是《长城之城壁为炮火所击毁》，两张照片中的长城城墙及附属建筑均为日军所毁坏。[15] 现代战争带来的废墟景象充满了象征意味，它们在视觉上呈现为"破碎"的长城，象征层面上则是"河山"的破碎。【图2.5】

---

〔14〕 在抗日战争史上，榆关之战被认为"打响了长城察哈尔抗战的第一枪，揭开了华北抗战的序幕"。见军事科学院军事历史研究部：《中国抗日战争史》上卷，北京：解放军出版社，2005年，第246—248页。
〔15〕《河山破碎》，《摄影画报》1933年第9卷第8期，第4页。

图 2.5 《河山破碎》,《摄影画报》, 1933 年

　　《良友》杂志 1933 年第 74 期上登载的照片《我国最壮丽之长城,亦为日寇所毁!》与《摄影画报》上的《河山破碎》是同一场景。【图 2.6】1933 年出版的《古北口回忆》里也放了一张表现长城城墙被摧毁的照片。画面上的长城被拦腰截断,古老的防御工事被现代武器所攻破。这些照片上的断壁残垣都在视觉上予人以这样的印象:现实中的长城在抗击日本入侵的战争中已不足以保护我们的国家。【图 2.7】

　　山海关六角堂照片同样广为流传。1933 年 2 月的《良友》杂志选取遭到日军炸毁的山海关六角堂来说明"榆关的失陷",更有日军与这一残破建筑合影。编者添加了一段图片说明:"山海关东南角魁星阁之被炸创痕,下站敌寇,得意洋洋,令人发指。"〔16〕1933 年 3 月的《图画时报》也刊登一幅《山海关附近魁星阁被日炮轰毁》照片,画面十分相似,只是日本士兵从六角堂下爬到上面去了。〔17〕【图 2.8】

---

〔16〕《榆关的失陷》,《良友》1933 年第 74 期, 第 2 页。
〔17〕《山海关附近魁星阁被日炮轰毁》,《图画时报》1933 年 3 月第 912 号。

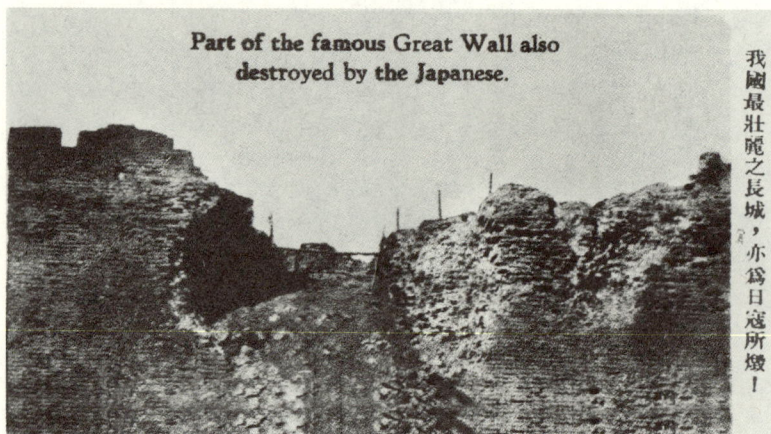

Part of the famous Great Wall also destroyed by the Japanese.

我國最壯麗之長城，亦為日寇所燬！

图 2.6 《我国最壮丽之长城，亦为日寇所毁！》,《良友》1933 年

← 長城亦被毀矣！

↑ Damage done on the Great Wall.

图 2.7 《长城亦被毁矣！》,《古北口回忆》1933 年

图 2.8　依次为 1933 年
《摄影画报》《良友》
《图画时报》刊登的山海关六角堂

六角堂亦名魁星阁，位于山海关城墙的东南角，是山海关上历史最悠久的建筑之一，也是最具有文化意义的建筑。美国旅行家盖洛 1907 年来到山海关时，对长城与山海关城墙交界处出现这样一个与教育有关的建筑（盖洛称这一建筑为"文庙"）极为赞叹：

　　　　在这个人类历史上最奇妙的要塞上，我们却发现了一座白色灯塔、一架探照灯和一座文庙。很可能中国人是对的，这些对一个国家来说是比现代那些穷凶极恶的死亡机器更好的一种保障。[18]

遗憾的是，1933 年，这座"文庙"遭遇了现代穷凶极恶的死亡机器。日军于 1933 年 1 月 2 日至 3 日侵袭山海关时，主攻山海关南城。六角堂位于关城东南角，因地势较高，被中国守军构筑为据墙防守的主要火力点，自然也成为两天里日军飞机和火炮轰击的主要目标。1 月 3 日，关城东南角被炮火轰塌，守军大部阵亡，日本军队从六角堂处突入山海关，所以这里也是日本军队最先攻上城墙的地方。[19]就此而言，山海关六角堂对于当时交战双方都具有象征意义。于日本方面而言，这是占领山海关的突破口；于中国来说，则是日本劫掠侵害中国文化的标志。就在山海关失陷的 1933 年 1 月，就有关于魁星阁遭到日军洗劫，其中珍贵文物被劫持到日本的传闻。传闻的主角就是前文所述山海关上"天下第一关"木匾："据说，悬在关上的是伪的，而真的放存于魁星阁，是前明严嵩的手迹。这次榆关失

───────────────

〔18〕〔美〕盖洛著，沈弘、恽文捷译：《中国长城》，第 30 页。
〔19〕 1 月 3 日，中国守军和日军在山海关南门和东南城角反复争夺，见陈兵：《长城抗战的序幕——榆关之战》，《军事历史研究》1988 年第 4 期，第 127 页。

陷，日兵把那块伪的斩得粉碎，而真的却被送往东京'献俘陈列'去了。"[20]在中国方面而言，对六角堂或魁星阁的关注，和对"天下第一关"牌匾的念兹在兹是息息相关的。

1933年3月出版的《从榆关喋血到热河弃守》里收录了一组图版，名为"榆关战痕"。三张图版中有一张与《良友》所载魁星阁照片相同。另有一张山海关东门的正面照，城墙剥落泰半，城楼几成废墟。[21]战争痕迹在建筑上体现得尤为显著，破损的建筑最能展现侵略者的暴力。对古老文明标志性建筑的破坏与摧残，既是对侵略者原始与野蛮的揭示，也是向国人发出奋起抗争的号召。【图2.9】

然而，同样的照片在日本方面，则是显示胜利的道具。类似图像出现在日本制作的明信片里，用以展示"皇军"功绩。

图2.9 《从榆关喋血到热河弃守》刊登的"榆关战痕"

---

[20] 今人：《华侨漫话》，《华侨半月刊》1933年第15期，第31页。
[21] 郝伯珍：《从榆关喋血到热河弃守》，天津：晨光学社，1933年，图版1。

被选取的场景多为毁坏的城楼、日军所突入的六角堂和城市中心的大片民宅，它们都是显示日本占领山海关的标志景象。日本爱知大学国际中国学研究中心收集了一套山海关系列明信片（8 张）。[22]明信片背后有"满洲国邮政明信片"字样，说明文字全是日文，可知它的主要使用对象是日本人。这套明信片的名字是《山海关风景》，其中就有日本士兵在"天下第一关"上挥舞日本旗的景象，以及残破崩塌的六角堂及附近城墙。在印有"山海关城壁六角堂"的明信片上，附有文字说明，称残破城墙上的六角堂在碧空映衬下姿态"风雅"。这个画面于中国而言或许意味着耻辱，在日本方面看来，却是一道"风雅"的景致。【图 2.10】

由于中日双方在报道和呈现山海关时使用了相同或相似的照片，照片来历就需要考察。1933 年 2 月 11 日《密勒氏评论报》展示的 5 幅照片为这个问题提供了线索。这 5 幅照片一幅是山海关轰塌的城墙，一幅残破的六角堂，一幅日军攀爬六角堂，一幅为日军站立于城市中心，还有一幅城楼被毁。其中山海关城墙坍塌和六角堂两幅都在中国报刊上出现过。《密勒氏评论报》是民

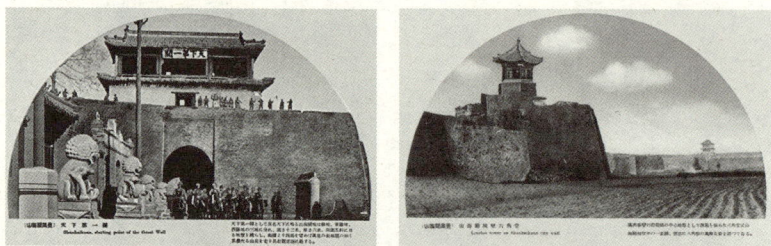

图 2.10　日本制作的占领山海关明信片

---

〔22〕《山海关风景》原色版八枚一组，见 http://iccs.aichi-u.ac.jp/postcard/manzhou/category-45/MZ001/。

国时期少有的愿意提供图像来源的报纸，它注明这些照片转引来自日本电报通信社（Nihon Dempo），与照片相搭配的文字则转引于《法文上海日报》，文字内容主要是谴责日军的侵略行径。[23]《密勒氏评论报》标注的出处表明，中国各报刊关于日军占领山海关的照片可能大多来自日本，可能是日本随军记者或士兵拍摄的照片。而围绕同一批照片，中、日两方各自表述，在不同国民心中引发不同的情感反应。【图 2.11】

这些摄影照片构成了 1933 年中日之间长城之战的主要记忆。到 1945 年抗战胜利之后，《胜利画报》回顾"1933 年间的

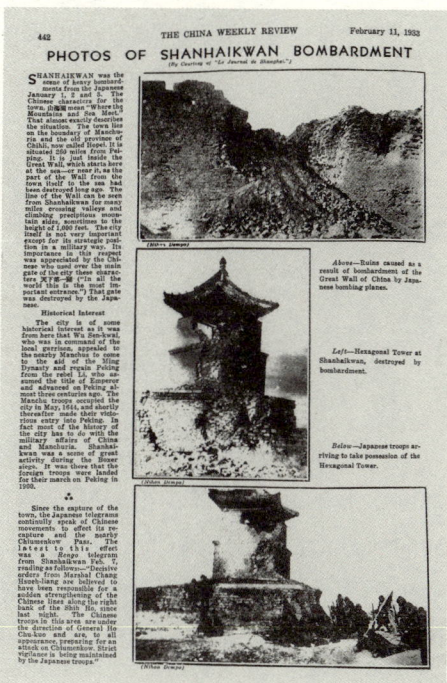

图 2.11　山海关遭炮击的照片，《密勒氏评论报》1933 年 2 月 11 日

---

[23]《密勒氏评论报》这篇报道转引自《法文上海日报》，见 The China Weekly Review, 1933/1/11。

痛史"时依然使用这些照片。《胜利画报》选用的两幅照片出自
《良友》杂志，分别是《我国最壮丽之长城，亦为日寇所毁！》
(《胜利画报》将标题改为："我国最壮丽之长城，在长城一役被
日寇所毁")和《山海关东南角魁星阁之被炸创痕》。[24]

    这些照片从视觉上佐证了长城在现代战争中的无所作为。
由于1933年初山海关的失守，长城在抗日中不足为凭成为共
识。1933年，一篇名为《北上抗日一瞥》的文章感慨"天险之
长城不险"：

> 不图降至今日，随辽吉黑热之沦亡而沦于敌手，向之
> 用以自卫者，今竟为敌用以制我，是险与不险，不在地而
> 在运用之人；尤在有无为国牺牲与城存亡之决心耳。[25]

"险与不险"，不在地而在乎人。长城本身不足依赖，只有能够
为国牺牲、与城共存亡的"人"才能保护我们的国家。

3. 从"砖石"长城到"血肉"长城

    1933年4月《时事月报》上刊登了一幅插画，描绘了一
个巨人般的战士紧握步枪，正要迈出脚步，跨过低矮的城墙，
冲向前方。战士身后有光芒万丈，仿佛神灵降世。作品标题揭
示出画面含义："只有血和肉做成的万里长城才能使敌人不能
摧毁！"[26]"血和肉做成的万里长城"这个表达虽不及田汉两

〔24〕《一九三三年间的痛史》，《胜利画报》1945年第1期。
〔25〕同仇：《北上抗日一瞥》，《精诚》1933年第1卷第3期，"杂俎"第1页。
〔26〕梁中铭：《只有血和肉做成的万里长城才能使敌人不能摧毁！》，《时事月报》
      1933年第4期，扉页。

年后在《义勇军进行曲》中写下的"把我们的血肉，筑成我们新的长城"凝练隽永，却也已经相差不远。为什么是"血和肉"？为什么要做成"万里长城"？图像又是如何塑造这一观念？【图2.12】

《只有血和肉做成的万里长城才能使敌人不能摧毁！》，标题

！燬摧能不人敵使能才城長里萬的成做肉和血有祇

图2.12　梁中铭《只有血和肉做成的万里长城才能使敌人不能摧毁！》，1933 年

隐藏了一个含义，即长城本身是可以被敌人摧毁的，只有用"血和肉"来做成长城，才能坚不可摧。长城的"毁"与"不毁"，刊登画作的《时事月报》以及画家本人都提供了基本线索。

这幅带有漫画性质的插画占据了1933年4月《时事月报》的整个扉页，十分醒目。画面与标题之间署有"中铭"二字，表明作者为当时著名时政漫画家梁中铭（1906—1994）。梁中铭1906年出生于上海，1921年就读上海华童公学，随乃兄梁鼎铭习画，1923年任职艺海美术公司。1927年到广州进入黄埔军校入伍生政战部，在航空救国协会任画刊主编，同年又成为广东地方武装团体训练员养成所画师。1929年8月，梁中铭到南京《时事月报》任图画编辑，在这个位置上工作了12年。1932年，梁中铭又兼任军委会政训处第二科中校艺术股长。[27]这是梁中铭1933年4月完成《只有血和肉做成的万里长城才能使敌人不能摧毁！》前的主要经历，也是画家个人的基本政治背景。

梁中铭在《时事月报》承担的图画编辑工作主要有两方面，一是为《时事月报》不定期地创作报刊插图或时事漫画，二是为每期《时事月报》编选新闻照片，作为《时事月报》一个固定栏目"时事插画"，附在每期目录和正文之间。1933年4月《时事月报》既有梁中铭亲笔绘制的漫画，也有他编选的新闻照片，两者关系紧密。梁中铭在目录前的扉页配上《只有血和肉做成的万里长城才能使敌人不能摧毁！》，紧跟在目录后的"时事插画"则包括4页共6个主题的新闻照片：第1页是"汪精卫返国"和"中央铸造币厂"，第2页是"英失业工人示威运动"和"希特拉内阁"，第3页的主题是"未失陷前之热

---

〔27〕"国立历史博物馆编辑委员会"编：《鼎艺千秋——梁鼎铭、梁又铭、梁中铭纪念画展》，台北：历史博物馆，2010年，第174页。

河",第 4 页则是"热河失陷后之抗日前线"。[28] 1933 年 3 月,中国面对的最大问题是日军侵占热河,相关新闻照片占据了本期"时事插画"栏目中的一半篇幅。热河之战也是这期《时事月报》"专文"部分的重点。"专文"第一篇和第二篇分别是《热河沦陷之经过》和《热河失陷对中国外交之影响》,讨论热河失陷的原因、过程,以及应如何抵御日军的进一步侵犯。[29]

【图 2.13】

在这些照片中,与长城相关者有《在古北口加紧训练之义勇军》《在喜峰口前线之我军大刀队越壕杀敌》《石河前线之抗日军队》《九门口前线之防守兵》等。这几幅照片都与扉页上那幅《只有血和肉做成的万里长城才能使敌人不能摧毁!》有直接关系,它们都呈现了长城沿线面对入侵者的忠勇战士,有正规军也有义勇军。其中《在喜峰口前线之我军大刀队越壕杀敌》更是指涉当时轰动全国的二十九军"大刀队"。正是这些可敬的军人构成了梁中铭作品中那个"血和肉做成的万里长城"。

1933 年 2 月 17 日,日军进攻热河,3 月 4 日占领承德后,兵锋直指热河、河北之交的长城沿线古北口、喜峰口、罗文峪等关隘,长城抗战随之展开。[30] 在长城抗战初期,爆发了著名了喜峰口、罗文峪战斗,由宋哲元领导的国民革命军第二十九军一度击退日军,取得长城抗战早期阶段的重大胜利。

1930 年中原大战后,原国民革命军第二集团军改编为第二十九军,宋哲元任军长。1933 年 2 月,第二十九军编为对日作战序列第三军团,宋哲元为第三军团总指挥。3 月初,日军

---

[28]《时事月报》1933 年第 4 期,"时事插画"第 13—16 页。

[29] 刘元功、刘博昆:《热河沦陷之经过》,《时事月报》1933 年第 4 期,第 255—258 页;袁道丰:《热河失陷对中国外交之影响》,《时事月报》1933 年第 4 期,第 259—262 页。

[30] 军事科学院军事历史研究部:《中国抗日战争史》上卷,第 249—252 页。

熱河失陷後之抗日前綫

左：秦皇島日本駐軍之兵營 （立風）

右：在古北口加緊訓練之義勇軍 （中宣部）

上近：最北指揮抗日軍事亦蔣委員長

右：在喜峯口前綫之我軍大刀隊越壕殺敵

左：石河前綫之抗日軍隊 （立風）

右：九門口前綫之防守兵 （立風）

左：風雪中無家可歸之難民 （立風）

（ 16 ）

图 2.13　梁中铭编选 1933 年 4 月《时事月报》"时事插画"之"热河失陷后之抗日前线"

推进至河北长城沿线，长城抗战开始。[31] 3 月 9 日，日军占据喜峰口部分区域，二十九军与日军交锋，连续激战 7 天，击退来犯日军。随后在 3 月 16 日至 18 日，二十九军又击退来犯罗文峪之敌。这两次保卫战是 1931 年"九一八"事变以来，中国军队极少数能与日军相持并取得胜利的战事，消息迅速传遍全国，"振奋全国的人心"。[32] 尤其喜峰口一战是长城抗战中的亮点，中日两军几经争夺。按《申报月刊》的描述：

> 喜峰口是长城防务正面的要隘，只因热河的守土将士无心抵抗，都未与敌接触，即纷纷后退，喜峰口是已被敌占据，后由我忠勇的宋哲元部队，血战夺回，但口外高地已为敌所扼守，时以剧烈的炮火向口内攻击。
>
> 及冷口被日军占领，日军并不南进，即移其兵力进攻喜峰口，四月十三日，有日伪军步骑兵二千余人，由董家口进犯摩天岭、下营、刘家寨一带阵地，抄袭喜峰口的后路，同时有飞机二十余架，飞至喜峰口内的滦阳、遵化等要地，往返掷弹，我军就在这样飞机重炮猛烈压迫之下，与敌抗战。
>
> 但是冷口既失，喜峰口就成突出形势，敌人可由后路包抄，二十九军虽勇敢善战，并且在喜峰口附近，以至口内远在后方的遵化、石门镇、蓟县等地，筑有坚固的防御工事，因冷口既失，故亦不得不将喜峰口自行放弃了。[33]

在喜峰口拉锯战期间，二十九军将士数度与日军肉搏。据

〔31〕 齐福霖：《宋哲元与长城抗战》，《团结》2005 年增刊，第 11 页。
〔32〕 黄绍竑：《长城抗战概述》，见中国人民政治协商会议全国委员会文史资料委员会编：《文史资料选辑》第 14 辑，北京：中华书局，1961 年，第 8 页。
〔33〕《长城各口与滦东战况》，《申报月刊》1933 第 2 卷第 5 号，第 134 页。

宋哲元致国民政府电报，3月11日在喜峰口西侧高地"肉搏十余次，互得互失，敌人伤亡尸横满地，我亦有伤亡"；13日，"喜峰口外正面之敌，整晚经我夜袭，受创甚剧。本日急图反攻，战斗仍激烈。我官兵沉着应战，远则枪击，近则刀砍，敌终未得逞"；18日，"至夜十二时，我祁团长先远由左翼率所部，向敌背后出击，绕至水泉峪附近，攻我山查峪口之敌始不能支，向北溃退。我官兵将敌砍杀无算，我王营长合春阵亡，该团官兵伤亡甚众，仍严阵以待"。[34]这些"肉搏""刀砍"的壮举，造就了二十九军大刀队的赫赫声威，以至于当时人说"大刀队的威名几乎把现代化的精良火器都掩盖了"[35]。

喜峰口一战对于当时的中国有很重要的象征意义。1933年3月19日的《益世报》发表社论《喜峰口的英雄》，文中评价说：

> 宋哲元将军领导的一班英雄，在喜峰口那几次战事，在今日中国有绝大的意义。日本兵七日之内，占据了六十万方里的土地。由开鲁而赤峰，由北票而凌源，最后以一百二十余人占据承德。中国人不止武力上打了个大败仗，全国四万万人精神上亦打了个大败仗。中国人不止失了领土，中国人实在抛了脸面，失了人格。喜峰口这几次胜仗，我们叨这班英雄们的光，又抬得起头来了。十九路军淞沪一战，使世界认识了中国人；喜峰口的几仗，使我们中国人还可做人。[36]

---

[34] 李安庆编选：《喜峰口战役中宋哲元致国民政府电报选》，《历史档案》1984年第2期，第72—75页。
[35] 黄绍竑：《长城抗战概述》，见中国人民政治协商会议全国委员会文史资料委员会编：《文史资料选辑》第14辑，第8页。
[36] 《喜峰口的英雄》，《益世报》，1933年3月19日第一张第一版。

在 1931 年以来的北面战场上，喜峰口一战第一次抵挡住日本军队的兵锋，赢得局部胜利，自然能够振奋人心，激励士气。在"精神"层面上，"使我们中国人还可做人"，这真是极高的评价了。

交战过程为举国瞩目。《商报画刊》在战时刊登了一幅喜峰口市及长城全景的航拍图，副标题专门指出："宋哲元部与日军铃木及服部等旅在此肉搏激战多次，现仍在相持中。"[37]此类照片向全国公众提供了长城抗战的视觉场景，较之文字报道更直接有力。【图 2.14】

1933 年 3、4 月间，大量二十九军将士的照片刊登在报纸杂志上，从军事长官、士兵训练、前线备战到上阵杀敌，一应

图 2.14 《由飞机下望之喜峰口市街及长城全景》，《商报画刊》，1933 年

---

[37]《由飞机下望之喜峰口市街及长城全景》，《商报画刊》，1933 年汇编，第 36 页。

俱全。"大刀"是这些新闻图片钟爱的主题,如《图画时报》上刊登的《坚守长城之二十九军战士》选取的就是一队士兵手持大刀站立在城墙上的场景。【图 2.15】

大刀队可能被媒体过度宣传了。有一个学生在报纸上看到的大刀队是这样的:

> 我看报上说:我们中国兵在喜峰口败了,都躲在山洞里,日本兵就往前追,那知冯玉祥的大刀队得了消息,去了五百大刀队和日本兵大战。日本兵不知大刀队的利害,到了那里生砍就砍死了九千多,夺了机关枪,高射炮,飞机,坦克车铁甲车,子弹无数。然后大刀队得胜而回。[38]

这个叙述看起来就有些话本演义的模式了,尤其最后一句

图 2.15 《坚守长城之二十九军战士》,《图画时报》1933 年

---

〔38〕 龚仁复:《喜峰口战事》,《孔德校刊》1933 年第 25 期,第 2—3 页。

"得胜而回"，更是评书味十足。这也足以说明当时的大刀队事迹在民间传播中仿佛带上了一丝神话色彩。

即便在 1933 年以后，大刀队的胜利依然鼓舞人心。窦宗淦《"我们民族光荣的日子！"》作于 1936 年，作者在标题下注明"仅以此画献给全国武装同志"。孤寂的战场上遍布中日士兵的尸体。画中最醒目的是一把把染血的大刀，它们散落于地面，或者插在敌人身上。画家很用心地处理这些细节，大刀只插在褐色衣服的士兵身上——这是画中日本兵的颜色，中国士兵是蓝色。《"我们民族光荣的日子！"》是时隔 3 年之后对古北口大刀队胜利的又一礼赞。战场上一对天使擎着"青天白日满地红"的民国国旗向远处飞去，那个方向有日本的富士山和日本神社的鸟居建筑，那里也是天使手中的中华民国国旗将要覆盖的地方。这两处日本的标志物都在中国国旗正下方，国旗的一角已经搭在富士山上。这面飞向日本的中国国旗，既是回应此前出现在中国国土上的日本旗，也揭示出漫画主旨：如果真有这一天，那就是"我们民族光荣的日子！"。在战场和富士山之间，是地平线上起伏的山峦，山与山之间是时隐时现的长城。长城象征性地作为中国与日本的"边界"出现在画面上。战场上尸横遍野，流血的大刀、翻飞的国旗，以及蜿蜒的长城，构成了"我们民族"的"光荣"。【图 2.16】

1936 年的漫画《一万年后从火星上来的考古团所发现的宝藏》也体现出大刀队在民间的记忆。[39] 漫画描绘喜峰口长城脚下埋藏着的一口"宝刀"，刀刃布满缺口，想必它曾经建功立业，杀敌无数，而它（或者还有它曾经的主人、英雄的战士）现在却掩埋在泥土里无人问津，只能有待于"一万年后从火星

---

〔39〕 徐本大：《一万年后从火星上来的考古团所发现的宝藏》，《中国漫画》1936 年第 9 期。

图 2.16　窦宗淦《"我们民族光荣的日子！"》，1936 年

上来的考古团"去重新发现。画作比较稚拙，却很富于感召力，呼唤人们回忆起三年前曾经取得的胜利，以及长城抗战最终的失败。【图 2.17】

在 1933 年，画家梁中铭同样青睐二十九军大刀队。1933年 4 月《时事月报》上就编排了一幅《在喜峰口前线之我军大刀队越壕杀敌》照片，呈现大刀队战士跃出战壕的情景。[40] 从照片中整齐划一、将跃未跃的动态来看，这很可能是摆拍出的画面。不过它在当时却极受欢迎，以此为原型又激发出其他宣传插画和木刻版画，这是后话。【图 2.18】

梁中铭在 1933 年 5 月《时事月报》里又选登了一幅大刀战士照片。战士胸前悬挂手榴弹，右手扶枪，肩后露出一把环首

---

[40]《在喜峰口前线之我军大刀队越壕杀敌》，《时事月报》1933 年第 4 期，"时事插画"第 16 页。

图 2.17　徐本大《一万年后从火星上来的考古团所发现的宝藏》，1936 年

图 2.18　《在喜峰口前线之我军大刀队越壕杀敌》，《时事月报》1933 年

刀柄。最重要的是，这位战士笔直地站立在巍峨的长城前。照片搭配的文字是"曾经我军坚守与日寇猛烈激战屡得屡失之罗文峪山岭"[41]。从这段说明来看，照片主题是罗文峪长城，不过画面重心却是曾与日军猛烈激战的我军将士。相片右侧边缘的战士恰好与远处长城烽火台形成双峰并峙的格局，长城因忠勇战士的守卫而显得更加坚固。这幅照片的构成和梁中铭前一个月发表的《只有血和肉做成的万里长城才能使敌人不能摧毁！》（1933 年 4 月）十分相似，战士持枪立于长城之上，人与城合为一体。【图 2.19】

在 1933 年 11 月出版的《古北口回忆》中，也选取相同图式的照片来说明这一年 2 月发生的"中央决议抵抗，派军驻守长城，此即华北战争之开始也"[42]。照片上一个中国士兵持枪伫立在战壕前，身后是群山上起伏的长城。此时，用士兵与长城的组合来表示中国军队对日本的抵抗，在新闻媒体上已成为常用的图像手段了。【图 2.20】

"血肉"概念在 1933 年最早的出现，甚至可以追溯到张学良。张学良在山海关失陷后，于 1 月 8 日上午在北平私邸召开中外记者会。张学良在会上说：

> 我以各国之和平运动，今已无效，我们为争民族的生存，只有拿我们的血肉，我们的性命，来维持和平，来保障中国，再无别法了。[43]

---

〔41〕《曾经我军坚守与日寇猛烈激战屡得屡失之罗文峪山岭》，《时事月报》1933 年第 5 期，"时事插画"第 20 页。

〔42〕俞佑世编：《古北口回忆》，上海：俞佑世个人出版（良友图书印刷公司印行），1933 年，第 13 页。

〔43〕中央社北平八日电：《以血肉保障中国：张学良昨招待中外记者，痛斥日人侵略蛮横无理》，《中央日报》1933 年 1 月 9 日，第 1 张第 2 版。

图 2.19 《时事月报》1933 年 5 月照片和 4 月的画作共享同一个图式

图 2.20 《古北口回忆》中的照片，1933 年

这句"拿我们的血肉……来保障中国"很有力度，谈话内容刊登在第二天也就是 1 月 9 日的《中央日报》时，就是用这句话作为新闻标题：《以血肉保障中国》。【图 2.21】

这番谈话在当时反响颇大。1933 年 3 月 10 日天津出版的《从榆关喋血到热河弃守》也作了转载，内容基本一致，文句经

图 2.21　1933 年 1 月 9 日
《中央日报》上刊登的张学良谈话

过改动，雅致了不少：

> 今我国委屈求全既无效，全世界尽力和平亦无效，到
> 今日惟有以吾人之精神合血，以保护我祖国，以维持正义
> 而已。[44]

张学良这段话大意如此，各报刊书籍在引述时字句都略有不
同。[45]1933 年 1 月 13 日的《社会新闻》以《张学良的血与命》

---

〔44〕　郝伯珍：《从榆关喋血到热河弃守》，第 30 页。
〔45〕　目前最流行的还是《中央日报》上的版本。台湾出版的《革命文献》以《代理军
　　　　事委员会北平分会委员长张学良为榆关事变招待中外记者谈话》为名，收录了
　　　　《中央日报》的这一版本，见罗家伦主编：《革命文献》第 38 期，台北：中国国民
　　　　党中央委员会党史史料编纂委员会，1965 年，第 2194—2197 页；《张学良文集》
　　　　又转载了《革命文献》的版本，更名为《为榆关事变招待中外记者的谈话》，见毕
　　　　万闻主编：《张学良全集》（一），北京：新华出版社，1992 年，第 635—639 页。

为题，对此作了一番评论：

> 以"不抵抗"见罪于国人的张学良，这回因榆关失掉，也公然说出"吾人只有用血与命，来维护国家与公理"的话，其言之是否由衷？且不必去事论断。……
>
> 实在，目下什么话都不用说了，凡属中国人，谁都应该拿出血与命来，维护他的国家；仅仅张学良的血与命，是维护不了这残创重重的多难的国家；仅仅举当政者的血与命，也是维护不了这残创重重的多难的国家。[46]

这篇文章厘清了"我们"的含义。张学良说要拿出"我们的血肉，我们的性命"（或者"吾人之精神合血"）来维持和平、保障国家，这个"我们"在《社会新闻》的作者看来，涵盖的只是张学良自己或者"当政者"；该文号召"凡属中国人，谁都应该拿出血与命来，维护他的国家"，就是把张学良所说的"我们"推而广之，将所有的"中国人"都容纳进来。在山海关1933年1月落入敌手数日之后，要用"我们的血肉"来保卫"中国""祖国""国家"的说法，就已经广为传布。

"血肉"与长城的关联，于1933年3月长城抗战正酣之时，在新闻报道中得到建立。喜峰口、罗文峪的战事一直胶着到1933年4月初，随后落入敌手。在战斗尚在进行中的1933年3月底，华北战事新闻社出版了《二十九军宋哲元血战杀敌记》；4月1日又由中国艺术公司出版《宋哲元部二十九军长城血战记》，附写真图数十幅，以视觉形象传播了二十九军大刀队的武勇。同时，两书收罗大量报纸通讯及各界电文，用文字文

---

〔46〕 洁青：《张学良的血与命》，《社会新闻》1933年第2卷第5期，第60页。

本反复强调前线将士的"牺牲精神"[47]，以及"敌有枪炮，我有血肉"[48]，更由二十九军的坚决抵抗看到了中国胜利的希望。这些长城抗战的新闻报道将长城、血肉宽泛地联系在一起，为后来两者进一步的结合奠定了基础。

有一首写在 1933 年 3 月 19 日的小诗，很能说明血肉和长城怎样结合在一起，诗名《喜峰口》：

隆隆，轧轧，巨炮，飞机的轰炸；
满山的烟雾，岩片，尸块，火花。
山头太阳黯淡，白云更悽惨，
遍谷的阴风，都蒙上了肃杀。

这片的河山，都是万里古国；
这带城阙，最令人流连难舍；
这斑斑点点，都是灿烂鲜血；
这些尸骨，将生出千万豪杰。

啊，古战场！你曾否啼泣悲伤，
那些自相残杀的军阀小将，
迫着老百姓崩散地去逃亡，
他们的骨头，也是留在山上？

帝国主义的剥削，占领，瓜分，
满洲，东四省，鬼脑里的平津，

［47］ 北平《世界日报》社评《毋使宋部独享战胜光荣》，见《宋哲元部二十九军长城血战记》，中国艺术公司，1933 年，"国内外舆论界对此民族英雄之讴歌"第 6 页。
［48］《北平导报》三月十九日《敌有枪炮我有血肉》，见《宋哲元部二十九军长城血战记》，"国内外舆论界对此民族英雄之讴歌"第 11 页。

叫古战场的愤恨，热血奔腾，
　　嘘口气，便化作铁血的长城！
　　• • • • •

　　青年们：
　　救出血力溺在宴乐里的消沉，
　　快起来向一切压迫阶级革命！
　　你们忍看大地如黑夜的阴森？
　　投下破笔，往喜峰口外去从军！[49]

在帝国主义的剥削、占领和瓜分之下，古战场上热血奔腾，奋战在喜峰口的将士们便化作了"铁血的长城"。

　　将战士的鲜血和长城联系在一起，并不是个别现象。在另一首《守卫我们的长城——献给守卫长城英勇的弟兄们》里也有类似表达：

　　长城长，
　　西起布城东达山海关；
　　巍然独存数千年，
　　是我东北的屏障。
　　几曾胡戎来侵掠，
　　堡塞上举过多少的烽火，
　　经过多少干戈的扰攘。
　　赖战士猛勇抵抗呀，
　　得保今日无恙！
　　得保今日无恙！

————————————

〔49〕李斯彦：《喜峰口》，《清华周刊》1933 年第 39 卷第 4 期，第 389 页。

可是今日的日本帝国主义强又强，

不讲公理一味逞横蛮！

既夺我沈阳，今又占我榆关。

飞机大炮一齐轰，

毁我房屋杀我兄弟姊妹和爷娘！

眼看看中国将沦亡，

中国亡了为奴心多痛！

起！起！一齐起来救国上前去抵抗！

上前去抵抗！

血染长城也荣光！〔50〕

为了抵抗帝国主义的侵略，不惜"血染长城"。尤其最后一组诗句所运用的语词和逻辑，与1935年的《义勇军进行曲》歌词已经非常接近。"奴隶""起来""飞机大炮""前进"，核心意象都已经具备了。在某种意义上，田汉只是在已有的对长城的认识基础上做了些字句上的重新书写，让已有的观念更富文采、更有力度。

对于《守卫我们的长城——献给守卫长城英勇的弟兄们》一诗在当时的政治意味还有可以讨论的地方。美国学者柯博文认为这首诗是对蒋介石的抗战政策进行谴责，因为蒋介石把更多精力花在"安内"上。同时，柯博文也注意到这首诗发表在"被视为忠于蒋的一个组织办的期刊"〔51〕。《守卫我们的长城》刊

---

〔50〕 先启：《守卫我们的长城——献给守卫长城英勇的弟兄们》，《前途》1933年第1卷第5期，第3页。

〔51〕 柯博文：《走向"最后关头"：中国民族国家构建中的日本因素（1931—1937）》，北京：社会科学文献出版社，2004年，第103页。虽然柯博文误以为这是一首歌，甚至还大胆"估计"这首"歌曲"在宋哲元的部队中广为传唱，但他对《前途》杂志的讨论很有说服力。

登在《前途》杂志上，《前途》杂志是国民党内部政治团体力行社创办的出版物，力行社社长即蒋介石。需要指出的是，在对待日本的问题上，《前途》杂志的立场是坚决抗日。[52]长城抗战期间，《前途》上刊登了大量主张坚决抵抗的文章和文艺作品，先启所作的《守卫我们的长城》只是其中之一。实际上，蒋介石在长城抗战期间也暂时放下了"围剿"红军根据地的军事行动，调派了 6 个师（第二师、第四师、第二十五师、第三十二师、第五十六师、第八十三师）的中央军到河北一带。虽然在 1933 年初，社会上宣传最广的是宋哲元第二十九军大刀队，牺牲更大的可能是蒋介石中央军的嫡系部队。蒋介石在 1933 年 6 月 29 日的日记里写道："此次第二、第二十五、第八十三师等师战斗结果，所余官兵不过三分之一，而各团反攻时，有只余六人生还者，其余因伤自戕之官长，不可供仆数。激烈如此，总理之灵，当可慰矣。惟何以慰我阵亡忠勇将士之灵？勉之！"[53]只是当时的报刊以成败论英雄，对这些战况激烈而战果不佳的部分少有提及。[54]虽然最后蒋介石与日本达成

〔52〕 杨永兴：《力行社的日本观——以〈前途〉杂志为个案的考察》，《江苏社会科学》2006 年第 1 期，第 195—200 页。
〔53〕 黄仁宇：《从大历史的角度读蒋介石日记》（增订本），北京：九州出版社，2011年，第 95 页。
〔54〕 黄绍竑对此颇有微词："自古北口失守，我军就坚守南天门。南天门地形险要，不能使用很大兵力。日军以全力进攻，进展甚慢。徐廷瑶的中央军三个师，起初是关麟征第二十五师在第一线，被打得残了，黄杰的第二师顶上去，换下二十五师，第二师又被打残了，刘戡的第八十三师又顶上去，换下第二师。由南天门而石匣镇、而密云，节节抵抗，节节撤退，就是这样挨了两个多月，是长城抗战作战的时间最长、战事最剧烈的地方。三月间因喜峰口二十九军大刀队一次的胜利，上海妇女界组织妇女慰劳队到喜峰口慰劳二十九军，对古北口方面则没有去。我对她们的代表王孝英、沈慧莲说，古北口方面的战事比喜峰口方面激烈得多，她们都不相信。可见当时报纸把大刀队捧得天那样高，把对日抗战最激烈的部队都忘了。东北军方面更没有人理睬。"见黄绍竑：《长城抗战概述》，见中国人民政治协商会议全国委员会文史资料委员会编：《文史资料选辑》第 14 辑，第 15 页。

妥协，签订了《塘沽协定》（1933 年 5 月），在此之前，国民党和当时的主流民意还是比较一致，对日本侵略至少在言论上持强硬态度，《守卫我们的长城——献给守卫长城英勇的弟兄们》即是这种强硬立场的体现。

就在梁中铭发表《只有血和肉做成的万里长城才能使敌人不能摧毁！》的同一期《时事月报》上，一篇名为《到热河去》的札记形象生动地说明了"长城"在"今"天所发生的转变。作者在文中说：

> 长城本为我国工程浩大之防边工事，数千年来仍未变其性质与地位，空军之发达，必有防空，海军之发达，赖有防海，陆军军器之进步，已远非笨拙之长城所能济用，今已进至人的长城时代，动的长城时代，非死的砖石的长城时代了。[55]

如此一来，"砖石的长城时代"成为过去，而"人的长城时代"已经到来。在这个"人的长城时代，动的长城时代"里，长城也就获得了新的"身体"，"砖石"的长城变成了"血肉"的长城。

小　结

1933 年初的长城抗战是长城在 20 世纪获得新象征意义的一个关节点。"人的长城""动的长城""铁血的长城"以及"血和肉做成的长城"随着战争进程——出现，为后来"新的长城"观念奠定了基础。

---

〔55〕 希天：《到热河去》，《时事月报》1933 年第 4 期，第 38 页。

当"铁血的长城"或"血和肉做成的长城"被创造出来替代"砖石的长城"之后，长城就获得了新的"身体"。在文本中，这种新的身体通过在"长城"前面附加形容词的方式来修辞（"人的""动的"或"铁血的"）；而在图像里，新身体是通过长城上站立的巨人来表达。伫立在长城上方的巨人战士极具超现实色彩，带有明显的象征性。这具长城新"身体"中所象征的精神或灵魂，在民族主义话语中，就是"民族精神"，就是"民族魂"。

第三章　另一种想象：日本及"满洲国"宣传图像中的长城

中国万里长城的修建经历过两千多年的漫长历程，它作为中华民族的象征意义却是在现代被建立起来的。[1] 长城现代意义生成所面对的主要历史情境是长达 14 年的中日战争。战争期间中国方面将长城确立为自身民族国家形象的标志，而战争的另一方，也就是日本，是如何理解中国的长城，又利用长城制作了哪些图像？这方面的问题还未有学者触及。对于长城现代意义的理解，日本及伪满洲国方面的情况亦是一个不应该忽略的面向，因为长城现代意义的建构，本身就是在一个世界性的背景里发生的。

1.　虚构的长城"国境"

日本国立国会图书馆藏有一幅名为《天国与地狱》（1932）的彩色宣传画，经常作为日本战时宣传画的典型作品被学者讨论。[2] 画分三栏。最上一栏笼罩在暗淡的底色中，士兵正在屠

〔1〕　［美］阿瑟·沃尔德隆著，石云龙、金鑫荣译：《长城：从历史到神话》，第280—283 页。
〔2〕　Barak Kushner: *The Thought War: Japanese Imperial Propaganda* , Honolulu: University of Hawai' i Press, 2006, p.126-127；贵志俊彦：《满洲国のビジュアル・メディア：ポスター・絵はがき・切手》，東京：吉川弘文館，2010 年。

杀平民，中间有"万里长城"把画面分为左右两边，左侧有文字说明："三民丑鬼，越境扰民"，右边写"军阀横暴，良民水深火热之苦"，试图说明中国东北民众在国民党到来后过着悲惨的生活，长城两侧的太阳都为此而哭泣。中间一栏有了改变，右侧城楼由青天白日旗换成五色旗，城市开始重建，用文字描述就是"民族奋起，建设理想国"，国民党士兵被驱逐到长城左侧，以表达"乱党暴贼，四散八离"。于是右侧的太阳张开笑脸，而左侧继续流泪。最下栏是第三幅，右侧城楼匾额上是"大满洲国"，民众高举五色旗，巨大的太阳笑脸下写着"安居乐业，满洲国万万岁"；长城左侧则依然覆盖着黑暗，一个巨大的人物正跪在长城下泪流不止，旁边注明他是"张学良"，同样流泪的太阳边上还有"后悔不及，可笑"的字样。日本在中日战争中制作的此类宣传画有两个目的：一是欺骗日本国内民众相信日本是亚洲的领导者；二是试图诱使中国人民认为，日本正在帮助他们从西方列强的压迫下解放出来。[3]这幅《天国与地狱》大致也是这个意图。【图 3.1】

本文关注的是这幅宣传画里的"万里长城"。长城在三栏图像里连续出现，上下衔接，纵贯整个画面。这里有三个要点需要注意。一是三栏里都刻意标明"万里长城"，唯恐读者不能正确辨识出城墙为何物。二是在长城上唯一出现的一处烽火台上写明"山海关"，表明这里描绘的不仅是长城，而且是长城的最东段。三是"万里长城"作为一个带有区隔性的"边界"被呈现，在第二栏和第三栏图像里，长城的右侧是"大满洲国"，左侧是代表国民党统治的张学良；同时，长城的右侧阳光普照，人民安居乐业，左侧则是一片黑暗。这种光明与黑暗的对比构成了宣传画的主题："天国与地狱"。

---

〔3〕　Barak Kushner: *The Thought War: Japanese Imperial Propaganda*, p.119.

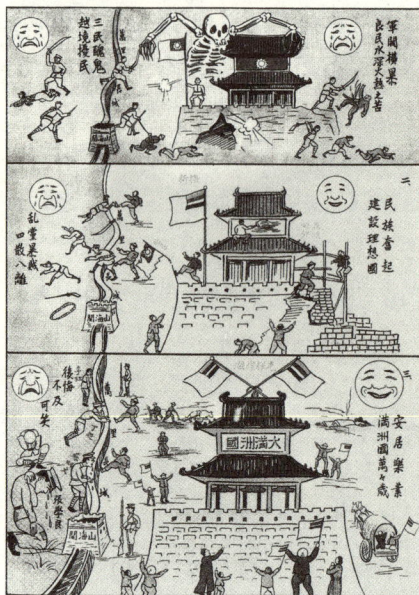

图 3.1 日本宣传画
《天国与地狱》1，1932 年

　　这种以长城为界划分"天国与地狱"并非只此一例。稍晚由"日本独立守备队司令部"制作的宣传画《天国与地狱》（1933—1935）也运用了这种区分方式。画面上直接写出标题《天国与地狱》，"与"字正好压在一道蜿蜒的城墙上。城墙右侧画着挥舞日本旗和五色旗的民众，有文字注明"快活的满洲国"以及"民众"；城墙左侧是"杀人"和"掠夺"的中国士兵，还特意写明"混乱败坏的中国"。因为这一宣传画的名字与前文所提到的作品名相同，不妨把它称为《天国与地狱》2，前一幅为《天国与地狱》1。两幅宣传画使用了基本一致的视觉元素和叙事策略。【图 3.2】

　　以长城为界的宣传图像还有一个例子。1933 年 1 月，《密勒氏评论报》上刊登了一幅宣传画，在一幅中国地图上竖起一堵墙，墙的右边有文字注明是"大满洲国"，左边自然就是中国

图 3.2 日本宣传画《天国与地狱》2，1933—1935 年

内地。张学良透过墙眼看着欣欣向荣的另一面，说："哎哟！没想到东三省的地头上成立了那样的国家，往后没有地方去刮，这……这……真要我的命了。"后面蒋介石拉着张学良，劝他看开点。[4] 墙的起点恰好在山海关的位置，所以这堵墙实际上是长城的替代物或者象征。《密勒氏评论报》特别注明，这一漫画式的宣传画来自日本飞机在中国政府控制区域内散发的传单。中日在战争期间互相往对方控制区域投放过大量宣传品，这是极少有的能够确认散发方式并保存下来的图像材料。前文提到的两幅《天国与地狱》宣传画现在都保存在日本，无法判断它们最初的使用和传播情况，第三个例子是在中国政府控制区域发现的，证明这类图像的散播对象可能主要还是国民党统治地区。【图 3.3】

---

[4] *The China Weekly Review*,1933/1/7.

图 3.3　飞机散发的日本传单，1933 年

　　这三幅宣传画的制作时间大致在 1931 年到 1935 年之间。画面上都以万里长城为界，以此区分所谓的"满洲国"和中华民国。这就需要讨论，长城作为"边界"的意义是从哪里来的？为什么日本和"满洲国"方面会不断在宣传图像里强化作为"边界"意义的长城？

　　"满洲国"是先有概念和设计，而后才有的政治实体。日本对于"满洲国"的经略，其筹谋可以追溯到 19 世纪中期。[5]那时的日本就已开始觊觎中国领土，并且把目标指向中国东北。佐藤信渊（1769—1850）提出的"他邦经略之法"是从弱而易取之地入手，"当今世界万国之中，最易于皇国攻取之地，即为中国之满洲"。如果日本取得"满洲"，中国将更加衰败，"朝

<hr />

〔5〕　　包兰英：《近代日本的满蒙观考析（1853—1945）》，山西大学 2013 年硕士论文，第 1—30 页。

鲜与支那即可次第图之"[6]。吉田松阴（1830—1859）的规划是，在臣服琉球、朝鲜之后，"北割满洲之地，南收台湾、吕宋诸岛"，按这个顺序，渐次彰显日本进取之势。[7]1887年，日本军方着手拟定了一份侵占中国的具体方案。日本陆军参谋本部第二局局长小川又次撰写了一份《清国征讨策案》，设想如何"讨伐"、分割、统辖中国，其中就设想"于满洲另建一国"，版图范围包括"东三省及内兴安岭山脉以东、长城以北之地"。[8]这里明确提到了长城，也是比较早地将长城与伪满洲国边界联系在一起的文本。

　　1931年10月24日，关东军《满蒙问题解决的根本方策》给出了一个更具体的规划："建设与支那本土绝缘，表面上依靠支那人实现统一，其实权掌握在我方手里的以东北四省和内蒙古为领域的独立满蒙国家。"[9]这个方案里把"东北四省"（奉天、吉林、黑龙江和热河）和内蒙古划入一个"国家"，这是一个假想。在具体实施时，关东军体现出务实的一面，1932年1月13日，关东军制定了《满蒙善后处理纲要》："迅速以奉天、

---

[6]　佐藤信淵：《混同秘策》，见岩波書店编，尾藤正英、島崎隆夫校注：《日本思想大系45：安藤昌益・佐藤信淵》，東京：岩波書店，1977，第430—431页。1927年《田中奏折》中所谓的"欲征服中国，必先征服满蒙，如欲征服世界，必先征服中国"，与佐藤信淵的思路基本相同。

[7]　奈良本辰也编：《吉田松陰著作選：留魂録・幽囚録・回顧録》，東京：講談社，2013年，第158页。

[8]　山本四郎：《小川又次稿〈清国征討策案〉（1887）について》，《日本史研究》1964年第75号，第107页。山本四郎发现并公布了《清国征讨策案》，并指出这一"方略"在甲午战争前的日本陆军中很有影响；陈丰祥用这份文献讨论日本的大陆政策，见陈丰祥：《近代日本的大陆政策》，台北：金禾出版社，1992年，第60—62页；1995年有了完整的中译本，见山本四郎：《1887年日本小川又次〈清国征讨方略〉介绍》，《抗日战争研究》1995年第1期，第205—218页。

[9]　稲葉正夫等编集、解説：《現代史資料》（11），東京：みすず書房，1965年，第337—338页。

吉林、黑龙江三省首脑组织起最初的政务委员会，就新国家的树立进行相关的研究准备。"〔10〕规划实施对象是已为日本军队实际占领的东三省，暂时不在控制范围内的热河和内蒙古就被放到一边。

到1932年3月1日，以"满洲国政府"名义发布的《建国宣言》用一种模棱两可的方式兼顾了这一"理想"与现实。《宣言》里有三处提到了这个所谓的国家的地理疆域，依次是：1. "想我满蒙各地，属在边陲……"；2. "乃自辛亥革命、共和民国成立以来，东省军阀乘中原变乱之机，攫取政权，据三省为己有"；3. "数月来几度集合奉天、吉林、黑龙江、热河东省特别区、蒙古各盟旗官绅士民，详加研讨"。〔11〕这些地理概念指向宽泛的"满蒙"，实际控制区域东三省，以及还只是停留在方案阶段的东四省和内蒙古。

不过在对外宣传中，伪满洲国一直按设想中的最大疆域面积进行表述。1932年4月在日本东京出版的一部《满洲国教材》里，"满洲国"的疆域被认为包括"奉天、吉林、黑龙江、热河及兴安五省"，并且将西南方向的边界认定为长城。〔12〕该书是为日本中小学生编写的教学参考书，而此时的"满洲国"不仅没有占据热河和兴安（内蒙古的东北部），也没有占据长城。然而，这本教材仍然配上一幅名为《南西的国境·万里长城》的照片，并且附上文字说明，表明照片取自"有'天下第一关'之称的山海关附近的废墟遗迹"。可见在该书编撰者心目中，山海关应该纳入到"满洲国"的范围。【图3.4】

"满洲国"建立之初所宣布的领土范围主要是东三省及热

---

〔10〕 稲葉正夫等编集、解說：《现代史资料》（11），第486—487页。
〔11〕 "满洲国"政府：《满洲国建国宣言》，《辽东诗坛》，1932年第78期，第19—20页。
〔12〕 鄉土教育聯盟编：《满洲國の教材》，東京：鄉土教育聯盟，1932年，第1頁、圖版1。

图 3.4 《满洲国教材》中选用的长城插图，1932 年

河，这些行政地区的名称和划分沿袭自民国政府。"满洲国"没有完全占领这些省份，所以在 1932 年"满洲国"宣布成立时，其领土及边界都还停留在观念之中。在这个观念里，"满洲国"自认为与中华民国的边界，就应该是当时的奉天、热河与河北、山西的交界线。在这条观念与历史错杂不清的"交界线"里，长城扮演什么角色呢？

在民国时期的奉天（辽宁）、热河与河北的交界线上，长城只与极少量的省区边界相重合。这种重合还要追溯到清代。在一份光绪三十一年（1905）由上海商务印书馆制作的《大清帝国全图》里，清晰地标示出直隶省、山西省、内蒙古和盛京省的边界线。整个长城的东段基本位于直隶省（1928 年，直隶省改名河北省）和山西省境内，只有山海关至九门口一段，长城成为直隶省和盛京省的交界线。[13]【图 3.5】

从清代到民国，盛京省和直隶省的边界就是山海关，这

---

〔13〕 商务印书馆编：《大清帝国全图》，上海：商务印书馆，1905 年，第 1 图、第 2 图。

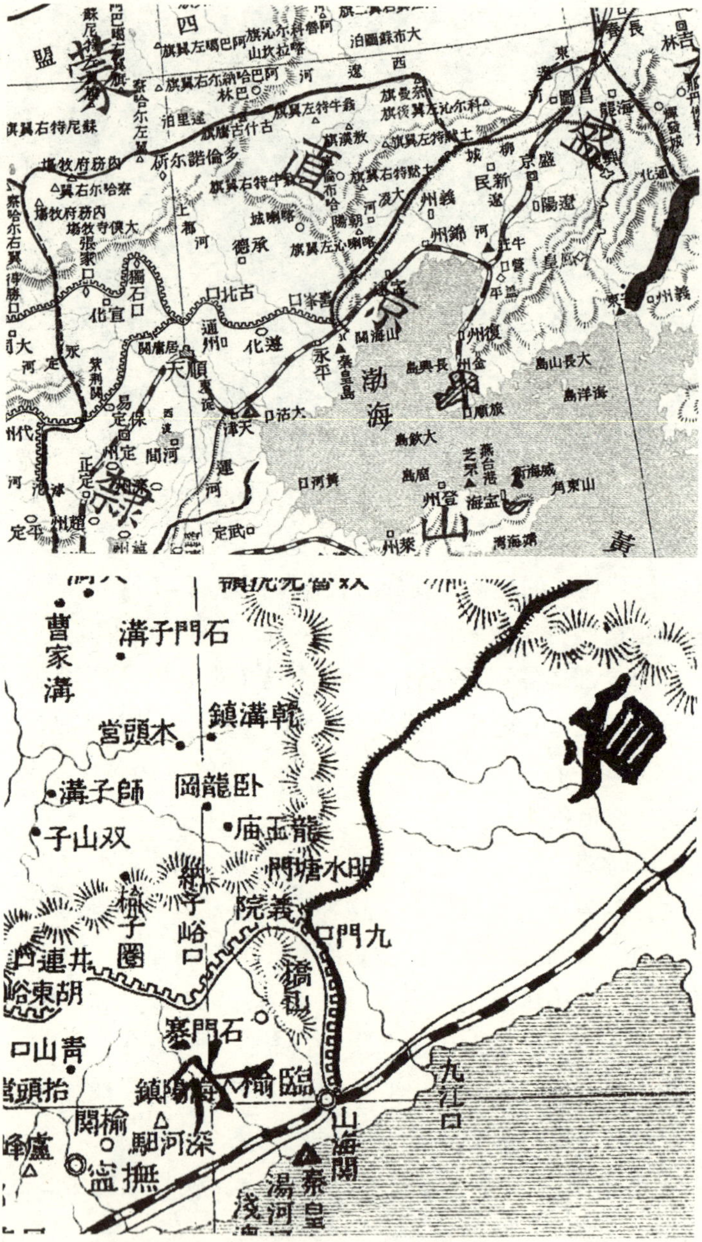

图 3.5 《大清帝国全图》中直隶省与盛京省以长城为交界线，1905 年

大约是前文提到的宣传画反复突出山海关的主要原因。而日本进一步提出，要以"万里长城"作为划分"满洲国"和中国的界限，则是为进一步侵略埋下伏笔。傅斯年在 1932 年的《东北史纲》里颇为无奈地指出："日本人近以'满蒙在历史上非支那领土'一种妄说鼓吹当世。此等'指鹿为马'之言，本不值一辩，然日人竟以此为其向东北侵略之一理由，则亦不得不辩。"[14] 到 1933 年日本确实开始攻略热河及长城沿线，中国报刊也指出，日本和"满洲国"宣称以长城为界不过是权宜之计，其最后的目标绝不仅仅是长城，而是更辽阔的中国国土：

> 敌国军部之言曰，"满洲国"以长城为界。长城在热境之南而不在其西，是分明留一漏洞，为异日进取察绥之计，以实现其"满蒙政策"一词所指称之侵略主义。我国永不承认伪国存在，当然不知何为伪国国界，只知国土被掠夺，全国民众负有收复之重责耳。然敌人欲占领我长城以北之国土，今日知其早具最大决心。……吾人不宜在长城各口久呈与敌军事对峙状态，以免形成世人伪国确有国界之错觉。敌人此日信口以长城为界，即他日复可言以黄河为界，且即长城为界云云，亦已暗示察绥等省非复我有矣。[15]

从这篇《所谓"满洲国以长城为界"》可以明了，当时的中国人已经清醒地认识到，所谓的"以长城为界"，不过是日本进

---

〔14〕 傅斯年：《东北史纲》，见傅斯年：《傅斯年全集》（二），长沙：湖南教育出版社，2000 年，第 374 页。
〔15〕 《所谓"满洲国以长城为界"》，《北方公论》1933 年第 31 期，"本周政治述评"第 1—2 页。

一步侵略中国的借口。

2. 反转的"长城线"

　　日本是否实际占据长城以及占据了长城的哪些部分，是判定前文所提及的几幅宣传画时间的主要依据。《天国与地狱》1所描绘的内容显示"满洲国"已经建立，而日军又没有占据长城，同时张学良还主管华北（包括长城沿线）军务，所以它的制作时间应该是在 1932 年 3 月至 1932 年 12 月。到 1933 年 1 月初日军侵占山海关，1933 年 3 月 11 日张学良引咎辞职[16]，《天国与地狱》1 就不再有宣传意义了。

　　《天国与地狱》2 和 1 一个主要区别，是在长城的左边多出了一个"非武装地带"。也就是说，制作《天国与地狱》2 的时候，日军不仅占据了长城线，而且还在长城以南划定出了一个"非武装地带"。这为认定此幅宣传画的制作时间提供了非常明确的线索。

　　日本方面实际控制长城线是在 1933 年 3 月以后。1933 年 1 月初，日本占领山海关，2 月占领热河，3 月围绕长城展开争夺，大约在 4 月初，日军基本控制河北境内的长城沿线。出于战争宣传目的，日本军队占领长城的照片大量印制和散播。1933 年 3 月出版的《热河讨伐画报》上有对日本占领长城的详尽报

---

〔16〕　张学良于 1933 年 3 月 11 日通电辞职，3 月 12 日国民政府批准，辞职时的职务是"北平政务委员会常务委员兼代军事委员会北平分会委员长"；同年 4 月赴欧洲考察；1934 年 1 月初回国，3 月就任豫鄂皖三省"剿匪"副司令职。从张学良的经历来看，日本关东军针对张学良的宣传画不应晚于 1933 年 3 月。见张有坤、钱进、李学群编著《张学良年谱》（修订版），北京：社会科学文献出版社，2009 年，第 470—489 页。

道及照片。其中一张刻画日本军队以长城为背景高举刀、枪和旗帜呼喊万岁的照片，下面的文字解说特别强调，照片拍摄于1933年3月12日午前11时，经历"二旬"战事，"长城国境线确保成立"，热河"讨伐"完成。[17]此类日军站在长城上或在长城前欢呼的图像，成为《天国与地狱》2里日本士兵脚踏长城图像的先声。【图3.6】

1933年5月31日，中日双方签订《塘沽协定》，协定里明确了所谓的"非军事区"，也就是《天国与地狱》2里的"非武装地带"。《塘沽协定》的第一条规定："中国军即撤退至延庆、昌平、高丽营、顺义、通州、香河、宝坻、林亭口、宁河、芦

图3.6　日军占领长城的图像

[17]《長城にあがる万歳の聲》，大阪每日新聞社、東京日日新聞社：《熱河討伐畫報》，大阪：大阪每日新聞社，1933年。

台所连之线以西以南之地区，尔后不越该线而前进，又不行一切挑战扰乱之行为。"[18]这是《塘沽协定》的核心内容。中国军队退后到延庆至芦台一线，而后日本军队撤退到"长城线"，在这两条"线"之间，就是所谓的非军事区，仅由中国警察机关维持治安。《天国与地狱》2里长城西面一根由地名连接、大致与长城平行的"天国与地狱"的交界线，就是《塘沽协定》第一条所述中国军队不得"越该线而前进"的图像化。

这个"非军事区"的存在时间限定了《天国与地狱》2的制作时间。《塘沽协定》里出现的"非军事区"一直延续到1935年7月的《何梅协定》。《何梅协定》要求中国驻扎在河北境内的五十一军、中央军第二师和第二十五师退出河北[19]，实质上意味着"非武装地带"已经扩展到整个河北境内，《塘沽协定》里所划定的范围自然就过时了。所以在"延庆－芦台线"与"长城线"之间划定的"非军事区"只存在《塘沽协定》之后、《何梅协定》以前。《天国与地狱》2的制作时间也只能是在1933年5月至1935年7月之间。

不过，《塘沽协定》本身并没有明确"长城线"本身属于中国还是日本。长城本身究竟由谁来控制，由于没有明确的说明，就需要再做一点梳理。

在《塘沽协定》签订之后的1933年11月，黄郛、何应钦和冈村宁次在北平举行"善后会议"，最后形成《关于停战协定善后处理的会谈事项》和《关于本会谈之谅解事项》两个文件。协议明确，国民政府只接收"不含长城线之长城以南及以西之地域"，日军的驻屯地点在山海关、冷口、喜峰口、马兰峪、古北口等地，并由关东军设置的机关来处理长城各关的交通、经

---

[18]《塘沽协定全文》，《中外月刊》1936年第1卷第7期，第22页。
[19] 非宇：《所谓"何梅协定"》，《经世》1937年第2卷第2期，第1—2页。

济事项。虽然这两个文件并没有公布，也没有正式签订为协议，却在实际上承认了日本军队对于长城各关口的占领。[20]

日军实际控制"长城线"后，即着手推动伪满洲国与国民政府间的贸易往来，先是在1933年7月1日实现了关内与关外通车，又于12月达成《通邮大纲及谅解》，在1935年1月恢复通邮。[21] 截至1934年1月2日，中日双方仍在就长城线控制权问题进行磋商，前往山海关与关东军接洽的中方代表滦榆行政专员陶尚铭表示，交涉至今仍无具体结果，"闻日方之意，只拟名义上将榆关交还中国"。而前往古北口商洽的殷汝耕带回的消息是，有望在一个月之内收回古北口，但日本在古北口驻军二百余人，这个数目可能还要有所增加。[22]

到1934年2月10日，中国方面才算接收了山海关。[23] 但也只是部分接收，因为日本宪兵分队、日本警察署、伪国境警察队、伪国境护照签验所、伪山海关电报局、伪山海关税关、伪山海关邮政局等十余家日伪机构依然在行使职权。如山海关车站，就由伪国境警察队和中国方面的北宁路及山海关特种公安局共同管辖，其间多有冲突。刚一交接，日本方面就有悔意，"伪日在榆各机关，已表示决不撤退"。同时，长城沿线有大小关隘十六处，日本方面在潘家口、冷口、九门口、义院口、界岭口这五处大口驻有兵营，又以"长城线匪氛不靖，为确保满洲国安全起见，暂不交还"，只同意交还其余小口，而这些小关

---

〔20〕 沈予：《日本大陆政策史（1868—1945）》，北京：社会科学文献出版社，2005年，第440—444页。
〔21〕 同上书，第445—447页。
〔22〕 《长城各口接收迟迟》，《国闻周报》1934年第11卷第3期，"一周间国内外大事述评"第5页。
〔23〕 祖祥：《接收榆关与收复失地》，《青年评论》1934年第2卷第15期，"时事批判"第1—2页。

口日本方面本来就没有驻军，也就无所谓交还和接收。[24]

在 1934 年 6 月 20 日，中国方面在山海关设置税关，并改编保安队一部为缉私队，稽查走私。[25]自 1934 年 8 月始，古北口、喜峰口、冷口、界岭口、义院口等五处长城关口陆续设置缉私分卡一所，隶属津海关管辖，以长城为界，向所有从关外输入关内的货物征税。所有经由长城出入的货物都要求从这几处关口出入。[26]其中古北口分卡自 8 月 22 日正式设立，义院口自 8 月 24 日设立，冷口 8 月 30 日，喜峰口则迟至 9 月 6 日。[27]这只是第一批，随后又将长城各口海关分卡、分所增至十六处。[28]对于这些关卡设置可能招致国人关于国民政府承认伪满洲国的疑虑，财政部副税务司张勇年表示："长城各口设卡，系防止走私，与内地各关卡性质相同，绝无默认伪国之意。"民间则普遍以为，此类声明"不但是掩耳盗铃，自欺之谈，且有丧失国民刺激性的危险"[29]。

这种长城主要关口共治的局面大概一直持续到 1937 年中日战争全面爆发。其中如何共治的情形可见于《满洲画报》1935 年 9 月号中一篇名为《满·支的关门"古北口"》的报道。文中提到，根据《塘沽协定》的主旨，古北口归属于中华民国河北

---

〔24〕《接收之难题：伪方各机关无撤退意，我方警察仍穿伪制服，日不肯还长城十六口》，《真光杂志》1934 年第 33 卷第 4 期，第 73 页。

〔25〕《长城五口设关》，《太平洋月刊》1934 年第 1 卷第 4 期，第 61 页。

〔26〕《长城各口设卡征税》，《国闻周报》1934 年第 11 卷第 34 期，"一周间国内外大事述要"第 4 页。

〔27〕《长城各口设卡征税》，《复兴月刊》1934 年第 3 卷第 2 期，"一月来国内外时事摘要"第 1 页。

〔28〕津海关所辖卡、所共有十六处，见《长城各口设卡》，《中央银行月报》1934 年第 3 卷第 9 期，第 1991—1992 页；在津海关之外的"分卡"设置，见《财部于长城各口设分卡廿处》，《中行月刊》1934 年第 9 卷第 1 期，第 54—55 页。关于各卡、所的人员配置，见《长城各口津海关分卡分所及巡缉所职员一览表》，《通讯》1936 年第 24 期。

〔29〕浩：《长城各口添设关卡事件》，《民鸣周刊》1934 年第 1 卷第 9 期，第 3 页。

省密云县管辖，不过古北口长城北侧部分在"满洲国"治下；到 1935 年 1 月，古北口市镇人口数为 5744 人，又有日本人 100 人左右居住在这里；在市镇里，中国方面的行政机关有蓟密区行政督察专员公署古北口办事处、河北省密云县下属的佐治局和公安分局，"满洲国"的行政机关有旅券查办处、国境警察队以及税关。文中提到，古北口街市上可以同时看到中国、日本和"满洲国"三种"国旗"。作为佐证，文中还专门配了一张三种旗帜同框飘扬的照片。[30]

这种共治对于日本和伪满洲国而言是一种前进，对于中国则意味着丧权辱国。在 1936 年，开始出现日本军队拆卸长城砖石用于修建堡垒的新闻。这些新闻传播很广。1936 年 5 月，一则《日军竟拆毁我长城》的报道说道："古北口日商大林组公司承修日军营房，因需用砖料甚多，将镇内北山顶万里长城拆毁。"[31]至 6 月，拆毁长城的行为已被发现不止于古北口："日军工兵队近在古北口、冷口、喜峰口、马兰峪等处，发掘长城砖石甚忙，此项砖石，除一部分用于筑造营房围墙之外，余均堆积各口附近，准备作为构筑堡垒之用。据曾往长城线视察之某外报记者谈，该处日军所拟兴建之堡垒，达二十余地，地基均已圈定云。"[32]

在上海的《中华》杂志 1936 年第 43 期刊登了一幅残破的长城摄影，文字说明以"不堪回首话长城"发出感叹：

> 数千年来用以防止外寇的长城，现在正被人家拆下来建筑堡垒做打我们的据点了。起来！用我们四万万五千万人

---

〔30〕《滿・支の關門"古北口"》，《滿洲グラフ》1935 年 9 月號。
〔31〕《日军竟拆毁我长城》，《知行月刊》1936 年第 1 卷第 5 期，第 35 页。
〔32〕《日军拆毁长城》，《通问报》1936 年第 20 号，第 24 页。

的力量，从新建筑起一座坚锐不拔的抵抗侵凌的壁垒！[33]

在另一篇文章《长城！是保卫中国领土完整的建筑物吗？》里也发出同样的感慨：

> 想不到的，真是意想不到的，若干年后，这伟大的建筑物，又恢复他国防前线的任务了，更在意想不到之外而使人悲怆惊奇的，是这伟大的建筑物，复由我中国国防前线，一变而成为与别国共同所有的现象，再进一步，竟反变成了别国的国防前线，这与中国有四千年历史的长城，在四千年之后，会遭逢到这样一个变局，长城有知，应亦疑是梦境。[34]

长城从中国的国防前线，变为"与别国共同所有"（这个别国很难分清到底是日本还是伪满洲国），最后变成了"别国的国防前线"，对于当时的中国人来说，真是恍如梦境一般。

3. 从"国境风景"到"沿线风光"

长城在 19 世纪就已经是国外游客前往中国旅游的游览对象，在 20 世纪初更成为一个重要景点。[35] 这一点也被日本和伪满洲国充分利用起来，作为"边界"的长城很快发展成一种

---

〔33〕《不堪回首话长城》，《中华》1936 年第 43 期。
〔34〕扬鞭：《长城！是保卫中国领土完整的建筑物吗？》，《星华》1936 年第 1 卷第 2 期。
〔35〕吴雪杉：《透过媒介：建构"万里长城"的现代形象》，《文艺理论与批评》2017 年第 2 期，第 115—125 页。

特别的"国境风景"。

1933年12月出版的《满洲国现势》一书出现了"国境风景"概念。书中一共刊登了三组"国境风景"。[36] 第一组的主题是长城，第二组是黑龙江和满洲里的交通和街市，第三组以图们铁桥和鸭绿江铁桥为主。被视为"国境风景"的长城占去一整页篇幅，用四张图片来呈现：1. 山海关东门上的匾额（上书"天下第一关"）；2. 古北口；3. 长城的一角；4. 山海关，长城的起点。前三图都只是纯粹的物象或风景，第四图最有挑衅意味，在山海关城墙下，站着一个伪满（或日本）士官。用武装人员站立在带有象征性的建筑物（尤其是城墙）之上或之前来标示占领与权力更迭，是20世纪30年代常见的图像模式，尤其见于各类战争宣传报道。用伪满洲国或日本士官站在长城前的图像来展现"山海关，长城的起点"，是在表明这里已经成为伪满洲国的领土。【图3.7】

《满洲国现势》出版时，日军已经占领热河全境，并在河北境内长城以南划下非军事区。山海关长城和热河长城还作为日军1933年军事成果的见证出现在书中其他部分。山海关被日军炮火摧毁的东门和"山海关南门六角堂附近的支那军堑壕"在回顾日本侵占东北（也就是伪满成立的过程）里出现，照片拍摄一个日本士兵站在山海关长城的壕沟前方。"古北口附近的长城"附在介绍热河资源及风土人情的《新兴"热河"的全貌》以及《热河的素描》一文之后。通过书中对于长城图片的编排，19世纪以来最流行的长城图像——山海关、八达岭和古北口——都纳入到"满洲国现势"之中，成为"满洲国"的风景。

最能体现这种长城"风景"归属权争夺的，是1937年出现的一方以"'满洲国'万里长城"为名的邮政纪念章。1937年

---

〔36〕"国境风景"，"满洲国"通信社编：《满洲国现势》，新京："满洲国"通信社，1933年。该书所有图版页均不标注页码。

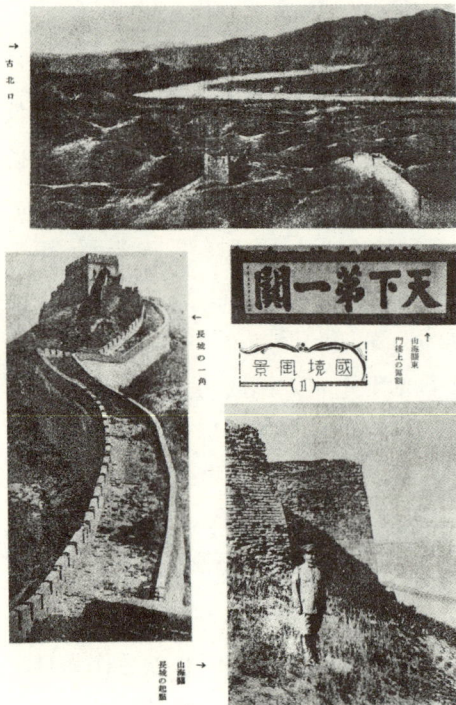

图 3.7 《满洲国现势》里的
"国境风景"

以后，中国政府机关完全退出河北一带的长城线，作为"国境线"的长城就在名义上为"满洲国"、实际上为日本军队所管控。在"康德四年"（1937）出版的一套日文版长城明信片上，加盖了"满洲国"邮政部门的三种旅游纪念章，其中一种印文是"'满洲国'万里长城"。这一旅游纪念品上的长城风景被很明确地钤盖上"满洲国"的标志，刻意强调了它与"满洲国"的关系。不过，这种关系是建立在军事占领基础上的，明信片本身甚至并不回避这一点。同一套明信片中至少有两张选用了日本士兵全副武装站立在长城前的图像。没有什么别的图像比这一明信片更能说明风景与权力的关系。【图 3.8、图 3.9】

日本和伪满政权将山海关沿线长城转化为"满洲国"风景的

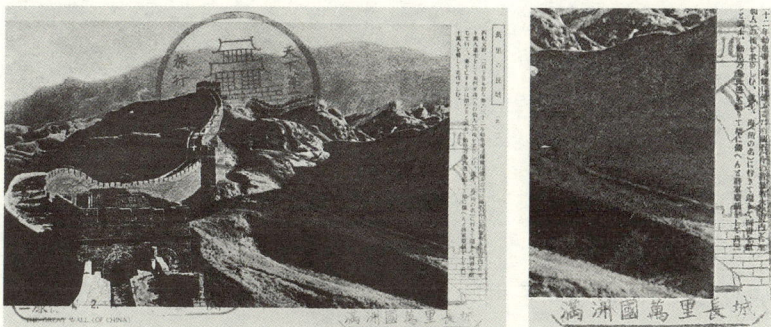

图 3.8 "万里长城"明信片上的纪念章，1937 年

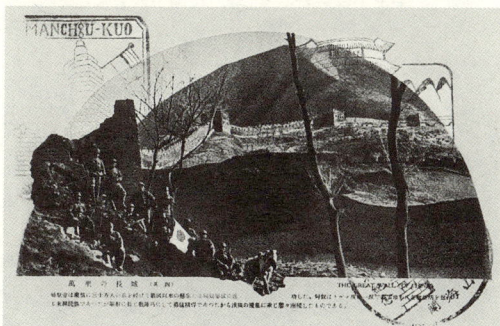

图 3.9 "万里长城"明信片
上的日本士兵，1937 年

努力，一直延续到第二次世界大战结束时。1937 年由南"满洲"铁道株式会社资助、日本映画新社制作的电影《内鲜满周游之旅·满洲篇》，拍摄"满洲国"内乘坐火车沿铁路旅游可以看到的风光景色，山海关和万里长城作为一个重要景点，被影片给予了大量镜头。1940 年，"满洲"日日新闻和满铁铁道总局支援的"满洲观光联盟"征集"满洲观光资源名"，从 14000 多件摄影作品里评选出"满洲观光百选"，由《满洲画报》刊登其中的一等奖和部分二、三等奖作品。《万里长城》名列其中。[37] 从这些例子可以看出，出于打造（或者说伪造）"满洲国"的目的，将山

---

〔37〕《新撰满洲观光资源》，《满洲グラフ》1940 年 6 月號。

海关及沿线万里长城纳入"满洲国"的范畴，是一个有延续性的努力。通过此类颇为生硬的附会方式，伪满洲国及其背后的日本在尝试建构和编造一种关于"满洲国"的主体性。【图 3.10】

在日本画家制作的绘画里，也会出现这类带有宣传性质的长城图像，把长城作为"满洲国"风景来展现。1937 年 8 月为溥仪"访日宣诏纪念"而出版的《美术展览会图录》里，收录居住在哈尔滨的画家小岛鱼占所作的《国境之春》。[38] 一座石桥通向高耸的城楼，再远处是一山更比一山高的山峦，以及向山巅蜿蜒的长城。有挑夫正从桥上经过，一个牵着驴子的行人

图 3.10 "满洲观光百选"的获奖作品《万里长城》，1940 年刊印

---

〔38〕 濑治三郎编：《訪日宣詔紀念美術展覽會圖錄·第一回》，新京："滿洲國"通信社，1937 年，第 51 页。溥仪 1935 年 4 月 2 日出发访问日本，4 月 27 日回到长春，于 5 月 2 日发布了一份《回銮训民诏书》，见王庆祥：《溥仪与伪满洲国》，北京：人民出版社，2015 年，第 129—131 页。1937 年的这个展览会就是为"纪念"这个《诏书》的颁布举办的。

在弥漫的雾气中走向小桥,一片春日清晨的温馨景象。毫无疑问,画家不仅把长城视为"国境",而且还把这个"国境"诗意化了。【图 3.11】

1937 年,日军迅速占领中国华北,不久南满铁路与华北铁路线连接在一起,"满洲国"与中国华北的交通运输可以通过铁路得到联通。长城(如山海关)不再是铁路线的终点,而成为线路上的一个中转站,作为游览观赏对象的长城就从"国境风景"变成了"沿线风光"。

《满洲画报》1938 年 4 月号刊登了两张《八达岭的景观》照片,拍摄京绥线穿过八达岭时能够看到的长城景色。[39]《满洲画报》1938 年 5 月号报道了"承德至古北口""通州至古北口"两条铁路线开通,长城以北的承德和长城以南的北京经由铁路连接,而交汇点就在古北口长城。在随后的《沿线风光》介绍里,古北口附近的"长城一景"成为其中重要一环。这张《长城一景》和前文提到的"满洲观光百选"获奖作品《万里长城》所拍摄的景物、光线甚至天边的浮云都完全一致,只是取景角度略有不同,应该是同一拍摄者在同一次拍摄活动中摄制的。同一作者的长城摄影时隔两年刊登在同一份杂志上,拍摄者很可能是《满洲画报》的专职摄影师,专为画报提供照片。【图 3.12】

当铁路穿过长城,连接关外与关内的时候,长城作为"边界"或"边境"的区隔性意义就被打破了。相反,长城成为一个打破界线的见证物。有一幅纪念图像很能说明这种转化。1938 年 10 月 1 日,从朝鲜釜山出发,经平壤、奉天、山海关至北京的"大陆横断急行列车"开通,这一天发行的《鲜·满·支直通急行列车运行记念》就用一个半圆形来描绘这一个连续的、贯穿半个东北亚的跨国铁路,途中一个重要节点

---

[39]《八達嶺の景観》,《満洲グラフ》,1938 年 4 月號。

图 3.11　小岛鱼占
《国境之春》，1937 年

图 3.12 《长城一景（古北口附近）》,
1938 年

山海关就是用一个被铁道打破的城墙来象征。此时的日本军队已经进入中国华北，原先为建立"满洲国"所使用的以长城为边界的借口也就可以抛到一边，不予理会了。【图 3.13】

不过，无论作为"国境风景"还是"沿线风光"，长城形象的呈现还是有共同之处，例如对于长城"荒凉"的呈现。1935年 9 月号《满洲画报》的主题是"满支国境"，其中最核心的一篇文章《国境线"万里长城"》配有插图若干，第一张插图照片上就用文字注明"已荒废的长城线"。[40] 长城的地形图和一幅荒寒的长城照片组合在一起，告诉观看者，长城早已被遗弃。【图 3.14】

"沿线风光"里的长城也会突出荒芜的一面。前文提到1938 年 4 月号《满洲画报》上刊登过的《八达岭的景观》，除

---

〔40〕《國境線"萬里長城"》,《滿洲グラフ》, 1935 年 9 月號。

图 3.13 《鲜·满·支直通急行列车运行记念》，1938 年

图 3.14 《已荒废的长城线》，1935 年

两张拍摄八达岭长城及火车穿越青龙桥隧道的照片外，还附有
一篇文字，说明从北京出发沿京绥线往西途经南口、居庸关和
上关时可以看到长城，"在曲折的溪谷之间，废堑、荒城隐约可

见"［41］。虽然文中同时也说明，荒芜的长城与险峻的山峰一同屹立，自有一番雄大庄严的气魄，"荒""废"等字句还是得到了特别的突出。

这种对长城"荒芜感"的刻意捕捉可以追溯到 19 世纪的日本游客。荒芜、衰败、残破的长城是 19 世纪末以来，日本来华游客在表述他们对于中国长城的理解时最常用的说法。比较典型的有原田藤一郎，他在 1892 年来华旅行，回国后于 1894 年出版了《亚细亚大陆旅行日志并清韩露三国评论》一书。书中讲到他在 1892 年 9 月 15 日时在山海关的见闻和感想，说原本听闻长城乃是"万古不易，东洋之一大工事，其名为欧美各国所喧传"，结果看到山海关周边长城遗迹实况时，只见一片破坏颓废，不禁感慨地说："清国死矣。"［42］长城的颓败破损固然是事实，要从中看到"清国死矣"却又另当别论。同样的长城呈现在同时代的欧洲人和中国人眼中时，都没有得出这个结论。19 世纪末的日本已经视中国为潜在的侵略对象，1892 年距离即将发生的中日甲午战争不过两年，原田藤一郎的"清国死矣"论调可以看作是部分日本人士通过贬低中国以树立自身优越性的一种方式。［43］这种"中国认识"也影响到部分日本画家。日本画家寺崎广业在来到中国旅游之后，于 1910 年创作了一幅《长城之夕》［44］，描画日落西山，暮鸦在长城上飞舞，也是意在突出长城的荒寒孤寂。【图 3.15】

长城固然有残破的一面，而日本对这一点的刻意强调，自

---

〔41〕《八達嶺の景観》，《滿洲グラフ》，1938 年 4 月號。

〔42〕原田藤一郎：《亞細亞大陸旅行日誌并清韓露三國評論》，東京：青木嵩山堂，1894，第 62 页。

〔43〕关于此类看法，参见［日］野村浩一著，张学锋译：《近代日本的中国认识》，南京：江苏人民出版社，2014 年。

〔44〕李伟铭最早注意到这件作品及其对中国画家的影响，见李伟铭：《图像与历史——20 世纪中国美术论稿》，北京：中国人民大学出版社，2005 年，第 229—230 页。

图 3.15 寺崎广业
《长城之夕》，1910 年

有它的目的和意图。20 世纪 30 年代，无论作为"国境风景"还是"沿线风光"的长城，都还是在延续 19 世纪以来日本抬高自己、贬低中国的世界观。

小　结

围绕长城的归属和象征意义，中国为一方，日本和伪满洲国为另一方，各自将不同意义赋予到同一个图像模式中。在同一历史时期，面对同一对象，不同国家和政治群体之间围绕国家的想象与认同爆发出激烈的话语竞争。当这种话语竞争诉诸图像时，就以视觉的方式形成激烈的交锋。

日本制作《天国与地狱》系列宣传画之时，中国也在重新定义长城的政治内涵。1933 年初，中日之间的战争主要围绕长城展开，在战争还没有结束的 4 月，梁中铭在《时事月报》上发表了《只有血和肉做成的万里长城才能使敌人不能摧毁！》，画一个巨人般的中国战士站立在长城上，手握步枪，面朝长城之外。这个"巨人－长城"图像有双重含义：即指向一个长城沿线展开的如火如荼的激烈战斗，又塑造出一个"血和肉做成的"带有民族国家象征意味的"万里长城"。日本关东军制作的《天国与地狱》2 同样使用了这一"巨人－长城"模式，两个士兵站在长城右侧，他们各抬起一只脚踩在长城上，手持步枪的姿态也与梁中铭漫画如出一辙，只是面朝的方向截然相反，图像含义更是针锋相对。【图 3.16】

对同一主题的完全相反的图像表达也可见于梁中铭《寸步难行的区域》，这一漫画发表在 1933 年 7 月的《时事月报》。一个中国士兵（这个人物的刻画略有些含混）站在画面右边，无可奈何地面对"非武装区"里林立的刺刀。远处

图 3.16 中、日"巨人－长城"模式图像的对比

城墙上是迎风招展的日本国旗以及机枪大炮。画家特意在城墙上注明"长城"二字，只是这个长城已经掉转方向，成为日本军队攻击中国的阵地。与梁中铭三个月之前创作的《只有血和肉做成的万里长城才能使敌人不能摧毁！》里光芒万丈的长城比较起来，《寸步难行的区域》里的长城已经被《塘沽协定》遮蔽得晦暗无光。类似的表达也见于著名漫画家丁悚在 1934 年 2 月发表的漫画《最新防御工程》。一块写着"塘沽协定"的遮羞布挡住长城上破开的大洞，长城后是用炮火书写的"帝制"和"溥仪复位"。标题中的"最新防御工程"自然就是"塘沽协定"，有了这个防御工事，国民政府仿佛就可以安然将"帝制"和"溥仪复位"抵挡在长城之外。【图 3.17、图 3.18】

梁中铭和丁悚针对的是《塘沽协定》，而丰子恺《长城口内的扫墓者》指向的是作为"边境"的长城。[45] 要到关外扫

---

〔45〕 丰子恺：《长城口内的扫墓者》，《永生》1936 年第 1 卷第 5 期，第 107 页。

图 3.17　梁中铭《寸步难行的
　　　　　区域》，1933 年

图 3.18　丁悚《最新防御工
　　　　　程》，1934 年

墓的民众被长城和驻守长城的士兵所阻拦，在长城的另一侧是
密密麻麻竖立着日本国旗的营帐，以及远处正投掷炸弹的飞
机。丰子恺不仅借助清明扫墓的习俗及传统伦理对当时的政治
和军事现实进行了否定，也用夸张的漫画手法表明，长城的另
一侧满是硝烟和战火，远不是日本宣传图像中所显示的"天
国"。【图 3.19】

图 3.19　丰子恺《长城口内的扫墓者》，1936 年

　　这些由中国画家创作的漫画图像都涉及长城作为"边境"的意义，但是，与日本和"满洲国"力图将整个"边境"自然化相反，它们都力图控诉和颠覆这一含义。最能体现这种颠覆的，是 1937 年张仃创作的《收复失土》，它不仅沿用了梁中铭的"巨人 - 长城"模式，还让巨人般的士兵跨过残破的长城。这件作品最早刊登在 1937 年 9 月 30 日出版的《救亡漫画》第三号，此时全面抗战已经爆发，"收复失土，拯救东北同胞"的声音十分高涨。张仃用图像表明，无论长城的前面还是后面，南边还是北边，都一样是中国的土地。对于这个本来就不存在的长城"边境"，我们要做的就是跨过去，回到长城的北方。对中国而言，这仅仅只是"收复失土"。【图 3.20】

　　中国面对长城已经为日本所侵占的现实，逐步展开一种"血

图 3.20　张仃《收复失土》，
1937 年

肉长城"和"新长城"的想象。[46]古老的、砖石的长城可以为敌
人所侵占，由中华民族构建的"血肉长城"却无处不在。这个长
城现代意义的核心，从梁中铭 1933 年《只有血和肉做成的万里
长城才能使敌人不能摧毁！》开始，到 1935 年电影《风云儿女》
主题曲《义勇军进行曲》唱出"把我们的血肉，筑成我们新的长
城！"，再到 1937 年这首歌传唱全国，激励无数中国人投入保家
卫国、抗击外辱的历史洪流。[47]此后，中国对于长城的历史、现
实以及象征意义的认知一直明确而稳定，这一"新长城"观念甚

---

〔46〕这里对"想象"的理解来自本尼迪克特·安德森《想象的共同体》，见［美］本
　　　尼迪克特·安德森著，吴叡人译：《想象的共同体：民族主义的起源与散布》，
　　　上海：上海人民出版社，2003 年，第 1—10 页。
〔47〕见本书第二、四、五章。

至传播到欧美各国，在西方国家引发回响。[48]即便是在中日战争还未分胜负的 20 世纪 30 年代，现代中国关于"新长城"的想象就已经在国内外获得极为广泛的认同，发挥了显著效力。

相对于中国以"我们"、以"血肉"建构长城的新观念，日本及"满洲国"以对长城的实际控制为基础来进行想象，先把长城设定为边界，再把长城作为附属于"满洲国"或者铁路沿线的一道"风景"，这些设想多少也都借用了长城在中国历史上曾经有过的认识（例如明代长城确实具有边境性质，而在 19 世纪以来，长城是世界闻名的中国景观）。不过，日本和伪满在借用长城丰富多彩的历史内涵时带有太多的策略性，不能一以贯之，往往顾此失彼，自相矛盾。

一幅大约制作于 1939 年的日本宣传画《民众喜欢哪样？》，很能体现日本在长城图像利用方面的顾此失彼。《民众喜欢哪样？》设想了两种未来：右侧图像预测"长期抗战之结果"，中国大地上满是战火与硝烟；左侧是"中日提携之将来"，画面上是一片繁荣景象。和《天国与地狱》一样，《民众喜欢哪样？》也使用了长城，长城也依然是边境，不过却不是中国与伪满洲国的边境，而是变成了中国与苏联的边界。这个宣传图像的图像叙事如果能够成立，需要借助两个前提：1. 长城是中国的一部分；2. 长城所抵御的是中国的外敌。而这两个前提与日本及伪满洲国对于中国领土的侵占就构成了矛盾。也就是说，同样是由日本制作的宣传画，《民众喜欢哪样？》和《天国与地狱》里的长城内涵无法兼容。日本方面试图重新塑造长城的象征意义（一种虚假的意识形态），却在不同阶段和情景下，策略性地赋予长城以及

---

〔48〕 罗靓讨论了《义勇军进行曲》在西方国家的传播，见罗靓：《先锋与国歌》，《文化研究》第 14 辑，2013 年，第 209—237 页。本书第七章讨论了美国画家在中日战争期间创作的"新长城"图像。

长城图像以不同的，甚至自相矛盾的含义。这种内在的矛盾性和投机性使得日本和伪满洲国对于长城的利用终究归于无效，也没有发挥持久的影响力。【图 3.21】

　　日本或者"满洲国"对于长城的意义建构——无论把长城"边境化"还是"风景化"——都是借助国家权力和军事力量试图在意识形态上建立一个乃至多个"想象的共同体"（"满洲国""大东亚共荣圈"等）。虽然这些想象最终湮没于历史的尘埃，它们依然为中国对于长城现代意义的建构或者"想象"铺垫了一个背景。"把我们的血肉，筑成我们新的长城"正是在这样一个东亚的现代舞台下才生根、发芽，最终成为 20 世纪中国形象最具影响力的自我构想。

图 3.21　日本宣传画《民众喜欢哪样？》，1938—1939 年?

第四章 "筑成我们新的长城":《风云儿女》的广告、影像及观念

　　长城作为一座古代建筑,与"中华民族"的关系得以确立并广为传播、深入人心,与田汉作词的《义勇军进行曲》关系颇深。歌曲中"起来! 不愿做奴隶的人们! 把我们的血肉,筑成我们新的长城! 中华民族到了最危险的时候,每个人被迫着发出最后的吼声!",把"我们""新的长城"和"中华民族"这几个概念牢固地黏合在一起。这首歌曲于 1935 年诞生,1949年成为中华人民共和国代国歌,1982 年正式确立为国歌,至今已有 80 年历史。在 20 世纪三分之二的时间里,《义勇军进行曲》——"中华人民共和国国歌"——召唤每一个中国人成为"我们",用"我们"的血肉去做成"新的长城",进而使"我们"深刻地意识到"我们"每一个人都是"中华民族"的一部分。由于绝大部分中国人——无论是否认同歌词内容——都唱或听过这首歌曲,从而促使这个观念——长城与中华民族的联系——在知识层面上得到极大的普及,这首歌曲也因而成为 20世纪中国最有力量的民族话语之一。

　　《义勇军进行曲》最早作为电影《风云儿女》的主题曲出现,这一点已经广为人知。但很少有人意识到,这部影片里还有相匹配的"长城"图像。《风云儿女》是个急就章,从 1935年 2 月修订剧本到 1935 年 5 月最终公映,在 3 个月内全部完成。影片情节设置在 1932 年至 1933 年,诗人辛白华在"长城

抗战"[1]的激励下，走出温柔乡，加入义勇军，最后高唱《义勇军进行曲》，号召民众化身"新的长城"加入抵抗外敌的行列。由于长城及长城抗战是推动影片叙事发展的核心线索，无论情节、对话还是影像，乃至后期宣传，自然都会涉及"长城"的塑造。广告、影像、歌曲传达出的"新长城"概念，不仅在观念上，而且在视觉上为"长城"现代"形象"的创造做出了尝试。

1. 电影广告：摄影与宣传

　　1935 年 5 月 24 日《风云儿女》首映。在上海金城大戏院上映的第一天，《申报》用整版广告图文并茂地推介这部电通公司"倾全力摄制的无上伟大贡献"。广告核心是图像，男女主人公的巨幅头像和一段长城组合在一起，两个醒目的名字——王人美和袁牧之——为人物身份做出注解。另有一段推介词："这儿有动人的舞——是皮鞭下的挣扎舞！这儿有雄伟的歌——是铁蹄下的反抗歌！悲壮，哀愁，轻松，明朗，使你喜，使你悲，使你感奋，使你知道对祖国的责任！"[2]【图 4.1】

　　"对祖国的责任"由人物和长城的图像关系来体现。广告画面使用两种手法，一是用钢笔淡墨绘制出山峦和长城，二是拼贴男女主人的头像照片。自崇山峻岭间浮现的照片头像便有了

---

〔1〕　即前文提到的"长城抗战"。1933 年初，日军占据榆关和热河后进抵长城一线，3 月至 5 月，中日军队在长城沿线各口展开激战。更详尽的内容参见张宪文主编：《中国抗日战争史：1931—1945》，南京：南京大学出版社，2001 年，第139—145 页。在影片中，"长城抗战"促成了主人公的思想转变，从浪荡诗人变成一个革命者。

〔2〕　《申报》1935 年 5 月 24 日，第 4 版。

图 4.1　1935 年 5 月 24 日的《申报》广告

巨人般的尺度感。两个"巨型"头像恰好覆盖了最前方一段城墙，他们仿佛生长在城墙上，成为长城的化身。这个与山峦同体的形式赋予人物一种无与伦比的纪念碑性，这一点只需要参照美国拉什莫尔山国家纪念公园的总统雕像（1941）就可以明了。借助长城所赋予的历史感和政治意味，男女主人公的宏伟就不仅体现在视觉上，更体现在伦理上——他们正在行使"对祖国的责任"。在《风云儿女》电影叙事里，"对祖国的责任"同样是由主人公奔赴长城、参加抗日义勇军来实现的。【图 4.2】

图 4.2 "巨型"头像与
　　　山峦的组合

　　类似的组合还出现在一幅《风云儿女》的杂志宣传画页中。电通公司创办的《电通半月画报》于 1935 年 6 月 1 日出版了电影《风云儿女》专辑，用封二整版刊登《义勇军进行曲》乐谱，这也是后来的中华人民共和国国歌第一次以图文结合的方式出现在世人面前。【图 4.3】页面以乐谱为中心，由三张照片

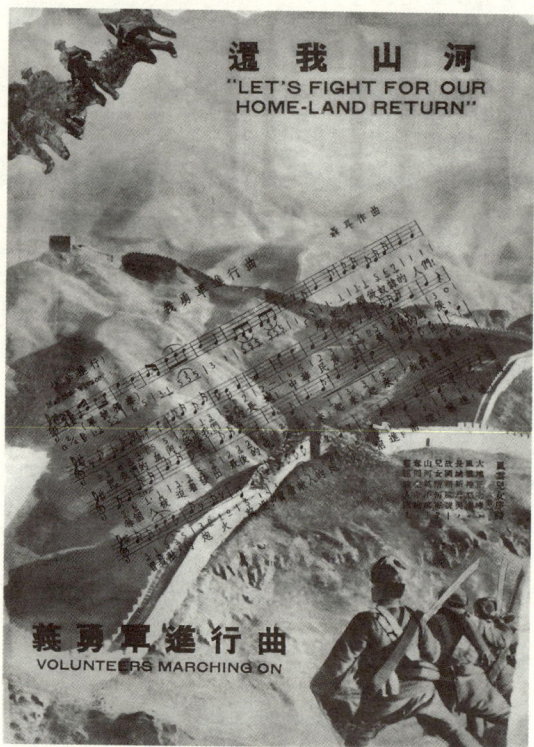

图 4.3 《电通半月画报》
1935 年第 2 期封二

拼接成背景。第一张也是最核心的一幅是长城，它构成了整个页面的图像背景，所有其他画面元素都在长城背景上展开。第二张照片在画面右下角，三个战士手持大刀背朝画外，似乎正奔赴前方。第三张照片在左上角，这是一组向前行进的战士，他们体量较小，色泽较暗，与右下角三个高大的战士构成一个近大远小的透视关系，又组成一个从右下至左上开赴前线的动态序列。《义勇军进行曲》乐谱浮现在"长城"上方，又位于上、下两组战士之间。似乎"义勇军"战士们自南面来，往北面去，一边唱着雄壮的歌声，一边跨过长城，奔赴前线。三张照片构成的画面将《义勇军进行曲》视觉化，而画面最上方的

"还我河山"为歌曲与图像赋予了目标：战士们歌唱《义勇军进行曲》、跨过长城的目的，在于"还我河山"。同样，战士与长城的组合，也与《义勇军进行曲》的歌词相呼应："把我们的血肉，筑成我们新的长城。"【图4.4】

比较《申报》广告背景里的手绘长城和《电通半月画报》里的长城照片，可以发现两者极为相似，都是由三段城墙构成，先是第一段长城横亘在前景山峦上，尽头处又仿佛开叉般分出第二段城墙爬上另一个山坡，之后第三段城墙在更远处折而向左。区别只在于，《申报》手绘版长城在烽火台的位置上做了一些改动，因为前景中两个头像过于高大，遮挡了远景中第三段长城上的烽火台，《申报》插画就把照片中位于最左方的烽火台拉到画面中间。也就是说，这两幅《风云儿女》的广告插画实际上利用的是同一幅长城照片，《电通半月画报》是直接拼贴了这幅照片，而《申报》广告则根据照片进行改绘。两者整体的设计思路是一致的，长城作为背景，在它上方"悬挂"或者叠加其他图像和文字。【图4.5】

《风云儿女》的电影制作团队非常青睐这幅照片，于是它又有了第三次出现。1935年7月1日出版的《电通半月画报》刊登了电影《风云儿女》的文本"原著"。起首处是一幅大漫画，画一位诗人手持毛笔，站在一段长城前握拳呐喊，形同巨人。这个人物形象以影片男主人公辛白华（袁牧之饰）为原型绘制，与同期《电通半月画报》里《风云儿女大进军》漫画里的袁牧之装扮（尤其是胸前一块蝴蝶结）基本一致。【图4.6】这位男主人公在影片里被称为"长城诗人"，大概正是出于这个原因，在手握毛笔的诗人脚下添置了一段长城，构成"长城+诗人"的图像组合。"长城诗人"脚下的长城虽然简略，三段城墙的结构与走势却和前两幅长城图像如出一辙。手绘插图时总不免对照片有所改动，前景一处残破的烽火台得到突出，这个烽火台在照片中并

图 4.4 三幅照片的拼贴

图 4.5 《电通半月画报》和《申报》宣传画面里的长城

图 4.6 《电通半月画报》插图和影片《风云儿女》里的诗人辛白华

不引人注目，但在这个简化版的背景里却是提示长城"身份"的核心元素。长城上方还绘有符号化的炮火硝烟，似乎在暗示，这段烽火台的坍塌残损或许正是战争造成的结果。【图 4.7】

关于这三幅广告插图的设计者，《义勇军进行曲》乐谱画页提供了一点线索。乐谱下方附有一首《风云儿女序诗》：

> 大地正咆哮，风云卷怒潮。长城新月美，故国朔风号！
> 儿女情何寄？山河气不消！夺回生命线，誓逐敌人
> 逃！[3]

这首诗围绕影片名"风云儿女"这一关键词展开。风云儿女就应该寄情山河，"夺回""故国"的"生命线"，这个生命线在图像中非常明确，就是诗中明确提到的"长城"。《风云儿女序诗》作者署名"毅"，即孙师毅。孙师毅是电通公司"四导演"之一（其余三人为司徒慧敏、许幸之、袁牧之），兼任《电通半月

---

[3] 在《电通半月画报》第八期上又刊登了这首诗，有两处细微差别。"长城新月美"改为"长城寒月美"；"誓逐敌人逃"改为"誓逐敌军逃"。

图 4.7 《〈风云儿女〉原著》插图里的长城

画报》执行编委,《电通半月画报》前 5 期的编辑工作都由他完成。值得一提的是,孙师毅在 1926 年进入上海良友图书印刷有限公司任编辑,至 1932 年离开。[4]综合起来考虑,孙师毅最可能直接参与了这三种广告及插图的编辑和设计工作。

《风云儿女》宣传画页里出现的长城照片来自哪里?从目前的材料看,似乎就是孙师毅曾经任职过的良友公司。《良友》画报 1932 年总第 68 期曾经刊出过一张长城照片,《风云儿女》宣传画页上出现的长城景象就是截取自这一照片的中段。【图 4.8】

这幅长城照片在《良友》杂志上展现的是另一种象征意义。这期《良友》以"美丽的中国"为主题编辑了一组照片。先是万里长城和西湖三潭印月,然后是北平颐和园石船、广东七星崖、北平颐和园之玉桥、北平万寿山、普陀之崖、普陀太子塔。万里长城转化为"美丽"的风景,而且是能够代表"中国"的美丽风景。值得一提的是,《良友》将"美丽的中国"英文译名写作"China's Pride",这些风景(包括长城)都是中国的骄傲。【图 4.9】

---

〔4〕 臧杰:《民国影坛的激进阵营——电通影片公司明星群像》,北京:中央编译出版社,2011 年,第 168—171 页。

图 4.8 《义勇军进行曲》宣传画页与《良友》刊登照片的关系

图 4.9 《良友》
"美丽的中国"里的长城

这一段代表"美丽的中国"的万里长城拍摄的是八达岭。具体来说，是八达岭北 12 楼段的景色。这一段长城影像在民国时期流传非常广，最著名的一幅出自日本摄影师山本赞七郎（Yamamoto Sanshichiro，1855—1943）之手。山本赞七郎 1897 年来到中国，1901 年在北京开社"山本照相馆"，此人善于结交权贵，曾为皇室服务，甚至到颐和园为慈禧拍过照片。[5] 在肖像之外，他还拍了很多北京古代建筑和风土人情，早在 1899 年就出版了《北京名胜》摄影集，将万里长城作为"名胜"收录其中。《北京名胜》在东京制版所印刷，由北京山本照相馆发卖，前后有 4 个版本。1899 年 10 月初版、1901 年 11 月再版，收录 36 张照片，坊间戏称为"北京三十六景"；1906 年 8 月又重新出版时扩展到 90 张；1909 年 5 月在 1906 年的基础上又增补到 100 张，出了最后一版。

《北京名胜》每个版本都少不了长城。以"万里长城"为名的作品，1899 年和 1901 年的"北京三十六景"里占了 3 张，1906 年、1909 年各有 4 张。这几个版本里的长城照片又分两组，1899 年和 1901 年收录的 3 张相同，分别是八达岭长城南段、八达岭北 2 楼至北 4 楼、八达岭的北 12 楼。在第一张照片下还有一段英文说明，意为"长城，又称万里长城，建于明代，触及北京的三个方向——西边、北边和东边，有 10,000 里长。关口和城门数不胜数"[6]。

1906 年和 1909 年的两版《北京名胜》保留了早期版本中的 1 张长城照片，又重新拍摄 3 张，总计 4 张。这 4 张照片依

---

〔5〕 山本赞七郎中文介绍，参见吴群：《中国摄影发展历程》，北京：新华出版社，1986 年，第 7、117 页。苏生文：《晚清摄影人闻知录》，《中国历史文物》2007 年第 2 期，第 82 页。对山本赞七郎生平事迹最详尽的研究，见日向康三郎：《北京·山本照相館：西太后写真と日本人写真師》，東京：熊山閣，2015 年。

〔6〕 山本讚七郎：《北京名勝》，北京：山本照相館（發賣），1901 年，第 30 页。

然以八达岭长城为中心，更将所有照片都集中在八达岭长城的北段，第1张是北1楼至北4楼（含关城），第2张是北5楼至北8楼，第3张单独拍摄北4楼，第4张是北12楼。按八达岭长城北段从南往北的走向来描述，就是分别拍摄1—4楼，4楼，5—8楼，以及12楼。从图像和实景对应的关系来看，这4张照片是刻意放置在一起的，按照行走的时间线索，呈现空间上渐次铺展开来的长城景象。其中前三张是新作品，只有第4张也就是以北12楼为中心的长城远景是从早期版本中继承下来的。这幅照片大约是山本赞七郎的得意之作，在新版中也没舍得换掉。【图4.10】

德国建筑学家恩斯特·鲍希曼（Ernst Boerschmann，

1. 八达岭北1楼至北4楼

2. 八达岭北5楼至北8楼

3. 八达岭北4楼

4. 八达岭北12楼

图4.10

1873—1949）后来获得了这张照片，用作《中国的建筑与风景》一书的插图。这位建筑学家 1902 年由德国政府派驻中国，在随后两年时间里萌生了研究和探索中国建筑的念头。1906 年秋鲍希曼再次来到中国，实施一项考察中国建筑的研究计划。该计划一直持续到 1909 年，其间鲍希曼拍摄下大量中国古代建筑的摄影照片。回到德国后，鲍希曼出版了大约 6 部关于中国建筑的专著。[7] 其中 1923 年在柏林出版的《中国的建筑与风景》(德文版名为 *Baukunst und Landschaft in China*，同一年又以 *Picturesque China, Architecture and Landscape* 为名出版了英文版) 收录有 288 幅照片，长城是其中的第二张。[8] 这张照片与山本赞七郎《北京名胜》里的八达岭北 12 楼照片几乎完全相同。

鲍希曼在 1906 年至 1909 年间拍摄了数千幅中国的建筑摄影，回国后以这些照片为资料研究中国建筑。长期以来，鲍希曼著作中的照片都被认为是这位德国建筑学家亲自拍摄的作品，其中自然也包括这幅"万里长城"。但是，鲍希曼 1902 年才来到北京，而在他到来北京之前，这幅照片就已经被印制在《北京名胜》中了。此外，鲍希曼书中所使用的这幅照片最右侧容纳的景物略少于山本赞七郎摄影，也就是说，鲍希曼在选用山本赞七郎照片的时候，可能还略做了一点剪裁。从时间上看，这一照片的摄制者应该是山本赞七郎。鲍希曼可能是在山本照相馆买到《北京名胜》插图的原版照片，回国后著书立说时，

---

〔7〕 沈弘：《柏石曼：第一位全面考察中国古建筑的德国建筑师》，见恩斯特·柏石曼著，沈弘译：《寻访 1906—1909：西人眼中的晚清建筑》，天津：百花文艺出版社，2005 年，第 1—3 页。这位建筑师有多种译名，本文使用"鲍希曼"。

〔8〕 Ernst Boerschmann: *Baukunst und Landschaft in China: eine Reise durch zwölf Provinzen*, Berlin: Ernst Wasmuth A.G., 1926, p.2.

从手头长城照片里选用了这一张。[9]【图 4.11】

　　这就不仅可以看出八达岭北 12 楼照片在当时受欢迎的程度，也展现出八达岭长城在不同观者眼中体现出的不同意义。在山本赞七郎看来，长城是"北京名胜"的一部分，而在鲍希曼著作里，长城是中国古代"建筑与风景"的代表。鲍希曼的德文书名强调建筑与风景的关系，而英文书名（*Picturesque China,*

图 4.11　鲍希曼《中国的建筑与风景》收录的长城照片

---

〔9〕　山本赞七郎在《北京名胜》一书的制版时，用墨笔对照片做了一些润色，尤其在背景部分。这些明显的润色痕迹在鲍希曼的插图里都看不到，所以这里推测，鲍希曼获得了山本赞七郎的原版照片。山本赞七郎也会在照相馆里销售他拍摄的原版照片，即便到今天，山本赞七郎摄制的部分照片原作还在摄影市场上流传。

Architecture and Landscape）使用了一个更加具有艺术色彩的词语
"picturesque"（如画）。"picturesque"是西方古典风景理论的一个
核心概念，恰与书名副标题"建筑与风景"相呼应。

　　鲍希曼书中的摄影照片值得重视，不仅因为他关于中国的
著述对西方人理解中国建筑产生了很大作用，而且在于他的见
解反过来又影响到近代中国人对自己建筑的理解。这种影响很
大程度上不是通过文字，而是通过他在书中所展示的照片来实
现。[10]鲍希曼这幅长城摄影用在此书的开始部分，作为全书第
二幅插图。这部分相应的文字提出了作者的基本观点：虽然中
国正处于一个极端混乱的时代，"古代的纪念碑和形式在不断地
消失"，新事物又不断涌现，但"真正的民族精神即使在一个崭
新的时代也是不会毁灭的。倘若我们来追溯一下建筑纪念碑之
终极意义的话，那会有助于揭示这个民族精神的核心"[11]。长城
和北京紫禁城、天坛以及北京城墙一样，被视为"直隶"乃至
中国最典型的建筑和风景。

　　比较《良友》"美丽的中国"里的八达岭北 12 楼，很容易
发现与山本赞七郎照片的高度近似。《良友》照片摄入的内容相
当于山本赞七郎照片的右侧中间部分，在取景角度以及光线方
向上都十分接近。只是拍摄时站立的位置有一点偏差，导致前
山和后山景致间略有一点错位。这一点错位很难发现，只在前
景向后延伸的第一段城墙和远处斜向攀升的第二段城墙之间的
交汇处清楚地体现出来。《良友》照片里前后段的交接点离残破
的城楼略远，而《北京胜景》里这个交接点和城楼要更接近一
些。除此之外，两张照片几乎可以重叠。高度的相似性，几乎

---

〔10〕 赖德霖：《鲍希曼对中国近代建筑之影响试论》，《建筑学报》2011 年第 5 期，
　　　第 94—99 页。
〔11〕 ［德］柏石曼著，沈弘译：《寻访 1906—1909：西人眼中的晚清建筑》，第 10—
　　　11 页。

让人怀疑《良友》照片拍摄者是拿着山本赞七郎的照片去刻意仿拍的。【图4.12】

孙师毅曾经供职于良友图书印刷有限公司,《良友》杂志又是当时上海最出色的画刊,《电通半月画报》从《良友》获取图片的可能性极高。然而这里还可以追问,1932年《良友》画报的"万里长城"照片又从何而来?

《良友》画报的照片可能来自亚细亚写真大观社出版的《亚细亚大观》。亚细亚写真大观社是日本在大连建立的一个带有情报机构性质的出版社,《亚细亚大观》自1924年始,每月出版一回,每回附10张"写真"摄影,照片旁边附有日文说明,有时还刊印一到两篇与摄影内容相关的文字报道。《亚细亚大观》从1924年开始出版,一直持续到1942年,刊登近两千张照片。虽然刊物以"亚细亚大观"为名,拍摄的主要对象是中国。《亚细亚大观》的主要经营者和摄影师是岛崎役治,据认为,该刊物中的大多数照片都出自他的手笔。[12]《亚细亚大观》1925年总第15回里出现了一张《万里长城》照片,拍摄八达岭北12楼长城,与山本赞七郎的北12楼摄

图4.12 《良友》照片与山本赞七郎摄影的局部对比

〔12〕 杨红林:《九一八事变前后日本间谍在华摄影活动——以岛崎役治为个案的考察》,《中国国家博物馆馆刊》2014年第8期,第126—137页。

影非常相似，岛崎役治可能模仿了他的前辈山本赞七郎。这一照片与《良友》"美丽的中国"里出现的长城几乎完全一样，两者之间必然有所关联。【图 4.13】。

《亚细亚大观》1925 年第 15 回和《良友》1932 年第 68 期所刊登的长城照片也并不是没有差别，这些差别反而能够更好地表明两者之间的联系。具体来说有三处不同：1.《亚细亚大观》是黑白照片，而《良友》照片是彩色的，这些颜色是在黑白照片上手绘着色的结果，并非真的彩色照片；2.《亚细亚大观》照片左侧所取景物要略多一丝，几乎微不可察，这个区别和鲍希曼改编山本赞七郎一样，应该是《良友》在加工照片时做了裁剪；3.《亚细亚大观》照片的清晰度远高于《良友》，这里固然有印刷工艺的问题，不过照片翻本不及原本细致清晰也属正常。这些差别都表明，《良友》选用了《亚细亚大观》里的照片，而后在原始照片基础上做了一些调整。

虽然一部反日电影最核心的宣传图像源于日本摄影师之手，但这无碍于《风云儿女》对于长城形象的借用与塑造，毕竟长城是中国的长城，而《风云儿女》是由长城和"长城抗战"所激发出的革命想象。《风云儿女》是一部关于革命、爱情与抗战的电影，长城穿插其中，既参与叙事（作为情节的一部分），又在观念上做嫁接（长城与不愿做奴隶的人们），还以图像的形式

图 4.13 1925 年《亚细亚大观》与 1932 年《良友》所刊长城照片的对比

在影片内外反复呈现。《风云儿女》宣传图像里的长城——具体来说是八达岭北 12 楼——主要是作为背景出现。在三处关于影片的广告宣传图像里，真实的长城照片只是一个起点，被不断附加其他图像和文本——影片里的主角、战士，或者在硝烟中呐喊的诗人。他们与长城在互动中产生新的内涵，这些都是"亚细亚大观"或者"美丽的中国"照片所不具备的。

来自照片的长城图像与其他画面元素共同构成了新的图像叙事。在这三个带有广告性质的图像里，前景人物都以拼贴的方式叠加在长城上（无论照片还是绘画）。虽然略显生硬，这种拼贴手法却能达成一种近似蒙太奇的效果，而这种蒙太奇式的意义叠加是双向的：一方面长城将历史、民族乃至国家的命运与责任寄托于前景人物；另一方面，前景人物也赋予长城以现时代的新意义。长城因为前景人物的并置而进入不同叙事情节，它的古老含义在这些叙事中被激活，再次成为这个国家当下不可或缺的"生命线"。背景中的长城仿佛一个古老的舞台，因新时代的风起云涌而获得新生。

2.《风云儿女》里的长城镜头

电影《风云儿女》的英文标题是 "*A Poem of the Great Wall*"，即"一首长城诗"。在观念层面上，长城是《风云儿女》的主题；在叙事层面上，长城抗战是推动《风云儿女》情节发展的核心事件。长城的视觉化是这部影片无法回避的问题。

《风云儿女》的立意、创稿、拍摄到最终上映，在大半年内全部完成。先是 1934 年秋，田汉为电通公司写出一个"剧本"；随后由夏衍在 1935 年 2 月写出有一个更完整的《风云儿女》剧本，请许幸之担任导演；电影在 5 月初拍摄完成，于

1935年5月24日首映。在这个过程里,前后有三个人参与到《风云儿女》的创作,第一个是田汉,第二个是夏衍,第三个是许幸之。要做深入分析,就需要具体区分这三个"作者"各自完成了影片的哪些部分。许幸之的工作可见于最后完成的电影本身,而田汉一直被视为影片的"编剧"(影片本身的字幕就是这样介绍的),但夏衍在其中的工作,尤其是他与田汉之间各自的分工,一直以来都存在混淆。【图4.14】

据夏衍回忆,田汉在1935年2月19日晚被捕,当时田汉是共产党领导下"负责'剧联'工作的文委成员",同时被捕的还有上海中央局机关、组织部、宣传部、文委、左联的领导、干部共三十余人。[13]由于田汉被捕,无法开展随后的工作,夏衍才开始《风云儿女》的剧本创作:

> 从2月中旬起,我在徐家汇的一位同学家里隐蔽了一个多月,那里很安静,可以打电话和孙师毅联系,所以我利用这段时间把田汉留下的《风云儿女》故事改写成电影文学剧本,从电通公司得到一点稿费,让我妻子分送给林

图4.14 影片字幕中显示的"编剧田汉"

---

[13] 夏衍:《懒寻旧梦录》[增补本],北京:生活·读书·新知三联书店,2000年,第184页。

维中和唐棣华作为她们暂时的生活费。[14]

夏衍区分了"田汉留下的《风云儿女》故事"和他所"改写"的"电影文学剧本"。他还因为这个剧本从电通公司得到了稿费。这就是说,在1935年电影开始拍摄前,存在一个《风云儿女》的"故事",以及一个《风云儿女》的"剧本"。

《风云儿女》的女主角王人美把这两者分得很清楚,她把田汉写出的部分称作"故事梗概",夏衍则"把故事梗概写成电影文学剧本"。[15]电通公司核心成员、《风云儿女》影片的录音师司徒慧敏,不仅在回忆里印证了这一点,还描述了这个"故事梗概"的篇幅:

> 电通公司完成第一部影片《桃李劫》以后,还打算制作由田汉同志写作的《凤凰涅槃图》,是描写知识青年参加抗日义勇军战斗的故事。那时田汉同志只写了十来张直行的稿纸,不依行格、用毛笔细字写成。这仅能称作故事梗概。……仅费了两个星期,夏衍就赶写成这个电影摄制台本,并且把《凤凰涅槃图》这个片名改为《风云儿女》。[16]

司徒慧敏补充了一点细节,田汉只写了"十来张直行的稿纸",而且是"不依行格、用毛笔细字写成"。对于这种稿纸的规格,夏衍在1983年的回忆里提供了更细致的说明:

---

〔14〕 夏衍:《懒寻旧梦录》[增补本],第186—187页。
〔15〕 王人美口述,谢波整理:《我的成名与不幸——王人美回忆录》,上海:上海文艺出版社,1985年,第149页。
〔16〕 司徒慧敏:《在暴风雨中诞生——追忆聂耳创作〈义勇军进行曲〉的经过》,《大众电影》1982年第10期,第24页。

田汉同志的梗概写在旧式十行红格纸上，约十余页。[17]

这就表明，田汉所作的"故事梗概"文字量不会很大。如果用钢笔在四百字空格的现代文稿纸上书写，十来张稿纸的文字量为四千至五千字。但如果是只有十行的"旧式"稿纸，而且是用毛笔书写，田汉又没有用蝇头小楷抄撰，那么可能每页的文字量不会超过两百字，十来页的篇幅就不过两千余字。这就为确定田汉所作"故事梗概"的规模提供了一个依据。整个改写过程里，田汉没有办法发表不同意见，因为田汉2月入狱，到7月才又获得自由[18]，等他出狱的时候，电影《风云儿女》已经公映了。【图4.15】

《〈风云儿女〉原著》发表在《电通半月画报》第4期（1935年7月1日），占了四整页的篇幅。这篇"原著"一直以来都被认为是田汉所著，曾作为《风云儿女》"电影故事"被收入《田汉全集》第十卷。[19]到目前为止，也没有人对此提出疑问。

---

〔17〕 夏衍：《〈义勇军进行曲〉的来历》，中国电影家协会编：《中国电影年鉴·1983》，北京：中国电影出版社，1984年，第106页。夏衍这篇文章作于1983年1月27日，原本是写给《北京晚报》编辑部的一封信，最早发表于1983年2月14日的《北京晚报》。

〔18〕 田汉提过自己的出狱时间。见田汉著，《田汉全集》编委会编：《田汉全集》第十一卷，石家庄：花山文艺出版社，2000年，第144页。

〔19〕 田汉著，《田汉全集》编委会编：《田汉全集》第十卷，第177—200页。正文之前还附有一段"说明"："1934年作于上海，原载1935年6月《电通半月画报》第2期（《风云儿女》特辑）。同年夏衍据此写成分幕剧本，由电通公司摄制成影片。"编辑者也注意到田汉只是写了"故事"，所以在"本卷说明"和《风云儿女》标题下特意注明为电影"故事"。另外又根据影片整理出一个"电影剧本"。这个根据影片整理出的剧本原载于1983年中国电影出版社出版的《田汉电影剧本选集》，1984年又收入中国戏剧出版社出版的《田汉文集》。在笔者看来，根据电影整理出来的剧本，距离田汉就更远了。

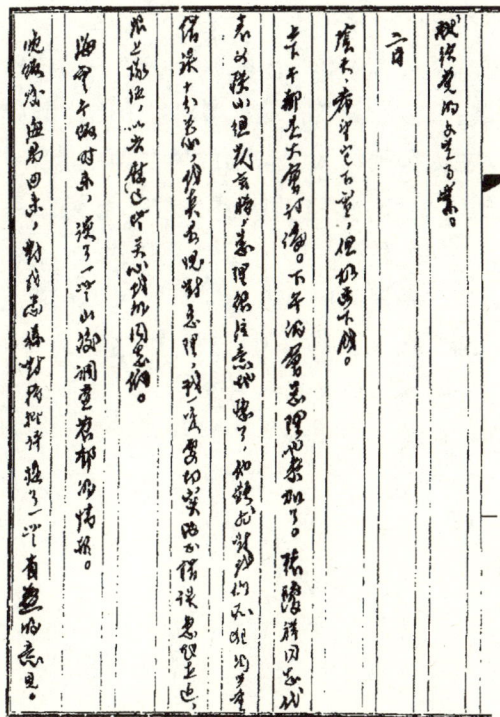

图 4.15　田汉 1965 年日记中的一页（9 行，钢笔书写，约 160 字）

　　认为这篇"原著"为田汉所作，大概是根据《〈风云儿女〉原著》标题后附加的一段说明："电影《风云儿女》，系据此原著改编。"既然影片最初的"故事"是田汉所作，这个据此改编的电影"原著"很容易就被归在田汉名下。不过，前文已经说明，田汉写出"故事"，夏衍改编成"剧本"，而后许幸之导演了"电影"。电影所依据的"原著"应该是夏衍的"剧本"而非田汉的"故事"。对于《电通半月画报》上这篇"原著"究竟是夏衍"剧本"还是田汉"故事"还可以做更细致的探讨。

　　首先从格式和文字量上来看，"原著"是标准的电影剧本格式，将整个影片分为 15 段，每段数百至千余字不等，总文字量约在 1 万字上下，不是"十来张"旧式稿纸能容纳的。其二，剧本情节多于影片内容。"原著"不仅涵盖了所有影片情节，甚至情节上的复杂和丰富还超过了影片本身。例如，"原著"中将女主人公阿凤入学读书的情节独立为第 7 段（以"女同学"为题），这部分情节和出场人物被导演许幸之在影片中全部砍掉了。如此种种，影片压缩了很多"原著"情节，就此而言，说影片"系据此原著改编"真是一点都没有错。第三，影片中大量细节在"原著"中得到仔细描写，例如一些推动情节发展的核心对话，以及男一号辛白华在不同场景里写的诗句文字，都在"原著"里出现了。其细致程度，无论如何都应该称为"剧本"而非"故事"。[20] 结合"原著"本身的特征，以及当事人夏衍、司徒慧敏等人回忆，《电通半月画报》里这篇"原著"的作者，就应该是夏衍。

田汉本人的陈述也支持了这一推断。他在 1957 年的一篇文章里确认他写出"故事"，而后夏衍写成"电影文学剧本"：

> 对于《风云儿女》影片本身，我几乎没有什么好说的，因为它是在我羁囚中摄制的，多少年来我一直没有机会看过这个影片，我对于影片情节也十分模糊了。[21]

如果完备详尽的《〈风云儿女〉原著》是由田汉完成，田汉绝不至于印象"十分模糊"。

影片《风云儿女》能够拍摄完成，实际上也主要是夏衍推动的结果。后来许幸之曾回忆夏衍找他担任《风云儿女》导演

---

[20]《〈风云儿女〉原著》，《电通半月画报》1935 年第 4 期。

[21] 田汉：《影片〈风云儿女〉和〈义勇军进行曲〉》，《大众电影》1957 年第 19 期，第 26—27 页。

时说过的话：

> 夏衍同志把拍片任务交代给我时说："田汉和华汉
> （即阳翰笙）被捕，大概你已经知道了。《风云儿女》是田
> 汉入狱以前写好的剧本，是以号召文艺青年起来抗战为题
> 材的，对当前的政治斗争有推动和鼓舞作用，我们要尽快
> 把它拍出来，以配合当前的革命形势。"又说："为了和反
> 动派作斗争，就得拍好这部影片，这是我们在外面的同志
> 应尽的责任。"[22]

许幸之强调，夏衍推动这部影片的拍摄是为了"和反动派作斗
争"，因为这部影片"对当前的政治斗争有推动和鼓舞作用"。

为什么拍摄《风云儿女》就是在和反动派做斗争呢？比
较切近的斗争，可能是为了回应 1935 年 2 月上海党组织遭
到的破坏。该事件直接激发起夏衍拍摄《风云儿女》的决心。
王人美也回忆，电通公司在田汉被捕之后才"准备开拍"《风
云儿女》，委托她当时的丈夫金焰邀请她担任女主角。[23]如果
没有田汉等人的被捕，也许夏衍对《风云儿女》就没有那么
急切了。

不过，《风云儿女》还可以放到更大的政治背景下来考察。
蒋介石在日本侵占东北后奉行"攘外必先安内"的方针，一方
面与日本谈判，一方面继续围剿红军。尤其 1934 年国民党军
队在第五次围剿战中取得"胜利"，迫使中央苏区红军退出革命
根据地，开始向西部地区长征。由于花费巨额军费剿共和御日，

---

〔22〕 许幸之：《忆聂耳》，见《聂耳全集》编辑委员会编：《聂耳全集》（下卷），北京：文化艺术出版社、人民音乐出版社，1985 年，第 226 页。
〔23〕 王人美口述，谢波整理：《我的成名与不幸——王人美回忆录》，第 158 页。

加之 1929 年爆发的世界经济危机也影响到中国经济，当时中国的财政状况持续恶化。南京政府试图改善中日关系，以克服危局。蒋介石于 1934 年 12 月在《外交评论》上发表《敌乎？友乎？——中日关系的检讨》，提出"日本人终究不能作我们的敌人，我们中国亦究竟须有与日本携手之必要"。1935 年 2 月，南京政府开始实施对日"亲善"政策，2 月 26 日下令禁止全国报刊登载反日言论，2 月 27 日又由国民党中央政治会议发出禁止进行反日运动的指示，3 月再由国民党中央组织部长和宣传部长向国民党各地党部发出禁止反日行动的命令。这些措施使 1935 年年初的全国抗日运动陷入低潮。[24] 在这个背景下，夏衍要通过拍摄一部抗日影片来"和反动派作斗争"，就是可以理解的了。[25]

将田汉、夏衍之间的差异揭示出来颇有必要，然后才可以考察从田汉"故事"，到夏衍"剧本"，最后到许幸之拍摄的"电影"，长城形象是如何一步步得到塑造的。

电影《风云儿女》故事情节的原创乃是田汉，这一点毋庸置疑。能够确定为田汉所塑造的部分，一是基本的人物关系和情节线索，二是影片中的一个关键环节"凤凰涅槃图"及"凤凰涅槃诗"，三是片首和片尾播放过两次的《义勇军进行曲》歌词。

而影片中大量关于长城的细节描述，可能是夏衍根据田汉"故事"做的进一步加工或创造。这些细节有以下几处：

---

[24] 宋志勇：《1935 年"中日亲善"评析》，南开大学日本研究中心编：《日本研究论集》第 1 期，天津：南开大学出版社，1996 年，第 128—131 页。

[25] 关于这个时代背景，参见石岛纪之：《国民政府的"安内攘外"政策及其破产》，见池田诚编著、中国人民抗日战争纪念馆编研部译校：《抗日战争与中国民众——中国的民族主义与民主主义》，北京：求实出版社，1989 年，第 62—79 页。

（1）"白华是以'国民诗人'自任的，他写着一首长诗叫《万里长城》，搜罗许多关于长城的历史材料和传说故事，意在歌咏我们的先民创造力的伟大。"（第一段）

（2）阿凤与辛白华、梁质夫相识时，"她告诉他们她是河北人，她的家在长城边，本因为在故乡生活不易才同父亲到南边来。"（第一段）

（3）"因为白华的《长城》诗第二部发表后唤起了很大的共鸣，一天，我们的新诗人辛白华便被邀请去赴一个文艺家的宴会，许多人都恭维他的作品大气磅礴，有的深许他能发挥民族精神。"（第二段，须注意的是，这也是比较早的，将"长城"与"民族精神"联系在一起的表达。）

（4）一位批评家在宴会上举起杂志读出了诗中的一节："我们该举起喇叭，吹起被压迫大众的进军号？或是俯卧在维娜丝像前歌颂她的圣明？"（第二段）

（5）在C夫人招待的一个晚餐会上，"许多人因为他是《万里长城》的作者都很致钦仰。有的人称许他最近发表的第二部中：'朔风吹，百草折，征人身上如冰铁，照见他穿上我寄去的棉衣么，长城上一勾寒月！'"然后一个青年就这首诗与辛白华争论。（第十三段）

（6）"为着防卫敌军的侵入，唱着悲壮的军歌向长城外进军的中国勇士们，在那中间有我们的诗人白华。"（第十四段）

（7）"诗人白华在这次战争中也负了伤。质夫这样做了长城的雄鬼。"（第十四段）

（8）"他唾弃了她，唾弃了他自己的幻想，重复回到军队。重复回到前线。那时我们的前线已经退到长城边了。"（第十四段）

（9）剧本最后，"白华扬着旗唱着这样的军歌，这后面由他的友人编成他的《万里长城》诗的最后一节，那是：起来，不

愿做奴隶的人们，……"（《义勇军进行曲歌词》）[26]（第十五段）

夏衍剧本一方面继承了田汉赋予长城的精神内涵和象征意义，如辛白华大气磅礴的《长城》诗"能发挥民族精神"；另一方面，夏衍又把长城充分地历史化和阶级化了。夏衍笔下的长城是1933年"长城抗战"中的长城，男主人公是"唱着悲壮的军歌向长城外进军的中国勇士"中的一员，而男二号梁质夫在这场战斗中"做了长城的雄鬼"；但同时，走向反抗入侵的最前线，在剧本里就意味着"举起喇叭，吹起被压迫大众的进军号"，这就把民族问题和阶级问题嫁接到一起。此外还需要指出的是，田汉设想的影片名是《凤凰涅槃图》（司徒慧敏的印象）或《凤凰的再生》（夏衍的回忆），后来由夏衍改为《风云儿女》。万里长城在夏衍笔下转化为祖国儿女风云际会的舞台，影片也因此而更富于斗争性。

不过，田汉和夏衍都没有提及长城在影片中应该如何呈现的问题，这个问题最终交给了导演许幸之。

在许幸之面对的"剧本"里，长城扮演了重要角色，按说应该会占据大量镜头。但实际上长城在《风云儿女》影片中直接出现的情况却非常少。整部影片只给了长城三个特写。在影片接近尾声的部分，阿凤从青岛回到河北老家，辛白华也从青岛来到北平，此时中国军队与日军在古北口长城一带激战，男女主人公的小事件与政治上的新动向互为背景。影片通过一组蒙太奇镜头来呈现这一背景：1. 一幅长城特写；2. 又一幅长城特写；3. 马匹在道路上奔跑；4. 马匹虚影从长城上空奔驰而过（这个画面实际上是镜头1和镜头3的叠加；同时还响起炸弹坠落地面的呼啸声和急促的马蹄声，暗示战争来临）；5. 一幅报纸新闻报道的特写镜头，报道的标题是："热河失守，

---

[26] 以上引文均出自《〈风云儿女〉原著》，《电通半月画报》1935年第4期。

古北口血战"。这五段画面结合起来，就交代了促使情节发展的长城抗战的爆发。

前两个镜头是长城特写。第一个镜头画面是从门洞内远眺长城，阳光从斜上方投射在前方的弧形门洞上，在门洞内侧留下大片浓重的阴影。【图4.16】从门洞内往外看，是一段向远处爬升的城墙，从八达岭北3楼一直延伸到北4楼。从民国一直到今天，这段长城都是八达岭的标志性景点，也是八达岭长城最雄伟壮阔的部分。但在这里，门洞两侧大面积的黑色投影如同一个宽阔的黑色画框，将阳光下的长城景色推向远方，令这段长城显得纤弱而平凡。从近处门洞内远眺长城是民国时期非常流行的一种呈现长城的视觉方式，这种方式可以使画面更加充实、更有层次。但在《风云儿女》里，这个长城画面与众不同的光线处理，使得近处黑暗的门洞更具有压迫感，长城的"名胜"和"美丽"都被压抑了。

第二个长城镜头是一段长城城墙。【图4.17】阳光几乎是从正东方照射过来，使长城西侧墙壁和山体全部笼罩在阴影中。这样一来，画面左上方是位于远方的明亮天空，而右下方的近处则全部隐入黑暗的投影。这段长城也是八达岭景点之一，位于八达岭关口南侧，虽不及前一幅里的八达岭北4楼著名，却也是民国长城摄影中常见的拍摄对象。一张民国明信片就选用

图4.16 《风云儿女》里的
第一个长城画面

了这段长城。【图 4.18】1935 年《学校生活》上刊登一幅摄影家徐德先的《长城》照片，同样也是拍摄这一景致。【图 4.19】这两幅民国时期长城照片里的光线来自东面的斜上方，长城及山峦都沐浴在阳光中，只在城墙西侧地面上留下少量投影。以

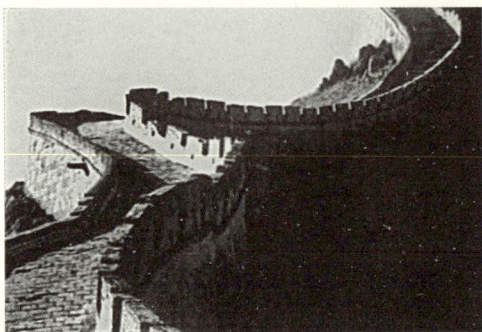

图 4.17 《风云儿女》里的第二个长城画面

图 4.18 民国明信片上的长城

图 4.19 徐德先《长城》，1935 年

此为参照，可以见出《风云儿女》里这幅长城影像在光线及黑白关系构成上的奇特之处：画面一半迎着光明，另一半陷入黑暗。这一点恰好与前一个长城镜头有相通之处：两个长城画面都是黑暗与光明相结合，而且都是近处黑暗，远处光明。导演似乎刻意选择了这种黑暗与光明并置又占一半的长城影像。

这两个电影特写镜头都不是实景拍摄。它们不是《风云儿女》摄制组跑到八达岭拍摄的结果。这一点可以从王人美回忆的《风云儿女》外景拍摄情况中得到证实：

> 《风云儿女》拍摄周期很短，有些镜头处理得比较草率。记得我们曾到青岛拍过外景。你问为什么选择青岛当外景地？说起来好笑，那是为了省钱。外景队几十个人，住旅馆，吃客饭，花销很大。孙瑜在青岛有一所别墅，那是祖上留下来的产业，平日空闲着没人居住。我们去拍外景，住在那所别墅里，自己开伙，很省钱，所以青岛就成了不少片子的外景地。[27]

除上海本地外，拍摄《风云儿女》外景只去过一次青岛。如果摄制组还到过北京八达岭，作为主演之一的王人美不可能不知道。而且，这段回忆也可以部分地解释为什么夏衍在剧本里把辛白华与阿凤再次相遇的地点放在青岛而不是别处，选择青岛可能就是出于对电通公司经济状况和现实条件的考虑——夏衍知道青岛对电通公司来说是最省钱的外景地。

如果不是实地拍摄，这两个画面是从哪里来的？长城的这两次出场都很短暂，几乎只是闪现了一下就切换到下一个画面。在这两个短暂的出场中，画面中的景物是完全静止的。考虑到

---

[27] 王人美口述，谢波整理：《我的成名与不幸——王人美回忆录》，第161页。

民国时期常有直接拍摄报纸作为特写镜头的情况，这两个静止不动又确定不是摄于实景的画面，可能就是对着照片拍摄的。如果摄制组跑到外地取景过于昂贵，那么获取一些长城照片在当时的上海却并不困难，只需要导演和美工做一些搜集和筛选就可以了。

第 3 个镜头拍摄奔马。摄像机和取景框固定不变，8—9 匹奔马（只拍摄马腿）从镜头前奔驰而过，第一组 3 匹，第二组 3 匹，第三组从第 2 匹开始隐入黑暗。随后切换到第 4 个镜头——第 1 个镜头中出现过的长城再次浮现出来，而第 3 个镜头中奔跑的马腿从上面飘过。这个镜头是第 1 个镜头和第 3 个镜头的叠加。画面前景是门洞后完全静态的八达岭长城，一列马腿像幽灵一样从上方呼啸而过。导演显然是要强化长城与奔马的重合，似乎长城和奔马的蒙太奇切换还不够说明问题，要让马匹的虚影直接在八达岭上空奔驰而过才更加有力，结果编织成"长城——奔马——长城＋奔马"这样一种略显啰唆的叙事关系。最后"古北口血战"的新闻报道则将前面反复出现的长城与奔马统一到一个主题：这是在长城下爆发的战争，是两个民族、两个国家之间的血战。【图 4.20 】

这里发生了一个图像上的误用。如剧本和影片中报纸标题所展现的，导演想要传达的是发生在古北口长城的"血战"。而实际上，如上文所述，他选用的长城图像来自八达岭。用"此一段"长城图像（八达岭）去讲述发生在"另一段"长城（古北口）的故事，这是第一次出现，但还不是最后一次。后来沙飞还会重复同样的"误用"或者"引用"。对于图像与地点的错位，还可以有另一种解释。在导演看来，《风云儿女》影片里的这两个八达岭长城图像（照片）具有某种象征意义，首先是这两个长城的片段象征了作为整体的长城，进而又在更抽象的层面上，由"长城"象征了整个中国，这样就不必斤斤计较这两段局部长城究竟出自长城的哪一段；"古北口血战"也不仅仅指向爆发在古北口的战事，而是宽泛地包含了日本对于中国的侵略。在这个意义上，微观层面上的图像"误用"，在更宏观的象征层面上却恰如其分，合情合理。【图4.21】

放在长城抗战的背景之下，就可以理解导演对于那两幅长城图像（照片）的选择。许幸之可能是刻意选择了阴影较多的长城图像，以此来象征战争阴影笼罩下的长城；或者说，战争

第1个镜头

第3个镜头中的一幅画面

第4个镜头中长城与奔马的组合
图4.20

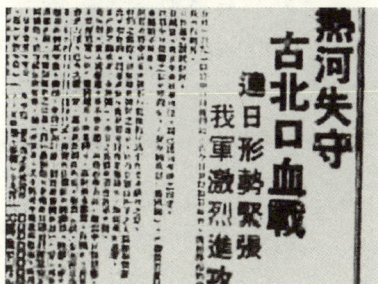

图4.21　第5个镜头，
长城与奔马后出现的报纸

阴影笼罩下的中国。

3. 田汉与"新长城"观念

《风云儿女》中关于长城最核心的观念体现于片头和片尾的主题曲《义勇军进行曲》。这首歌的作词是田汉，这就需要考察和分析他对于长城的理解来自何处，他的创造在哪里，以及影片在多大程度上体现了田汉提供的长城观念。

在夏衍的剧本里，《万里长城》诗共有三部：

第一部长城诗出现在剧本的第一段，"他写着一首长诗叫《万里长城》，搜罗许多关于长城的历史材料和传说故事，意在歌咏我们的先民创造力的伟大"。

第二部长城诗的内容在第二段和第十三段里分别有所体现。第二段中：一位批评家在宴会上举起杂志读出了诗中的一节："我们该举起喇叭，吹起被压迫大众的进军号？或是俯卧在维娜丝像前歌颂她的圣明？"第十三幕："许多人因为他是《万里长城》的作者都很致钦仰。有的人称许他最近发表的第二部中：'朔风吹，百草折，征人身上如冰铁；照见他穿上我寄去的棉衣么，长城上一勾寒月！'"

第三部在剧本的最后，也就是《义勇军进行曲》的歌词。

在这三部长城诗里，有一个从"历史材料和传说故事"中先民的伟大，到"长城上一勾寒月"的风花雪月，最后到"筑成我们新的长城"的发展过程。在剧本第十三幕，有一个青年对辛白华提出了批评，最能体现"诗人"对于长城理解的转变：

> 在前方战事紧急的某晚，C夫人招待的一个晚餐会上。
> 许多人因为他是《万里长城》的作者都很致钦仰。有

的人称许他最近发表的第二部中："朔风吹，百草折，征人身上如冰铁；照见他穿上我寄去的棉衣么，长城上一勾寒月！"独有一个青年说：

——您那诗虽然歌颂着，我们告（先）民新建设力的伟大，但长城在飞机下，不过一版长长的矮墙。现在快要被异族反用来做防御我们的东西了。

——在这样的时候诗人最大的任务我想应该是鼓励国民来防卫长城，防卫我们先民最伟大的创作。

不应该还悠悠不迫地歌咏长城的风月。

他听了他，仍作沉思了一回，立起来紧紧地握了他的手说。

——对的，您给了我很大的指示。[28]

在"热河失守，古北口血战"的背景下，一位不知名的"青年"仿佛正义化身，让诗人认识到"长城在飞机下，不过一版长长的矮墙"；而诗人的使命，是要用诗歌来"鼓励国民来防卫长城，防卫我们先民最伟大的创作"。这段对话促使诗人的观念发生转变，最终从 C 夫人的温柔乡里挣脱出来，加入到民族斗争的革命行列里。【图 4.22】

影片里诗人对于长城认识的转换，也真实地发生在田汉本人身上。

第一部长城诗从历史故事来理解长城，正是田汉自己在 20 世纪 20 年代对于长城的认识。1928 年，田汉在独幕话剧《苏州夜话》里塑造了一个老画家刘叔康，这位画家追忆自己的心

---

[28]《〈风云儿女〉原著》，《电通半月画报》1935 年第 4 期。青年对诗人的劝诫在影片中浓缩为两句话："长城虽然能表现我们民族伟大的建设力，可是，在现代飞机下面，它已经变成一座矮墙。我希望我们的诗人，能鼓励国民，大家起来防御长城才对。"

图 4.22　青年对诗人的告诫

路历程时，提到自己年轻时完全沉湎在艺术世界里，曾经有这样一个梦想：

> 我学古人画《长江万里图》的意思，想竭大半生精力画一幅大画叫《万里长城》，象征我们民族的伟大魅力；我搜集了许多关于长城的故事，像孟姜女之类，想把它画进去。[29]

这位老画家立此宏愿五年后，《万里长城》图画完成，但这幅画最终毁于军阀匪兵之手。这个故事很能说明 1928 年时田汉对长城的态度。田汉固然认为长城可以象征"我们民族的伟大魅力"，但对于如何描绘万里长城，他又觉得仅仅限于长城本身是不够的。单画长城还无法表达出这种"伟大魅力"，还需要依靠孟姜女之类的长城故事，通过历史上与长城相关的著名人物来赋予长城足以象征"我们民族"的意义。而最终，非常有意思的是，在这篇话剧的最后，这件《万里长城》图被毁去了。（"他们气了，一顿刺刀就把我那幅费了五年心血刚画成

---

[29] 田汉著，《田汉全集》编委会编：《田汉全集》第一卷，第 290 页。

的《万里长城》一块一块地给划破了，那就像一刀刀地割我的肉！"〔30〕）这个毁灭本身也是象征性的，意味着这个象征"我们民族的伟大魅力"的绘画作品本身没有任何效力，它在残酷的现实面前只能遭遇毁灭的命运。可以看出，1928年的田汉对于长城的感受十分暧昧，在"伟大"与"无用"、"古"与"今"之间摇摆不定。

到了1933年，田汉对于长城的理解发生了彻底改变，他在一首创作于该年春天的《万里长城》（诗）里是这样表达的：

> 长城长，
> 空中看来一矮墙。
> 帝国主义强盗强，
> 昔夺沈阳今朝阳，
> 飞机大炮坦克机关枪，
> 烧我房屋杀我兄弟姊妹和爷娘！
> 看看中国将沦亡，
> 将沦亡，
> 做奴隶，
> 不愿为奴上前抵！
> 锄头、斧头、菜刀、鸟枪一齐起。
> 救国只能靠自己。〔31〕

这首诗放置在田汉的同名散文《万里长城》末尾。这篇《万里长城》散文又和另外十三篇散文共同组成《站在日出前的中国》，连载于1933年3月的上海《晨报》上，后收入1936年出

---

〔30〕 田汉著，《田汉全集》编委会编：《田汉全集》第一卷，第291页。
〔31〕 同上书，第十一卷，第111页。

版的《田汉散文集》。这篇散文先说田汉自己小时候对长城的倾慕，随后话锋陡然一转：

> 但长城这一封建时代的建筑物，终于不过是供人凭吊的历史上"奇迹"，在过去它既未必真能"御胡"，在国际资本主义深入中国的现代，它正和南洋兄弟烟草公司的"长城牌"一样，对于"强盗牌"黯然失色。[32]

田汉心目中对于作为历史建筑的长城的幻灭，自然是源于1933年年初长城抗战的失败。而如果不能依靠长城的话，我们又将如何自处呢？最后的结论自然是："救国只能靠自己"。

在1933年，"铁血的长城""人的长城""血和肉做成的万里长城"等概念都已出现，并在大众刊物上流传。[33]这些概念很快被吸纳到田汉的文学写作中。在1934年田汉创作了歌剧《扬子江的暴风雨》，剧末有一段著名的《苦力歌》，这首歌和《义勇军进行曲》一样，也是由田汉作词，聂耳作曲，歌词中开始出现"铁的长城"：

> 苦力们，大家一条心！
> 挣扎我们的天明！
> 我们并不怕死！
> 不用拿死来吓我们！
> 我们不做亡国奴，
> 我们要做中国的主人！

---

〔32〕 田汉著，《田汉全集》编委会编：《田汉全集》第十三卷，第121页。

〔33〕 吴雪杉：《血肉做成的"长城"：1933年的新图像与新观念》，《文艺研究》2015年第1期，第134—143页。

让我们结成一座铁的长城，
把强盗们都赶尽！
让我们结成一座铁的长城！
向着自由的路，前进！前进！[34]

至此，田汉更新了自己对于长城的认识，从"长城长，空中看来一矮墙"，演变为"让我们结成一座铁的长城"。[35]

这座"铁的长城"，到1934年底书写《义勇军进行曲》的歌词时，最终凝固为"把我们的血肉，筑成我们新的长城"。用"血肉"做成长城的观念虽然不始于田汉，但随着这首歌曲的流行[36]，《义勇军进行曲》中的这个歌词却成为关于长城新内涵最经典的表达方式。

这种破旧立新的转换，也是影片中最核心的观念之一。这个观念通过贯穿影片情节发展的一幅《凤凰涅槃图》得到传达。【图 4.23】

影片中《凤凰涅槃图》画一只凤凰于火中升起，并有一诗："翔羽成灰烟，栴楠有余芬。真理未可灭，百年行再生。"这幅图的名字以及题诗都源于郭沫若的名篇《凤凰涅槃》。郭沫若诗中有一段"凤凰和鸣"：

----

[34] 田汉：《新歌剧〈扬子江暴风雨〉》（1934年上海演出本），见《聂耳全集》编辑委员会编：《聂耳全集》（上卷），北京：文化艺术出版社、人民音乐出版社，1985年，第208页。后来田汉把这首歌改为《前进歌》，见尤兢编著：《大众剧选》第一辑，汉口：上海杂志公司，1938年，第65页；1955年田汉又对歌词作了修改，见田汉著，《田汉全集》编委会编：《田汉全集》第三卷，第71页。

[35] 董健总结过田汉笔下长城形象的这种转变，见董健：《田汉评传》，南京：南京大学出版社，2012年，第325—326页。不过应该指出的是，这些长城观念都不是田汉的原创。

[36] 关于《义勇军进行曲》的传播，见罗靓：《先锋与国歌》，《文化研究》2013年第14辑，第209—237页。

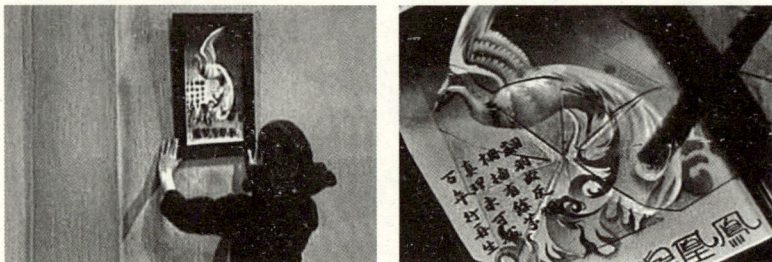

图 4.23 影片中的《凤凰涅槃图》

> 我们更生了。
>
> 我们更生了。
>
> 一切的一，更生了。
>
> 一的一切，更生了。
>
> 我们便是他，他们便是我。
>
> 我中也有你，你中也有我。
>
> 我便是你。
>
> 你便是我。
>
> 火便是凰。
>
> 凤便是火。
>
> 翱翔！翱翔！
>
> 欢唱！欢唱！[37]

最早田汉在撰写《风云儿女》电影剧本时，起的题目是"凤凰涅槃图"或"凤凰之再生"，可见凤凰"涅槃"与"再生"的主题从影片诞生前就已经隐藏在影片中。虽然夏衍将影片名改为

---

[37] "凤凰和鸣"初稿作于 1920 年 1 月 20 日，共有 15 节；1928 年 1 月 3 日改削为 5 节，其中只有第 1 节没有改动。现在所录为 1928 年改削本的第 1 节。见郭沫若：《女神》，北京：人民文学出版社，2000 年，第 39—48 页。

《风云儿女》，导演许幸之更强调"风云变幻中的儿女常情"〔38〕，但《凤凰涅槃图》在影片中的三次出现，依然把"再生"的思想清楚表达出来。

这就涉及田汉和郭沫若的关系。田汉和郭沫若的交往是现代文学史上的一段传奇。1919年，田汉在上海结识宗白华，第二年年初，宗白华写信告诉田汉，说他"又得着一个像你一类的朋友，一个东方未来的诗人郭沫若"，又说："我已写信给他，介绍他同你通信，同你做诗伴，你已知道了么？我现在把他最近的一首长诗和寄我一封谈诗的长信寄给你看，你就知道他的为人和诗才了。"〔39〕这首诗就是《凤凰涅槃》。1920年2月9日，田汉致信郭沫若："我若是先看了你的长诗，我便先要和你订交——那怕是你不肯下交我这样的蠢物。——又何况有白华兄这样的珍重介绍呢。"〔40〕1920年3月19日，田汉由东京到福冈访问郭沫若，一见如故。田汉在福冈逗留7天，其间将他和郭沫若、宗白华三人的通信整理成书，命名为《三叶集》。《三叶集》1929年由上海亚东图书馆出版。

"凤凰"的"涅槃"或"再生"，影片中至少发生了三次。一是女主人公的转变。女主人公原名"阿凤"，在她遇到诗人辛白华与革命者梁质夫之后，他们希望"阿凤"如《凤凰涅槃图》中的凤凰一般获得新生，便为她改了个新的名字："新凤"。王人美扮演的角色从"阿凤"到"新凤"的蜕变，是"凤凰涅槃"

---

〔38〕 许幸之对影片的理解是："《风云儿女》这故事的形成正和它的名字一样，是风云变幻中的儿女常情。他们在现成的环境中相识，他们被感情所冲动而结合，他们为外界的压迫而受难，他们为生活的鞭挞而到处漂流，他们的一切悲欢离合，和他们为了正义感的被激动而从戎抗敌，这一切都是仿佛从风云莫测的变幻中演成的人生悲剧，它应当用风云莫测、变化无常的手法来完成它的姿态吧。"许幸之：《〈风云儿女〉的自我批判》，《电通半月画报》1935年第2期。
〔39〕 宗白华、田汉、郭沫若：《三叶集》，合肥：安徽教育出版社，2006年，第7页。
〔40〕 同上书，第26页。

寓意最直接的体现。

第二次涅槃发生在男主角辛白华身上，他原本臣服在撒旦"使臣"（C夫人）的石榴裙下，后来在民族国家危难之时毅然决然离开C夫人，走上抗战的最前线。这一凤凰的"涅槃"是贯穿整个影片的核心线索。

而长城的蜕变同样是一个"凤凰涅槃"，获得"更生"的过程。这一"涅槃"隐而不显，却更具有象征意义，也使影片更具有思想深度。从空中看去的一版"矮墙"，到"铁的长城"，再到"我们新的长城"，长城在这一个过程中获得了新的意义，从原本更偏重历史性与物质性的长城，升华为一座更具有精神意味的、新的长城。

在某种意义上，夏衍剧本在保留田汉构思的同时，也扩展了田汉的视角。无论郭沫若还是田汉，他们热衷的"凤凰涅槃"都具有浪漫主义的个人色彩。个体在烈焰中翱翔与欢唱，"一切的一""一的一切"，你中有我，我中有你。而夏衍赋予这个孤傲的"凤凰"更宽广的社会性与时代性。他将影片名字改作《风云儿女》，在大时代风云变幻之际，国家与民族的"儿女"将何去何从？是儿女情长，还是献身革命？这是夏衍通过影片名字向时人提出的问题，这也是为党负责20世纪30年代上海文化工作的夏衍，时刻铭记在心的职责。同样，这也是他希望通过影片达成的目标。

而在影片的拍摄和宣传方面，许幸之、孙师毅等人则面对一个新的命题。如何用图像来实现这个剧本作者试图传达的观念，又如何用图像来塑造"我们新的长城"？他们开始借助西方现代艺术的表现手法，无论是广告图像里将长城与主人公或义勇军拼贴在一起，还是《风云儿女》影片里长城与暗示战争来临的奔马（影片的这一部分比较含糊，说不清是入侵的铁骑还是奔赴前线的勇士）组合成蒙太奇，都是想要通过长城之外的人物和事件，赋予长城以长城之外的新意义。这种用图像来超越长城的物质性，进而寻求对长城"精神性"表达的努力，虽然在 1935 年的《风云儿女》中还略为生硬，但已经显露端倪。

小　结

田汉杜撰出《凤凰涅槃图》故事情节并写出《义勇军进行曲》歌词，意在重新唤起民众对于 1933 年长城抗战的记忆，召唤"我们"加入义勇军的行列。夏衍为《风云儿女》编写剧本、促成这一影片拍摄的完成，除号召抗日之外，还将批判的矛头指向国民党"安内"甚于"攘外"的政治方针。许幸之和孙师毅在拍摄电影和设计广告时，则要面对图像问题，呈现从"长城"到"新的长城"在视觉上的转化。

田汉和夏衍用文字表述长城，许幸之、孙师毅用图像。他们此前都没有亲身游览长城的经历，对于长城的认识，只能来自观念上的理解，以及大众传媒中流通的各种照片（这些照片所承载的长城图像在中国、日本乃至欧美流动，远远超出中国本土之外）。在影片中，许幸之借助已在大众传播领域得到"经典化"的八达岭长城照片，通过叠加马蹄声、报纸新闻的蒙太奇手法来"再现"古北口长城抗战；孙师毅等电通编辑又综合拼贴、手绘等多重手法，将影片男、女主人公或大刀队战士与八达岭长城照片串接在一起，使不同人物在图像中化身为"新的长城"。

诗人、战士在《风云儿女》影片及宣传图像中转变为"我们"的主体。长城本身的视觉影像为"我们"提供了一个现实的历史情境，而"我们"与长城的并置与叠加，则赋予长城以新的内涵，乃至新的"身体"——"把我们的血肉，筑成我们新的长城"。这种意义的置换以蒙太奇或拼贴的形式手法来实现，通过这种带有先锋性的视觉语言，1935 年的电影《风云儿女》及广告画页用图像的方式将古老的、砖石的长城转化为现代的、血肉的"新的长城"。这种构建"我们"、塑造"长城"的视觉方式，还将随着全面抗战的展开而不断重复和深化，感召更多的热血青年走上抗日的最前线。

第五章　召唤声音：图像中的《义勇军进行曲》

　　新长城观念随着《义勇军进行曲》的流行得到极大的传播，本章讨论这首歌曲与图像的互动。与传统绘画比较起来，20世纪中国的艺术主题得到极大拓展，其中就包括对声音的图像表达。中国古代绘画有时也涉及声音，通常用比较委婉的方式来描绘或暗示。[1]在20世纪初期，绘画开始更直接、也更具表现性地表达声音，例如李桦1935年的作品《怒吼吧！中国》通过一个人的呐喊，把个人或一个共同体的"声音"在画面上展示出来。[2]

　　声音的图像化或视觉化在20世纪上半叶的中国还有更复杂的呈现方式、深刻的社会背景，以及相应的形式探索过程。尤其当一首救亡歌曲成为绘画母题后，声音的视觉呈现问题得到最富戏剧性的体现。《义勇军进行曲》在1935年出现后到1945年抗战结束前，成为当时画家热衷描绘的对象。这首歌曲最早进入公众视野是作为电影《风云儿女》的主题曲，电影于1935年5月24日在上海公映，同时百代公司将电影插曲制成唱片销售。歌

---

〔1〕　也有直接表现的情况，如 Susan E. Nelson 研究过明清绘画中对于"啸"的描
　　　绘，但这类图像非常少见。Susan E. Nelson: *The Piping of Man*, in Wu Hung and
　　　Katherine R. Tsiang ed, : *Body and Face in Chinese Visual Culture*, Cambridge and
　　　London: Harvard University Aisa Center, 2005, pp.283-310.

〔2〕　Xiaobing Tang: *Chinese Avant-Garde: The Modern Woodcut Movement*, Berkeley,Los
　　　Angeles, London: University of California Press, 2008, pp. 213-227；唐小兵：《〈怒
　　　吼吧！中国〉的回响》，《读书》2005年第9期，第42—50页。

曲由田汉作词，聂耳作曲，贺绿汀与苏联作曲家阿龙·阿甫夏洛莫夫配乐录制。电影中的《义勇军进行曲》由"电通歌唱队"合唱，合唱者中包括电影主角袁牧之、王人美和顾梦鹤。电影最后配有高唱这一歌曲的情节画面，也就是说，这首歌从一开始就带有某种视觉性；反过来，这首歌曲所激发出的视觉图像，又在不断挑战图像与声音的传统边界，尝试一种跨感官的艺术实践。

1. 图像中的声音

1939 年，画家陈烟桥创作了木刻版画《抵抗之歌》，这件作品发表在爱泼斯坦出版于伦敦的《人民之战》[3]。《人民之战》一书讲述的是 1931 年以来中国人民对日本侵略的抵抗，该书第二章即名为"抵抗之歌"，记录《义勇军进行曲》诞生始末及其在当时起到的重要作用。作者开篇就说：

> "起来，不愿做奴隶的人们！
> 把我们的血肉，筑成我们新的长城。"
> 这是《义勇军进行曲》的头两行。东北人民为摆脱日本的枷锁而英勇斗争，在他们那勇敢精神鼓舞之下产生的这首激动人心的歌曲使举国奋起，众志成城。从前线到大城市，从城市到最遥远的乡村，每一个中国人都知道这首歌，都会唱。[4]

陈烟桥的木刻配入该章节并与该章同名，带有插图性质。版画

---

〔3〕 I. Epstein: *The People's War*, London: Victor Gollancz LTD, 1939, p.31.
〔4〕 爱泼斯坦著，贾宗谊译：《人民之战》，北京：新华出版社，1991 年，第 18 页。

图 5.1　陈烟桥《抵抗之歌》，1939 年

《抵抗之歌》描绘的就是歌唱《义勇军进行曲》的场景。【图 5.1】

　　画中有 8 个头像，分作 3 排，第一排 1 人，第二排 3 人，第三排 4 人。他们紧挨在一起，体量前后依次递减，形成一个密切整体，又有清晰的层次感；人物身份构成带有典型性，有战士，有工人，有农民，有妇女，他们代表了中国人民。画中每个人都大张着口，同时发出自己的声音。如果按照歌词内容的描述，他们正在发出自己"最后的吼声"。

　　在陈烟桥为《人民之战》创作的 6 幅木刻中，还有一幅同样与歌曲有关。第一章"这是我们的土地！"配有同名插图，包含一组指挥歌唱的画面。一个军人站在画面前方，可能是一位将领，他身后是街头演讲以及音乐家指挥下的大合唱，再往后有吹起号角的战士，会聚到一起的工人和农民。该章主题"我们的土地！"通过生长在这片土地上的人民得到表达。歌唱场景位于画面右下角，合唱者共计 13 人（8 男 5 女），全部面朝画外，从口型上看，他们正发出整齐而嘹亮的歌声。虽然无

图 5.2　陈烟桥
《这是我们的土地！》，1939 年

法确定歌唱的内容，想必同样也是一首"抵抗之歌"。【图 5.2】

　　陈烟桥这两幅版画创作于香港，时间应该在 1939 年初。爱泼斯坦 1938 年底到达香港，在宋庆龄邀请下加入保卫中国同盟中央委员会，为"保盟"编辑英文出版物，并成为香港《每日新闻》报社编辑。[5] 1939 年，《人民之战》成书，同年由英国伦敦的维克多·高兰茨出版社出版。陈烟桥到香港要比爱泼斯坦略早，是在 1937 年 11 月。他在香港的工作是为《香港日报》《星岛日报》《救亡日报》画漫画和撰稿，并给何香凝当秘书。在 1939 年 5、6 月间，陈烟桥应陶行知之邀离开香港到重庆筹建育才学校。[6] 从时间上看，爱泼斯坦与陈烟桥的合作应

---

〔5〕　伊斯雷尔·爱泼斯坦著，沈苏儒等译：《见证中国：爱泼斯坦回忆录》，北京：新世界出版社，2004 年，第 116、119、123 页。

〔6〕　诸葛耀麟：《国统区时期的陈烟桥先生》，《艺术探索》1996 年第 2 期，第 59 页；凌承纬：《前哨的进行：陈烟桥早期木刻艺术活动研究》，《中国美术研究》2013 年第 1 期，第 80 页。

在 1939 年 1 月至 4 月之间，英文版扉页上也专门注明："6 幅整页的木刻版画由陈烟桥专为本书刻成。"[7]

爱泼斯坦在 1979 年给陈烟桥之子陈超南的一封信里回忆了陈烟桥为《人民之战》作插图的情况：

> 关于对你父亲的记忆，尽我现在所能回忆起的，是我与你父亲 1938 年在广州的第一次见面的情形，以及广州陷落在日本人手里之后，我们又经常在香港见面的情形——那时还和另一些朋友交往，例如夏衍，已故的丘崇华（译音），萧乾，叶春青（译音），冯亦代，郁风，黄苗子，特伟，周康民（译音），和其他已到达那里的人，多年来我一直为中国进步木刻所深深打动，并想用它来为我当时正在写的书作插图。我现在记不得是我直接请你父亲作插图，还是对木刻家团体说起这事，他们推荐你父亲，说他是最适合的人选。我现在的印象是后者。开头我提出用几个不同木刻家的作品，但是他们说用一个作家的作品以保持同一种风格比较好。据我的回忆，在你父亲刻这些木刻之前，我还向他说明了这一本书的大概内容和每章的标题，由他自己决定插图的题目和构图。这些木刻插图，他用很短的时间就创作好了。[8]

爱泼斯坦还回忆，木刻版画原件通过航空方式寄给伦敦的出版社，他和陈烟桥共同分享了《人民之战》一书微薄的稿费。《人民之战》共有 15 章，陈烟桥配了 6 幅插图。画家在创作时享有

---

[7]　I. Epstein: *The People's War*, p. 3.

[8]　爱泼斯坦：《回忆陈烟桥的一封信》，见陈超南、陈伟南编：《陈烟桥纪念文集》，上海：上海社会科学院出版社，2012 年，第 27 页。

极大自由，题材、内容和形式都由陈烟桥自己决定。

　　伴随《人民之战》一书的发行，陈烟桥的《抵抗之歌》也得到广泛传播。据爱泼斯坦本人回忆，该书印出后存书仓库被德军飞机炸毁，所以原版存世很少。但在上海的公共租界很快出现英文版的盗版和中文译本。开始是在租界内销售，后来通过地下渠道进入日本控制的"敌占区"。[9]爱泼斯坦还比较过盗版和原版插图间的差距："它们都是粗劣地印在毛糙的纸上的，因此里面的木刻用于复制时就不及这些好。"[10]

　　《抵抗之歌》和《这是我们的土地！》都说明陈烟桥对于《义勇军进行曲》的喜好，而画家对这首歌曲的偏爱早在1936年就已经表达出来。在一件名为《国防前线的歌声》的木刻作品里，陈烟桥描绘一个军人指挥家指挥一支军队歌唱，他们是正奋战在前线的战士。【图5.3】军容鼎盛的战士们整齐地张着

图5.3　陈烟桥
《国防前线的歌声》，1936 年

〔9〕　伊斯雷尔·爱泼斯坦著，沈苏儒等译：《见证中国：爱泼斯坦回忆录》，第127—128 页。
〔10〕　爱泼斯坦：《回忆陈烟桥的一封信》，见陈超南、陈伟南编：《陈烟桥纪念文集》，第 27 页。

口，整齐地歌唱。陈烟桥在人群上方放置了一段起伏的音符，用来象征歌声。这段音符组成的旋律还揭示了歌声的内容，因为五线谱中书写的正是《义勇军进行曲》第一句歌词的乐曲："起来！不愿做奴隶的……"【图 5.4】音符的描绘使画面带有图解性，画家显然是迫切地希望能够把歌唱的内容、也就是《义勇军进行曲》在图像中明确地呈现出来。这一图解性的、超现实色彩的音符出现在画中时，就演化为某种旋律，这种旋律因为下方一眼望不到尽头的整齐的战士得到加强：战士严整的军容仿佛转化为声音的力量，歌声如排山倒海般席卷而来。作品通过三方面来传达声音：1. 战士们同时张开的口型；2. 代表歌声的音符和旋律；3. 作品标题"国防前线的歌声"。作品追求一种壮观的视觉效果，《这是我们的土地！》中指挥歌唱的场景大约就是从这件作品衍生出来的。

同样创作于 1936 年的《救亡歌声》则是《抵抗之歌》的直接来源。画中有 10 个人物（5 男 5 女）引吭高歌。人物都取半身，彼此间关系较为松散，似乎站在一个较为开阔的空间里。人物的朝向不尽一致，6 个人做四分之三侧面，他们看向画面右前方；3 人做正侧面，对着右边；还有 1 人为正面，面向画外。歌唱朝向的多变虽然使画面更加丰富，但也让画中试图传达的歌声缺少焦点。【图 5.5】

比较起来，1939 年的《抵抗之歌》与 1936 年的《救亡歌声》有了很大不同。《抵抗之歌》中人物只取头部，排列更加紧密；所有人面朝相同方向；人物嘴型被夸大，似乎他

图 5.4 "起来！不愿做奴隶的……"旋律

陈烟桥《国防前线的歌声》局部

图 5.5　陈烟桥《救亡歌声》，1936 年

们正竭尽全部力量来发出声音。所有这些因素汇聚到一起，使《抵抗之歌》发出的"声音"更统一、更明确，也更加雄强有力。

　　这就涉及声音的方向性。声音的方向可以通过声源的朝向来调节，而声源方向是否一致会予人以不同的视觉感受。在1937年《现世界》上刊登的一幅漫画里，陈依范就用朝向两个不同方向的歌唱者来暗示英国与意大利虽然签订协议，但并非如协议所表现的那样同心同德。作品名字《是同心的合唱？》中的问号又进一步提示了这种不一致。[11] 因而，从《救亡歌声》里声源的多方向到《抵抗之歌》单一方向的调整，体现出画家对于声音视觉化问题中方向性的思考。【图 5.6】

　　在陈烟桥的艺术生涯中，最早对声音表现出关注是在1934年。在这一年年初，陈烟桥创作的木刻作品《汽笛响了》在两个方面表露出他试图用绘画传递声音的意图。【图 5.7】一是作品标题中提示的"响了"，二是画中振臂呼喊的人物形象。这件作品获得名声，部分出于它曾经得到鲁迅的持续关注。陈烟桥

────────────────

〔11〕　Jack Chen：《是同心的合唱？》，《现世界》1937 年第 1 卷第 11 期，第 583 页。

图 5.6 Jack Chen
《是同心的合唱？》，1937 年

在完成《汽笛响了》第一稿后把作品寄给鲁迅。鲁迅在 1934 年
4 月 5 日回信提出修改意见：

> 三日的信并木刻一幅，今天收到了。这一幅构图很稳
> 妥，浪费的刀也几乎没有。但我觉得烟囱太多了一点。平
> 常的工厂，恐怕没有这许多；又，《汽笛响了》，那是开工
> 的时候，为什么烟通上没有烟呢？又，刻劳动者而头小臂
> 粗，务须十分留心，勿使看者有"畸形"之感，一有，便
> 成为讽刺他只有暴力而无智识了。但这一幅里还不至此，
> 现在不过偶然想起，顺便说说而已。[12]

随后，陈烟桥根据鲁迅的意见对此画做出修改，寄给鲁迅第二
稿。4 月 23 日，鲁迅回复说：

---

[12] 鲁迅：《致陈烟桥》，见鲁迅：《鲁迅书信集》，北京：人民文学出版社，1976 年，
第 517 页。

第五章　召唤声音：图像中的《义勇军进行曲》　*169*

廿一函并木刻二幅均收到。这回似乎比较的合理，但
我以为烟还太小，不如索性加大，直连顶巅，而连黑边也
不留，则恐怕还要有力。不知先生以为怎样。[13]

现在看到的是再次修改后的作品。人多少还是有些"头小臂粗"，
稍显"畸形"。烟囱有 5 个，并且冒烟了；烟有 8 道之多（其
中 3 道没有烟囱）；其中一柱也做到"直连顶巅，而连黑边也不
留"。看来鲁迅的两封信确实起了效果。

陈烟桥在鲁迅督促下的数易其稿，可能改变了他原先的想
法。从画面上看，新添加的烟囱和白色浓烟原本应该是黑暗的
天空和冰冷的厂房，画家最初的第一稿可能是想通过层层叠叠
的厂房建筑和深沉的夜色来表达资本家对于工人的剥削和压迫。

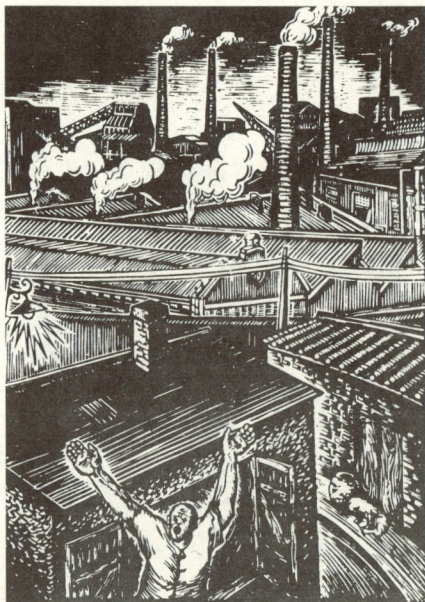

图 5.7　陈烟桥《汽笛响了》，1934 年

[13]　鲁迅：《致陈烟桥》，见鲁迅：《鲁迅书信集》，第 530 页。

前景中刺目的灯光暗示了时间，工人背负着沉重的压力，天还没亮就被汽笛叫醒。汽笛的响声由黑暗中醒来的工人所发出的叫喊来体现或替代。作品改动后，远处冒出许多白色的浓烟，原先可能具有的阴暗压抑被工业生产的喧嚣热闹所取代。鲁迅的意见自有他的道理，不过他的现实主义眼光多少削弱了画面的表现性。

陈烟桥原本对于工人声音的描绘带有表现主义色彩，表达一个受到压迫的人所发出的声音。这种由个人发出的声音在蒙克的《呐喊》（1893）中已经得到刻画，这位北欧的表现主义大师在20世纪20年代就已经介绍到中国。在1935年，李桦的名作《怒吼吧！中国》大约也受到欧洲表现主义影响，也是描绘一个被束缚的人发出自己的声音。[14] 从欧洲表现主义的《呐喊》，到陈烟桥的《汽笛响了》，再到李桦的《怒吼吧！中国》，这类图像关注的都是一个人在发出声音。这种通过一个人来发出声音的图像类型可以称为"个人式声音"，这个人或者只代表他自己，或者代表一个阶级甚至国家，但终究是由画中的一个人来发出声音。这种个人式的声音往往伴随着人物的夸张变形，情感强烈，带有浓郁的表现主义色彩。

对于陈烟桥1936年和1939年创作的《救亡歌声》《抵抗之歌》而言，他面对的是另一个问题。他要处理的不再是一个人，而是一个群体共同来发出声音。只有一个群体共同发出的声音，才是万众一心的"抵抗之歌"。他的处理方式自然也要有

---

〔14〕 对于20世纪30年代木刻版画中对于声音的表达，及其受到的欧洲影响，唐小兵做过简要回顾。这类图像中最有力的作品可能是李桦的《怒吼吧！中国》（1935），稍早些的作品是胡一川的《到前线去》（1932），再往前追溯，则是20世纪初期欧洲的表现主义艺术传统，如珂勒惠支的《被缚者》（1927）、蒙克的《呐喊》（1893）。见 Xiaobing Tang: *Chinese Avant-Garde: The Modern Woodcut Movement*, pp. 213-227；唐小兵：《〈怒吼吧！中国〉的回响》，第44—46页。

所改变，需要同时描绘多个人物，在画面上形成一种"集体式声音"。与"个人式声音"比较起来，"集体式声音"有以下几点不同：1. "集体式声音"带有复数性，无论《救亡歌声》还是《抵抗之歌》，画中人物动态不断重复，相同的动作暗示出他们在共同歌唱，发出同一种声音。2. 共同歌唱的景象暗示出一种组织性，虽然每个歌唱者的面部动态可能夸张到变形，但依然处于来自外部的、更强有力的组织控制之下。这是一种受控制的声音。"个人式声音"更多体现的则是外在力量压迫下，无法自抑的情感和声音的激烈迸发。3. "集体式声音"的复数性和组织性最终表达出的是一个关于"我们"的概念。"我们万众一心"，团结在一起为一个共同目标共同歌唱，歌唱一首"抵抗之歌"。

图像中传达的歌声反过来赋予歌唱者意义。观看者通过歌声（标题将暗示这一点）知道他们为什么聚集在一起，为什么要做同一件事情。在 20 世纪 30 年代，几乎所有中国人都知道救亡之歌意味着抵抗日本侵略。而《人民之战》及其插图 1939 年问世于英国时，所面对的则是整个西方世界。爱泼斯坦和陈烟桥各自书写的《抵抗之歌》是在向当时的世界人民发出声音，展现中国人民的团结和抗争。

陈烟桥在《汽笛响了》中对于声音的关注带有欧洲表现主义的影子。1936 年，他开始关注《义勇军进行曲》的视觉再现。到 1939 年接受为《人民之战》创作木刻插图时，他挪用、重构了 3 年前的两件作品。他对《救亡歌声》加以提炼完善，创作出《抵抗之歌》；又把《国防前线的歌声》放到《这是我们的土地！》里。这都表明他对于歌声的描绘并不是一蹴而就，而是经过长期考虑。从他最早关注声音的《汽笛响了》（1934），到《救亡歌声》《国防前线的歌声》（1936），再到最后的《抵抗之歌》（1939），陈烟桥经历了 6 年深思熟虑，最后才有了最完善也最有力的《抵抗之歌》的出现。在形式语言上，他也从带有表现主义色彩的"个人式声音"（《汽笛响了》），发展、改造成为一种"集体式声音"（《抵抗之歌》）的表现形式。图像内容的不同促成了这一形式语言的蜕变，就声音的图像化而言，痛苦的呐喊由一个人发出就可以了，而慷慨激昂的合唱需要一种更加锐意进取、也更加集体主义的歌声。

2. 抵抗之歌

陈烟桥在 1936 年已经开始描绘《义勇军进行曲》，爱泼斯坦对这首歌的关注稍晚一点，要到 1937 年 3 月。《人民之战》中提到，爱泼斯坦在天津第一次听到《义勇军进行曲》，当时的天津已经被日本军队控制，著名音乐教育家刘良模在这座城市里带领人们高唱这首爱国歌曲。爱泼斯坦生动描述了刘良模如何机智地用歌声唤起人民的抵抗热情，让人们认识到自己的力量和团结的重要性，因为"任何力量都不能阻止一首歌曲的传播"[15]。

刘良模本人也不断撰写文章，陈述自己对于歌曲巨大力量的理解。他认识到歌声的团结作用，雄壮的歌曲能够"把四万万人结合在一起"，中华民族的解放运动"必须在齐整的步伐下同声唱出雄壮的歌曲一起奔赴救亡的前程。那才可以联起每个人内心里蛰伏得太久而亟思迸发的热情，来冲破帝国主义的营垒"[16]。在另一篇文章里，刘良模具体地描述了歌声如何唤醒民众，如何对歌唱者发生作用："用教他们集体唱歌的方法，

---

〔15〕 爱泼斯坦：《人民之战》，第 24 页。
〔16〕 刘良模：《如何做救亡的宣传》，《长城》1936 年第 4 卷第 1 期，第 3 页。

使他们开始感到蕴藏在自己里面的力量。他们从来没有听到这样伟大而有力的吼声，可是这吼声是从他们自己口里面所发出来的。"[17]

什么样的歌声才能唤醒民众呢？刘良模心目中的典范是法国的《马赛曲》、俄国的《船夫曲》、德国的《祖国歌》。"假使我们中国要挣脱帝国主义者捆锁我们的铁链条，假使我们中国要自己振作，我们的民众必须要能高声地唱着慷慨激昂的，精神饱满的，振发民气的，有力量的歌儿。"[18]1935年，刘良模认为雄壮有力的歌曲是《大路歌》《开路先锋》和《毕业歌》，"但是会唱的人还很少"[19]。到1936年，刘良模心目中的典范变成了《大路歌》和《义勇军进行曲》，并指出这两首歌已经传遍全国：

> 能作歌的人，救亡运动中能够发出非常伟大的力量，因为一支歌不仅需要雄壮的音调，并且还需要有力量的歌词指出整个民族的危机和出路。像《大路歌》《义勇军进行曲》能够这样传遍全国，在全国大多数的民众口中唱出来，就是因为歌和曲都是紧紧抓住现实，并且适合民众的情绪的。[20]

这一转变也说明，产生于1935年上半年的《义勇军进行曲》在一年之后，就已经展现出强大的生命力。

刘良模本人对于《义勇军进行曲》的传播不遗余力，被后人誉为这首歌"最有力的传唱者"。1936年1月28日上海淞

---

〔17〕 刘良模：《快把羔羊变成铁的队伍》，《抗战三日刊》1938年第85期，第6页。
〔18〕 刘良模：《我们要大声的唱歌》，《长城》1935年第2卷第10期，第195页。
〔19〕 同上。
〔20〕 刘良模：《如何做救亡的宣传》，第3页。

沪抗战 4 周年纪念日，上海各界救国联合会这一天成立，刘良模在会上带领他组织的民众歌咏会成员歌唱《义勇军进行曲》。1936 年 6 月 7 日，刘良模又在上海公共体育场召开歌唱大会，站在高凳上指挥数千群众高唱《义勇军进行曲》《大路歌》《开路先锋》等歌曲。[21]【图 5.8】

歌声确实能够达到召集大众团结一心的作用。在 1936 年 11 月 23 日，共产党和各界救国联合会在上海发起一次反对日货的缉私爱国大游行，游行开始前有消息传来，救国会的 7 位领导人被国民党逮捕（即著名的"七君子事件"），租界巡捕也开始驱赶人群，队伍被冲散，游行即将无果而终。这时上级党组织发来指示，"游行示威一定要坚持举行"。危急关头，《义勇军进行曲》发挥了神奇功效：

要重新集合游行队伍，可又不能吹集合号，怎么办？

图 5.8　刘良模在上海西门公共体育场指挥数千群众高唱《义勇军进行曲》，1936 年

〔21〕　章华明：《刘良模先生与国歌》，《中国宗教》2011 年第 2 期，第 43—44 页。

孟波与麦新等人当即在天后宫桥底下组建了一个临时歌咏团，指挥打个手势，激越的歌声瞬时响彻云霄：

　　"起来，不愿做奴隶的人们

　　把我们的血肉筑成我们新的长城

　　……"

　　店铺里，弄堂里，苏州河的泊船上……听到歌声，游行的人们从四面八方冲向街头，重新汇聚到一起：

　　"中华民族到了最危险的时候

　　每个人被迫着发出最后的吼声

　　起来！起来！！起来！！！"

　　……

　　数千人的合唱，唱出革命豪情，唱出报国之志。上海人民万众一心，发出了要求抗战的怒吼！[22]

　　1937年"七七"事变后，《义勇军进行曲》迅速在国内流行，由于其激昂的曲调和振奋人心的内容，被认为可以媲美法国大革命时的"马赛曲"。[23]这首歌曲也从民间歌咏演出必备曲目上升为官方力推的抗战歌曲。据爱泼斯坦回忆，1937年9月18日正值日本侵占东三省六周年，首都南京首次举行全市规模的群众大游行，"首都强有力的电台第一次播放了《义勇军进行曲》及其铿锵有力的、具有动员力量的歌词"[24]。几周后的双十节上，人们再次聚集在街头高唱当时的国歌与《义勇军进行曲》。[25]

---

〔22〕　陈瑜：《救亡歌曲革命号角——专访著名作曲家孟波》，《解放日报》2001年6月27日，第2版；孟波、乔书田：《麦新传》，上海：上海文艺出版社，1982年，第56页。
〔23〕　洪长泰：《新文化史与中国政治》，台北：一方出版有限公司，2003年，第185页。
〔24〕　爱泼斯坦：《见证中国》，第83页。
〔25〕　《以铁与血纪念今年的国庆》，《战时画报》1937年第10期。

在 1938 年的武汉,《义勇军进行曲》也是最流行的两首歌曲之一。[26]

最终,《义勇军进行曲》由于其激昂的曲调和振奋人心的内容真正达到传遍全国的程度,给时人留下深刻印象。1938 年,丰子恺在《谈抗战歌曲》里说:

> 抗战以来,艺术中最勇猛前进的,要算音乐。文学原也发达,但是没有声音,只是静静地躺在书铺里,待人去访问。演剧原也发达,但是限于时地,只有一时间一地点的人可以享受。至于造型美术(绘画雕塑之类),也受着与上述两者相同的限制,未能普遍发展。只有音乐,普遍于全体民众,像血液周流于全身一样。我从浙江通过江西,湖南,来到汉口,在沿途各地逗留,抗战歌曲不绝于耳。连荒山中的三家村里,(我在江西坐船走水路,常夜泊荒村,上岸游览,亲耳所闻。)也有"起来,起来""前进,前进"的声音出之于村夫牧童之口。都会里自不必说。长沙的湖南婆婆,汉口的湖北车夫,都能唱"中华民族到了最危险的时候"。宋代词人柳永所作词,普遍流传于民间,当时有"有井水处,即有柳词"之谚。现在也可以说:"有人烟处,即有抗战歌曲。"[27]

爱泼斯坦能够见证刘良模对于《义勇军进行曲》的推广绝非偶然,而陈烟桥将歌唱《义勇军进行曲》的场景用图像表达出来,也有充分的现实依据。不仅公共场所的歌咏会时有举

---

[26] "1938 年在武汉,除了这首爱国歌曲外,还增添了一种国际气氛,到处可以听到一首新的中国歌曲《保卫马德里!》。这首歌曲的诞生基于这样一种感情:中国和西班牙是在同一条战线上的。"爱泼斯坦:《见证中国》,第 97 页。
[27] 丰子恺:《谈抗战歌曲》,《战地》1938 年第 1 卷第 4 期,第 98 页。

办，这类场景也常常见诸报端。1937年国庆，《战时画报》刊登了一幅照片，记录"双十节正午，上海南京路行人，伫立街头，高唱国歌及义勇军进行曲"[28]。【图5.9】1938年，"武汉举行之第二期抗战扩大宣传周开幕时，全体合唱'义勇军进行曲'"的画面刊登在同年《中华》杂志第67期上，其中两位歌唱者取半身像，正站在巨幅《义勇军进行曲》乐谱下张嘴歌唱。【图5.10】类似的半身人像集体歌唱场景还见于其他类似报道。1941年重庆举行千人合唱大会，《良友画报》刊登的新闻照片里有一张刻画"参加合唱之女童子军"，5排女童多取半身或仅出现头像，也都在大声歌唱。【图5.11】此类照片刻意捕捉歌唱者正在引吭高歌的画面，其意图不仅在于事件本身的报道，也出于对歌声的暗示。这几幅照片在画面构成上与陈烟桥《抵抗

图 5.9　上海南京路行人高唱爱国歌曲，1937年

---

〔28〕《以铁与血纪念今年的国庆》，《战时画报》1937年第10期。

图 5.10　合唱《义勇军进行曲》，
1938 年

图 5.11　重庆千人合唱大会中的女童子军，1941 年

之歌》多有相似之处，说明集体歌唱场景在视觉上最能打动时
人的地方，正在于同声高歌的景象。于听觉之外，当时人对于
爱国歌咏合唱还有他们自己的视觉感知方式。

在 20 世纪 30 年代，富于社会责任感的音乐家常常组织合唱大会，通过把民众聚集起来共同歌唱爱国歌曲的方式来激发人们的爱国热情。这些歌唱活动通常在公共场合举办。在抗日战争正式爆发后，国民政府也开始举办类似活动，将歌唱 / 爱国 / 抗日紧密联系在一起。各类报刊对于此类活动也不吝篇幅给予报道。歌唱爱国歌曲就成为从召集到演唱，再借助传媒进一步强化的多层次的宣传活动。对于《义勇军进行曲》的视觉化，也需要放在这个大背景下来审视。

1936 年到 1938 年，画家陈烟桥就生活在上海。那时他已经加入全国木刻界抗敌协会、全国文艺界抗敌协会，为《救亡日报》《救亡漫画》等绘制抗日漫画和宣传画。[29]他本人应该见证甚至参与到《义勇军进行曲》的群众歌唱行列里。《救亡之歌》《抵抗之歌》与《这是我们的土地！》应该就是在这些歌唱场景——现实的，也是图像的——激励下完成的。在这一特定的历史情境中，《义勇军进行曲》才从一首歌曲转化为绘画主题。

作为爱国歌咏必备曲目的《义勇军进行曲》有两点值得注意。第一，《义勇军进行曲》虽然可以由个人独唱，但最合适的歌唱形式是合唱。而这类公共场合中的合唱就带有明确的政治性，因为在那个特定年代里，"'合唱'像是一种'音乐式比喻'，代表团结和国家"。第二，《义勇军进行曲》主要是为男声写就的，其慷慨激昂的合唱效果近于军歌。[30]聂耳本人推崇的音乐风格是"刚健新颖，雄烈悲壮"[31]。在城市歌咏合唱中，歌唱者自

---

〔29〕 诸葛耀麟：《国统区时期的陈烟桥先生》，第 59 页。

〔30〕 ［美］安德鲁·琼斯著，宋伟航译：《留声中国：摩登音乐文化的形成》，台北：台湾商务印书馆股份有限公司，2004 年，第 219 页。

〔31〕《聂耳全集》编辑委员会编：《聂耳全集》下卷，北京：文化艺术出版社、人民音乐出版社，1985 年，第 83—84 页。

然是有男有女；但有一种情境却完全实现了歌唱者的男性化，那就是军队和战场。抗战期间，《义勇军进行曲》在国共两党军队中都很流行，战场上常以歌唱救亡歌曲来鼓舞士气。[32]

这种男性化和军事化的歌咏合唱在陈烟桥的《国防前线的歌声》里已有所表现，更有力度的描绘则出自陈海萍之手。1940年第33期《建国画报》刊登了陈海萍《起来全中国的人们》，一个乐队指挥背对观看者站在高处挥舞着指挥棒，在他面前是一群头戴钢盔，正放声高唱的战士。作品名"起来全中国的人们"在这里有双重含义。它暗示了战士们歌唱的内容，这首正被唱出的歌曲很可能就是《义勇军进行曲》。同时，这些歌唱的战士本身就象征着那些已经"起来"的"全中国的人们"。他们已经"起来"，站在为民族、为国家战斗的最前线。画面极有震撼力。战士们在阴影中模糊不清，他们的面孔连成一片，形成一个整体，容貌没有差别也不需要差别。他们大张的嘴近乎扭曲，正向画面外发出激扬雄壮的歌声／吼声，声音回旋在空中，卷起风云，化作狂飙般的黑色线条随指挥棒起舞。【图5.12】

这种面朝画面外整齐划一的口型，大约已经成为表现合唱的视觉惯例。野夫的《救亡歌声》曾用作1939年出版的《抗战歌声》第三集封面，创作时间比陈海萍《起来全中国的人们》略早。[33]一个战士指挥者在台上舞动指挥棒，从侧面依然可以

---

[32] 万梅红：《战争与歌声——抗日救亡歌曲的历史研究（1931—1945年）》，山东大学硕士学位论文，2008年，第51—54页。

[33] 关于野夫《救亡歌声》的时间，《铁马野风：野夫的木刻艺术》（广东美术馆编：《铁马野风：野夫的木刻艺术》，广州：岭南美术出版社，2010年，第143页）标注为1944年，我在最早发表《召唤声音》一文时采用了1944年的说法（见吴雪杉：《召唤声音：图像中的〈义勇军进行曲〉》，《美术学报》2014年第6期，第32页），后来发现1939年10月出版的《抗战歌声》（朱绛编：《抗战歌声》第三集，丽水：会文图书社，1939年）就已经使用了《救亡歌声》一画作为封面插图，才知道这幅木刻的创作时间不晚于1939年。此处重刊旧文，予以更正。

看到他大张的嘴。台下是同样做怒吼状的士兵。他们的嘴型都做了夸张处理，很有些表现主义的意趣，这给画面带来更强大的力量感。军人们整齐的排列和相同的动作，使他们更加紧密地形成一个整体。【图 5.13】

图 5.12　陈海萍《起来全中国的人们》，1940 年

图 5.13　野夫《救亡歌声》，1939 年

陈海萍和野夫作品中的歌唱者都是战士，这两件作品也都带有表现主义色彩，造型夸张，黑白关系强烈，画面不过十余人，却能造成一种排山倒海的气势。艺术家在创作这类合唱图像时，有意识地强化了歌曲的男性特征。虽然街头合唱中的歌唱者有男有女，表现人民歌唱场景的图像也会充分考虑到男女在性别上的搭配，但在表现战士合唱的画面中，歌唱者的男性身份、他们与战争的直接联系（作为战士，他们是奋战在战争第一线的主体）以及他们所具有的强大力量都得到了极大的突出。进行曲本身就具有的男性色彩，在这类图像中得到更明确的表达。声音变得更纯粹，更加性别化了。

这种男性的声音和力量需要约束。在战士合唱的图像里，总会出现一个指挥者，画家和观看者的视角位于指挥者身后，这个位置可以最充分地感受到歌唱的整齐划一。声音的集体性被归因于指挥者，声音的组织性由此得到更清晰的表达。对于观看者而言，他们和战士们的歌声之间间隔了一个指挥者，图像中战士们所迸发的力量无论如何狂暴和雄强，都处于指挥者的控制与约束下，指向艺术家与观看者心目中共同的敌人。这一指向敌人的狂暴力量使歌声获得了视觉上的崇高感。正是在20世纪30年代和40年代民族生死存亡的危急关头，才能激发出这种合唱图像，并通过图像赋予声音一种视觉化的崇高。

3. 谁的声音？

合唱图像关注的重点是作为集体的歌唱者，他们是人民，是战士。在与《义勇军进行曲》相关的图像中，还有一类图像关注由谁来用声音唤起这个集体。这类图像的共同点是以《义勇军进行曲》的第一句歌词"起来！不愿做奴隶的人们！"作为标题。

《义勇军进行曲》本身带有很强的感召力，创作它的目的就是要用它来唤起民众，召唤那些"不愿做奴隶的人们"。这种召唤性在第一句"起来！不愿做奴隶的人们"就发挥得淋漓尽致。这句歌词带有强烈的祈使性，歌唱者对倾听者发出明确的要求甚至指令。在抗日战争这一特定语境下，《义勇军进行曲》的歌唱者很容易认同自己"不愿做奴隶的人们"这一集体身份。正是这一特点，使这句歌词在抗战时期的宣传图像中备受青睐。

　　"起来！不愿做奴隶的人们"是由一个发声者向集体发出召唤。这句话转化为图像时，就同时需要发声者和倾听者。倾听者的身份是明确的，因为这句歌词本身就构建出一个倾听的主体："不愿做奴隶的人们"。但由谁来发出声音？歌曲本身没有回答这个问题。对图像中的"起来！不愿做奴隶的人们"而言，发声主体就成为一个不能回避的问题。或者说，展示发声的主体，恰恰是视觉图像不同于歌曲本身的地方。

　　1935 年，《义勇军进行曲》最初出现在电影《风云儿女》中时，高唱这首歌曲的是袁牧之扮演的诗人辛白华、王人美扮演的歌女小凤，以及将要和两位主人公一同踏上抗日征途的民众。影片中的辛白华和小凤都是标准的文艺青年（诗人、歌手），一如他们两位在现实中的身份（作家、演员、歌手）。作为《义勇军进行曲》的演唱者，他们代表了最早的发声主体，他们是正转化为义勇军的城市文艺青年，以及跟随他们的乡民。【图 5.14】

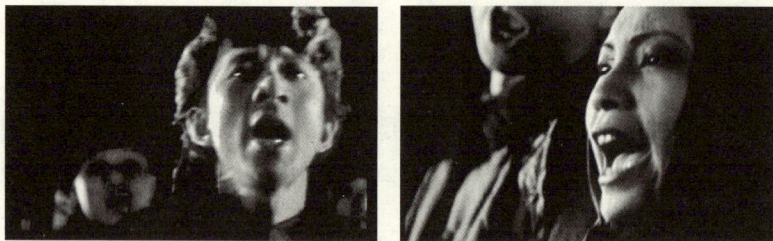

图 5.14 《风云儿女》中高唱《义勇军进行曲》的辛白华、小凤

在1937年中鱼所作的《起来！不愿做奴隶的人们！》里[34]，一位青年向远方的民众举起拳头大声疾呼，而民众也挥手回应。画中那位青年发出的声音由标题来提示："起来！不愿做奴隶的人们！"这里需要注意两个层面。一是声音的性质。"起来！不愿做奴隶的人们！"像是一声呼喊，又或一句口号，像是日常生活中正在进行的对话。但同时，这句呼喊、口号又出自《义勇军进行曲》，是一句带有旋律的歌词。观看者自然会从这句话联想到歌曲，以及歌曲中与之对应的旋律。这就使这句标题/口号/歌词具有双重性，它同时是口号和歌声。画家在借用这句歌词营造一个发声场景时，刻意利用了这种双重性，创造出这一隐含了双重声音的图像。二是谁来发出声音？"起来！不愿做奴隶的人们"仿佛正是画中那位青年发出的召唤，而远方人群的应答则是对这个召唤的承认，这个群体——也许包括正观看《更生》杂志的读者——认同自己是"不愿做奴隶的人们"。中鱼漫画（1937）里挽起袖子的发声者是一个穿着衬衫的城市青年。这个发声者和《风云儿女》中的歌唱者具有相似的身份，知识分子和文艺青年在早期阶段向民众发出声音，发出召唤，带有一点启蒙者的色彩。【图5.15】

中鱼画中挥舞的拳头在力群的木刻版画《起来，不愿做奴隶的人们！》里得到回应。【图5.16】这张画可能是此类图像中传播最广的一件，刊登在1938年1月《七月》杂志第7期封面上。一个战士挥舞手臂，正在大声呐喊，目录页中给出作品的名字。这个战士似乎就在召唤那些不愿做奴隶的人们。力群版画的原型来自1937年10月《战时画报》上刊登的一幅照片，那幅照片的说明文字表明，这是1937年"双十节"上一个军人正"挥起铁的拳头，打倒日本帝国主义！"【图5.17】这幅摄

---

[34] 中鱼：《起来！不愿做奴隶的人们！》，《更生》1937年第8期，第11页。

图 5.15　中鱼
《起来！不愿做奴隶的人们！》，1937 年

图 5.16　力群《起来，不愿做奴隶的人们！》，1938 年

图 5.17　《挥起铁的拳头，打倒日本帝国主义！》，1937 年

影作品显然打动了画家力群，他只略做改动，就把这张照片变成了自己的作品。力群把背景省去，代之以放射状的线条，它们仿佛就是战士正在发出的声音。从照片到版画的转变也可以看到这类图像的现实根源，振臂疾呼是发出祈使句的标准姿态，至于号召的是"打倒帝国主义"还是唤醒"起来，不愿做奴隶的人们！"，有时候并不是那么重要。

拳头和"起来！不愿做奴隶的人们"这句歌词在抗战期间有着特别紧密的联系。克伐的诗作《起来，不愿做奴隶的人们！》表明了它们之间的关系。这首诗分 7 节，诗人在第 5 节里写道：

> 不愿做奴隶的人们，起来！
> 瓦斯飞机，不能扑灭爱真义的火苗；
> 电炮电网，不能阻挡求解放的洪潮。
> 举起我们粗硬的拳头，
> 坚决地与敌人作一最后的搏斗。
> 用我们坚强无比的铁腕，
> 扼住那敌人的咽喉。[35]

尹湘帆在《不愿做奴隶的人们起来》一诗中同样也挥舞着"铁拳"：

> 不愿做奴隶的人们起来，
> 铲除了出卖中华民族的汉奸。
> 挥起了我们万众的铁拳，

---

[35]　克伐：《起来，不愿做奴隶的人们！》，《共信》1937 年第 1 卷第 9 期，第 175—176 页。

保持住我们中华民族的主权，
再向着复兴的路上进展。

不愿做奴隶的人们起来，
同心协力，共同奋勉，
挥起了我们万众的铁拳，
把敌人打出我们的边疆，
为我们中华民族效命疆场！

不愿做奴隶的人们起来，
来摧毁了敌人所给予我们这"半次民地"的锁链，
挥起了我们万众的铁拳，
不管敌人的大炮和炸弹，
我们要挽救中华民族的危亡！〔36〕

  诗人在"举起我们粗硬的拳头"和"挥起了我们万众的铁拳"里，都强调了"我们"。"我们"既包含了发出召唤的诗人，也包含了阅读诗作的读者，它邀请读者或观看者加入到一个共同体之中，同时对共同体的成员发出指令："起来！"而"起来"的结果在宋秉恒的版画《不愿做奴隶的人们》体现得更加清楚，画中激烈的表情和巨大的铁拳想必能给人留下深刻印象，在他身后已经集结起一条长长的队伍，那是正往抗战前线行进的战士。【图 5.18】

  挥舞拳头是力量的显示，但显示力量并不总要用到拳头。战士手中的步枪和战刀也许更有力量。胡考《起来！不愿做亡国奴的人们》就是刻画一位冲破铁丝网的中国战士，他如同铁

---

〔36〕 尹湘帆：《不愿做奴隶的人们起来》，《战时论坛》1938 年第 1 卷第 1 期，第 20 页。

图 5.18　宋秉恒《不愿做奴隶的人们》，1939 年

塔般伫立在画面最前方，一手高举长枪，一手伸展开来，向画面外发出呼喊。[37]【图 5.19】高龙生《起来！不愿做奴隶的人们》采用了相同的手法，一个士兵手握军刀，挎着手榴弹，正发出撕心裂肺的吼声。【图 5.20】这两位作者将"不愿做奴隶的人们"具体化为奋战在战场上的战士，他们已经"起来"，正召唤更多人加入这个行列。在这两件作品里，倾听者都从画面中省去，声音直指画面的观看者。作品直接向画面之外发声。

　　最能体现主体转换的图像出现在《东方画刊》1939 年第二卷第二期。这期《东方画刊》刊登了一组抗战宣传画，其中一张照片拍摄了一个竖立在城市中的、介乎宣传牌和雕像之间的巨幅蒋介石像。这幅领袖像大张着嘴，高举手臂，握紧拳头，仿佛正在大声疾呼。在他高举的手臂上写着"起来！不愿做奴隶的人们！"。这是标准的"起来！"图式，带有强烈的祈使性。国家领袖正在发出号召："起来！不愿做奴隶的人们！"这

---

〔37〕　胡考：《起来！不愿做亡国奴的人们》，《战斗画报》1937 年第 7 期。

图 5.19　胡考
《起来！不愿做亡国奴的人们》，1937 年

图 5.20　高龙生
《起来！不愿做奴隶的人们》，时间不详

件摄影作品还有一个标题，名字是《以我们的血肉筑成我们新的长城！》。这个名字非常精彩，不但重复了《义勇军进行曲》中的另一句歌词，还显示出照片拍摄者或刊物编辑的立场，在他们看来，领袖也应当以身作则，用血肉来"筑成我们新的长城"。【图 5.21】

　　这幅照片形象地表明，当时的国家领袖也被纳入到《义勇

图 5.21 《以我们的血肉筑成
我们新的长城》，1939 年

军进行曲》的图像程式中，从他的口中发出《义勇军进行曲》
的声音。《东方画刊》由商务印书馆出版，全国发行，是当时的
主流刊物，这一摄影图像的刊登意味深长。它不仅记录了抗战
宣传中《义勇军进行曲》歌词被认定为领袖的声音，而且表明
官方刊物对这一认定的认可。在某种层面上，这一图像标志着
《义勇军进行曲》从一部电影插曲转化为国家意志的具现。这种
转化最终以图像的方式传达出来：在 1935 年电影中，唱出这首
歌曲的是文艺青年袁牧之；1938 年，声音的发出者变成战士；
而现在，它成为国家领袖发出的呐喊。

小　结

"起来！不愿做奴隶的人们" 就像漫画里用圆圈框住的文
字对白，构成画中人物的台词。这句台词会让观看者想到《义
勇军进行曲》，人们也无从区分这究竟是一个陈述，还是一曲歌

声。这段文字由此承担了三重功效：1. 作为作品的文字标题；2. 画中人物发出的声音；3. 呼唤一首歌曲的出场。

这三种功效丰富并明确了画面内容。单纯的图像再现本身具有模糊性，放置在图像内或图像外的文字则为观看者提供了一个认知语境，暗示出"正确的"解读方向。以李桦1935年的木刻作品《怒吼吧！中国》为例，这件作品或许是20世纪中国绘画里表现声音的图像中最著名的一件。《怒吼吧！中国》只画一个被缚男子，在奋力挣扎中张开大嘴。如果不看作品标题，观看者只能看到他被牢牢困住，在抗争中大声呼喊，对于呼喊的内容却无法确认：可能是痛苦的嘶喊，或悲愤的哀鸣，抑或大声呼救也未可知。这种模糊性被作品标题消除掉了。标题用文字做出说明：这是"怒吼吧！中国"。于是画中人顿时就变了模样，他成为"中国"的化身，发出的是"怒吼"。一个中国人将会从这"怒吼"中听到什么呢？"从受难者那大张的嘴里，我们必须想像并且倾听他暴烈的吼声，直接体认、接受他绝望的呼吁。而为了将我们的同情和义愤传达给他，除了回应他的怒吼，让他也听到、感受到我们的呼喊之外，我们别无选择。"[38] 是的，作为中国人，我们别无选择，必须听到他"暴烈的吼声"，体认并给予回应。这是用图像来表现声音的成功作品，但必须注意，它借助了文字的力量。倘若没有文字，这暴烈的吼声就会变了味道。【图 5.22】

实际上，相似的图像换一个名字，声音就完全不同了。罗清桢有一幅版画，一个青年被捆绑在椅子上，同样也在张口大叫。但他发出的却不是怒吼，根据作品名称提示，他的声音是"哀号"。两件作品都描绘一个被束缚住的男子，画面结构相近，但他们发出的声音却有根本上的不同，相应地唤起观看者的感

---

[38] 唐小兵：《〈怒吼吧！中国〉的回响》，第44页。

图 5.22　李桦《怒吼吧！中国》，1935 年

受也就完全两样。李桦和罗清桢会用视觉方式强调自己所要传达的声音特质。《怒吼吧！中国》里的肌肉偾张仿佛在暗示一种磅礴的力量即将在束缚中爆发；《哀号》的束缚者虽然不乏体魄上的健壮，靠在椅背上的姿势却显得被动无助。把两幅图像并置在一起仔细比较时，这些差异会让观看者体会出两者发出的声音在强度上有所不同。但这些图像细节上的差异还不足以让观看者最终确定声音的确切属性。怒吼还是哀号，或者别的什么声音，最终需要标题文字来明确。这就是标题对于作品内容、文字对声音意义的控制。【图 5.23】

　　图像要清楚地唤起声音，需要借助文字的力量。文字可以写在画面里，也可以出现在画面外，例如标题。这种文字带有指示性，表达出画家所期望的图像解读路径。当"起来！不愿做奴隶的人们"成为作品标题时，不仅规定了图像的含义，还隐藏了这样一种维度：标题 / 歌词如同电影字幕，而歌声就蕴含在字幕里。要传递清晰明确的声音，作品对于声音的提示就

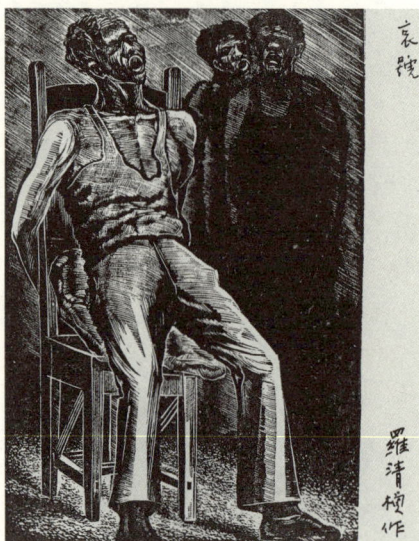

图 5.23　罗清桢《哀号》，年代不详

必须是多重的：图像中人物张开的口型表明声音的发出，而标题 / 歌词则明确了声音的内容和曲调——在观看者眼中，它们叠加到一起，共同构成一幅"发出"声音的图像。虽然无法从经验层面上确知当时的观看者从图像中究竟看到 / 听到了什么声音，但依然可以推想，在抗日战争的历史语境里，在救亡歌声传遍大江南北的年代，那时的人们可能从中"听到"更多现代人无法体会的东西。

　　声音在现代中国的启蒙和救亡中都起到重要作用。从鲁迅的《呐喊》到 20 世纪 20 年代开始流行的《怒吼吧！中国》，都是用文字来唤起一种声音的幻象。《义勇军进行曲》在抗战期间的广为流行则提供了一个特殊的语境，使声音的再现以更为具体化也更具有针对性的方式得到呈现。这首歌曲具有一种召唤"共同体"的效果。不同的人在不同地方唱着同一首歌，他们可能素不相识，却因为同一首歌走到一起。基于同样的目的，艺术家选择了这首歌曲。《义勇军进行曲》也几乎成为中国艺术史上唯一一首以视觉形式反复得到再现、演绎和生发的歌曲，它的视觉化本身就成为一个非常独特的文化现象。

图像中的声音需要创造出一个能够产生声音的视觉情境，与听觉声音的区别在于，这一视觉情境让歌曲或歌曲中的某个片段更具有指向性。具体到图像中的《义勇军进行曲》，就是指向一场特定的战争。更重要的是，图像突出了"不愿做奴隶的人们"，以及谁来召唤"不愿做奴隶的人们"。图像通过集体式的发声来呈现现实中歌声所要凝聚的"共同体"——一座"新的长城"。在图像化的《义勇军进行曲》中，图像不仅试图召唤声音，还建构出发出声音的主体。

第六章　新长城图像的扩散

1937 年中日战争全面爆发后，国家宣传机器发动起来，全力动员抗战。抗战宣传图像大规模涌现。长城以及作为国家或民族象征的"新的长城"，同样也以图像方式得到重新建构。巨人般的战士和长城并置的图像模式在 1933 年之后逐渐完善，又借助官方媒体和宣传渠道不断获得复制和传播。在这个体制化的过程中，长城与巨人的图像模式又衍生出新的主题和内涵。

1. 长城上的巨人：《祖国的防卫》

1936 年 11 月，黄新波（1916—1980）创作了木刻版画《祖国的防卫》。[1] 长城在群山中延伸，两个战士像巨人一样仁立在长城后，手中刺刀指向右方，仿佛正有看不见的敌人出现在画面之外。黄新波作品标题里没有直接提到"长城"，而是使用了更具有感召力的词语："祖国"。长城在视觉上成为"祖国"

---

〔1〕　新波：《路碑》，上海：潮锋出版社，1937 年，第 20 页。关于这件作品的名称需要做一点说明。黄新波本人将这件作品称作《祖国的防卫》，各种漫画刊物在转载时，多称其为《祖国的保卫》。可能黄新波本人开始为作品起名为"防卫"，后来觉得"防卫"过于保守，自己后来又改作"保卫"。无论如何，这件作品在 1937 年以后的出版物里就再也不以《祖国的防卫》出现。

的象征，与长城一同出现在画面中的战士们正在做和将要做的，就是保卫我们的祖国。《祖国的防卫》中的持枪战士形象与此前的梁中铭作品在图式上非常相近，不过就刻画的精微而言，黄新波要远远过之。【图 6.1】

《祖国的防卫》标题里有一个问题引而未发，那就是谁在防卫祖国？这两个战士的形象固然可以宽泛地理解为一切抗日战士，不过在黄新波构思创稿的 1936 年，人们对他们的理解可能还会更加具体。从士兵头顶的棉帽来看，这是两个战斗在中国北方的士兵。而在北方地区，与他们装扮最为接近的是战斗在东北的义勇军，也被称为东北抗日联军。

图 6.1　黄新波
《祖国的防卫》，1936 年

在日本占领中国东北之后，各路义勇军就活跃在这片土地上。中国内地报刊对东北义勇军一直给予积极正面的报道，常刊登他们与日军奋战的照片。东北义勇军的构成较为复杂，既有未及撤出的原东北军部队，也有各地民兵、甚至早先的土匪加入。他们一般没有固定的服饰，棉帽可能是他们在装扮上为数不多的共同特征。[2]

《祖国的防卫》在中日战争全面爆发前就已享有盛名，在报纸杂志上广为传播。先是收入 1937 年 3 月出版的黄新波个人画集《路碑》。同样在 3 月，又作为"版画新作"刊登在《中华图画杂志》第 52 期。[3]《中华图画杂志》一名《中华画报》，由上海新中华图书公司发行，号称是当时"中国最流行的画报"。[4]而最能表明《祖国的防卫》流行程度的，是它在《中央日报》上的刊载。黄新波《祖国的防卫》是极少数在抗战全面爆发前就刊登于国民党机关报《中央日报》上的抗战图像。[5]【图 6.2】

---

[2] 需要辨析的是，虽然此类棉帽并非国民党或共产党麾下军队的标准配置，但在 1936 年的绥远和山西等北方地区，国民党地方部队也会着棉帽。大约与黄新波绘制《祖国的防卫》同时，1936 年 11 月至 12 月，日本关东军指挥伪蒙军侵袭绥远，在百灵庙、红格尔图一带爆发激战，国民政府中央军及晋绥军协同作战，成功击退日伪军。参见段宝和、于学文：《绥远抗战——纪念抗日战争胜利四十周年》，《理论研究》1985 年第 18 期，第 1—28 页；余子道：《绥远抗战述论》，《抗日战争研究》1993 年第 4 期，第 129—146 页。从着装上判断，黄新波画中人物也可以是正参加绥远战役的晋绥军。如果放到黄新波个人的创作经历来考察，黄新波在 1934 年就开始创作义勇军题材，1936 年 2 月的《铁的奔流》等作品也有义勇军战士形象；又如后文所述，当时人在转载黄新波《祖国的防卫》时，多运用于讨论东北义勇军的情境，所以本文排除了晋绥军的可能，虽然晋绥军同样在进行着"祖国的防卫"。

[3] 新波：《祖国的保卫》，《中华图画杂志》1937 年第 52 期，第 34 页。此处作品名为《祖国的保卫》。

[4] 这句话就印在《中华图画杂志》的封面上："The Most Popular Rotogravure Pictorial in China"。

[5] 《中央日报》1928 年 2 月 1 日创刊，1929 年以后直接对国民党中央宣传部负责，见罗自苏：《〈中央日报〉的历史沿革与现状》，《新闻研究资料》1985 年第 1 期，第 150 页。

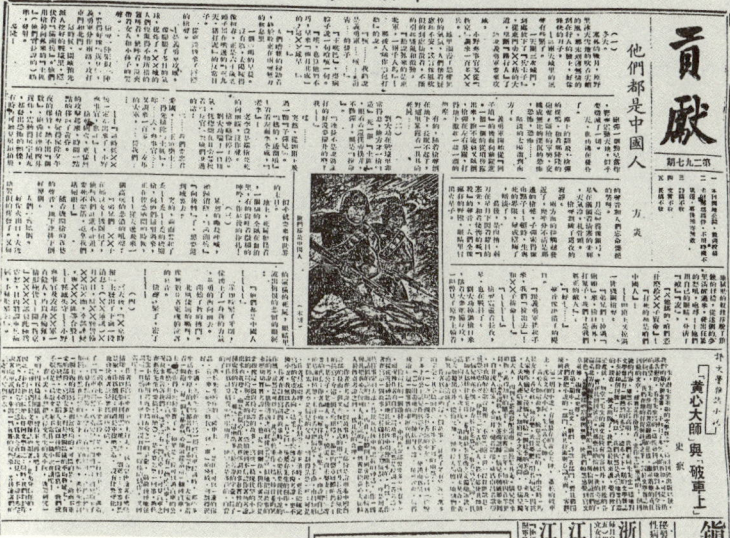

图 6.2 《他们都是中国人》,《中央日报》1937 年 6 月 11 日

1937 年 6 月 11 日《中央日报》刊登黄新波的这幅木刻作品时没有标注作者，还给作品换了一个名字：《他们都是中国人》。《中央日报》刊用这幅木刻版画的目的，是为一篇短篇小说配置插图，小说的名字就叫《他们都是中国人》。小说在起首处交代了故事情节发生的地点："塞外的腊月，原野里冰天雪地的吹着尖峭的风。"在 1937 年，"塞外"属伪满洲国，这是一座为日军所控制的城市。随后小说讲到"这两天城里的风声有些紧了"，因为义勇军要来攻城。情节的展开，是日本兵让"满洲兵"也就是后来通称的伪军顶在前面和义勇军战斗，小说主人公是"满洲兵"的一员，看着战场上"满洲兵"和义勇军纵横交错的尸体，流下悔恨而悲怆的眼泪，因为"他们都是中国人"。最后主人公掉转枪口，朝向日本人"开

始了新的搏斗"[6]。小说的名字——《他们都是中国人》——也是小说叙事中最核心的感叹句，这句感叹最终又成为黄新波《祖国的防卫》一画在此处的标题。

当黄新波《祖国的防卫》置入小说语境，并被替换标题之后，画中伫立在长城上的巨人就变成了为祖国战死的英灵。此时中日全面战争尚未爆发，小说里的"日本"全部用"××"代替。自然，无论当时还是现在，读者们永远对"××"心知肚明。正是与"××"拼死战斗成就了小说中的人物形象——"他们都是中国人"。

如果《祖国的防卫》在《中央日报》上的转载还只是从侧面表明画中人物在当时读者心目中的义勇军身份，那么1938年出版的《东北抗日联军》一书的封面设计就称得上直截了当了。这部以义勇军为主题的著作用《祖国的防卫》一画作为书籍的封面插图，画中人物形象自然就成为"东北抗日联军"的图解。该书主要讲述抗战爆发后东北联军的构成、现状以及艰苦卓绝的战斗经历，完稿于1937年11月，1938年1月经自力出版社出版，由香港的世界书局和位于上海法租界的新生图书杂志公司销售。[7]通常来说，好的书籍封面设计会与书籍内容有比较积极的关联。《东北抗日联军》一书选取黄新波《祖国的防卫》无疑也经过一番有意识的筛选，设计者应该对当时所能获取的"东北抗日联军"图像做了一番搜寻和比较，最后才挑出心目中最合适的一幅用于封面设计。选取黄新波《祖国的防卫》，可能就因为黄新波画作中描绘的人物正是设计者心目中的东北抗日联军战士，在视觉形象上与该书主题契合无间。黄新波这幅画作或许是当时描绘义勇军的作品中最予人印象深刻的一件。

---

〔6〕　方炎：《他们都是中国人》，《中央日报》1937年6月11日，第3张第1版。
〔7〕　铁雄：《东北抗日联军》，上海：自力出版社，1938年，"绪言"第1—6页。

东北义勇军奋战在长城以北，几乎孤立无援地保卫着祖国，用《祖国的防卫》（或者用《中央日报》给出的名字：《他们都是中国人》）来呈现这些战斗在长城另一侧的同胞，自然是贴切的。【图6.3】

　　黄新波对于义勇军题材情有独钟。他在1934年创作了《义勇军》【图6.4】和《进行曲》，1935年又有《打击侵略者》问世，1936年达到一个高潮，完成《为民族生存而战》《雪中行军》《偷袭》《夜渡》《负伤》《前线》《抗日归来之义勇军的遭遇》【图6.5】等多件作品。黄新波本人与东北义勇军没有什么直接接触，他出生于广东省台山县，1934年考入上海美

图6.3 《东北抗日联军》封面，1938年

图 6.4 黄新波《义勇军》，1934 年

图 6.5 《抗日归来之义勇军的遭遇》，1936 年

术专科学校，1935年5月至1936年6月在日本东京学习和参与各种美术活动，此后黄新波基本活动于上海，直到抗战爆发。也就是说，黄新波对于"义勇军"群体的了解主要是来自当时的报纸、杂志和书籍，而非亲身经历。从风格上看，黄新波笔下的"义勇军"明显有一个从表现主义到现实主义的发展轨迹，这在1934年《义勇军》和1936年《抗日归来之义勇军的遭遇》两件作品的比较中可以清楚地呈现出来，无论刻画手法还是情感的传达，后者都要更为细腻。在持续数年的摸索后，黄新波对于义勇军形象的塑造渐入佳境。

在这些义勇军作品里，1937年的《守望》与《祖国的防卫》在绘画风格和人物形象上最为接近。三个战士在绵延的山丘映衬下显得格外高大。山峦和天空用排线处理成灰色调，不仅提示值守时间是在夜晚，也营造出肃穆的氛围。背景山头上现出城楼一角，似乎正是长城的一段，这就为画面赋予了一个"守望"的对象，战士们"守望"在前线，也"守望"着祖国。【图6.6】

黄新波《守望》中的人物形象并非凭空杜撰，而是来自

图 6.6　黄新波
《守望》，1937 年

1932 年 2 月《东方杂志》里的一幅照片。照片标题是《锦州大
虎山顶我军在战壕内瞭望戒备》，拍摄三位正处于警戒中的士
兵。[8] 黄新波借鉴了照片里人物形象，姿态、动作几乎全盘照
搬，面部做了简化处理，又把照片里明朗的白天置换成夜晚，
人物站立的背景也从人工修筑的壕沟转换为更富于自然气息的
山峦上，最后再添加上照片里不存在的城楼（长城？）。这些调
整付出的代价是人物姿态在新环境里显得不够自然，最近处的
士兵似乎没有站稳（他依靠的战壕化作山石，并且和他拉开了
距离），第二位战士前屈的胳膊也缺少了支撑物（照片里支撑他
手臂的防御工事在画作里消失了），而收获的则是宏大、庄重而
更富于象征意义的画面效果。【图 6.7】

　　照片拍摄的是还没有退出东北的东北军，是 1932 年 2 月
《东方杂志》"东北军在锦州"系列照片里的一张。实际上，日
本已经在 1932 年 1 月攻占锦州，《东方杂志》报道锦州的失陷，
然后带有追忆性质地刊登了这组照片。黄新波《守望》的创作
时间则是在 5 年以后的 1937 年 3 月，画家显然是有意识地寻找
并选用大众传媒上刊登的抗战照片（在这里就是东北军照片）
来作为义勇军系列版画的创作素材。在缺乏一手材料的情况下，
黄新波借用 1932 年东北军战士（他们是义勇军主要来源之一）
照片来塑造 1937 年的义勇军形象，倒也在情理之中。

　　参照黄新波创作的义勇军系列作品，《祖国的防卫》描绘的
应该就是奋战在东北的义勇军战士。到 1936 年 11 月《祖国的
防卫》完成之时，东北义勇军已经为保卫祖国奋战了五个年头。
但是《祖国的防卫》与其他义勇军作品还有所不同，黄新波在
画面中所塑造的，还有更抽象的"祖国"概念。

---

〔8〕 这期《东方杂志》以"东北军在锦州"为题刊登了五张照片，这是其中第一
　　　张。见《东方杂志》第二十九卷第三号，1932 年 2 月，第 47—49 页。

图 6.7 《锦州大虎山顶我军在战壕内
瞭望戒备》,《东方杂志》1932 年 2 月

《祖国的防卫》是一件高度象征性的作品。"防卫"这个行为由巨人般的战士来表达,而抽象的"祖国"则由长城来具现。《祖国的防卫》几乎是中国第一件由图像来表达"祖国"概念的绘画,也是第一个明确用"长城"来象征"祖国"的图像。长城在画面中成为"祖国"的化身,甚至就等同于祖国。当保卫祖国的战士与长城结合为一个整体时,他们就在无形中构筑成一道"血肉长城"。

黄新波对"血肉长城"有他自己的理解。在 1939 年的一首诗作《远天的榴花》里,黄新波用文字建构了"血肉长城"和"祖国"的关系:

血肉长城,
移到祖国的边庭,
她把枪口瞄准敌人,

想起新露西亚的妇女，

西班牙的妇女，

于是温柔的梦境，

玫瑰样的心情，

是一个轻飘的皂泡。

数千年多少古老的城头，

受尽仇敌的侮辱啊！

数十代沉冤，

于今，正好掀起了

翻江巨浪！

像暴风，

像燎原的野火，

像西伯利亚的飞砂，

滚到敌人的那方呵！

到野兽卧倒的时候，

到喋血的中华底大地

培出自由之花的时候，

到地球冲出了

茫茫黑夜的时候！〔9〕

    这首诗几乎可以作为《祖国的防卫》一画的注脚。"血肉
长城，移到祖国的边庭，她把枪口瞄准敌人"，祖国的边庭在哪
里，血肉长城就在哪里，"她"的枪口将指向敌人所在的方向。
诗句与图像若合符节。《远天的榴花》里的"血肉长城"为"数
千年多少古老的城头"重新注入了鲜活的生命力。《祖国的防
卫》所构建的视觉图像中，巨人与长城也已经浑然一体，不分

---

〔9〕　新波：《远天的榴花》，《中国诗坛》1939年新第2期，第11页。

彼此了。

2.《收复失地》：首都街头的大"漫画"

1937年，张仃（1917—2010）运用巨人与长城图式，创作出后来名声遐迩的漫画《收复失土》。这件作品刊登于1937年9月30日出版的《救亡漫画》第三号，描绘一个巨人般的战士站在长城上，这一点和梁中铭、黄新波相近。不过张仃漫画中有几点新的因素值得注意：一是战士前进的姿态，他一只脚已经跨过长城，迈向长城之外，同时还转过身来大声呼喊，呼吁人们去"收复失土"；二是战士手中的动作，他左手握枪，右手举一柄大环刀，大刀是1933年喜峰口抗战的标志形象，张仃沿用了他对1933年长城抗战的记忆；三是长城的形态，战士身下的长城有一段已经坍塌，意味着这里发生过战争，已经被敌人部分地摧毁，而正在由内而外跨过长城的战士将会填补这个残缺。通过这种动态的方式，战士和他脚下的长城融合为一个新的整体。【图6.8】

"收复失地"自1931年以来，一直是全国民众心中共同的声音。1932年《北方公论》里一篇文章说："说到收复失地，自东三省沦陷以至今日，全国没有一日停止了这样的呼声。"[10] 1937年12月出版的《东北抗日联军游击实录》里，编辑夏行在"弁言"的末尾呼唤："收复失地的时期不远了，听吧，《义勇军进行曲》不是在每一个中国国民的口里唱出来么？——起来吧！不愿做奴隶的人们！"[11] 在1937年，有待

---

[10] 彭蠡：《到收复失地之路》，《北方公论》1932年第16期，第5页。
[11] 松五等：《东北抗日联军游击实录》，上海：上海杂志公司，1937年，"弁言"第2页。

图 6.8 张仃《收复失土》, 1937 年

收复的"失地"主要还是"九一八"之后就陷于敌手的东北。
该书"弁言"言简意赅地梳理了义勇军和抗日联军的关系：
"二十二年（1933 年）以后，我们的中央当局和中共当局，都
先后派员深入伪区，将各自为战的义勇军，分别的组织成为东
北抗日联军，接济武器和经济，使他们无后顾之忧；更派遣游
击战术专家，加入指导、训练、组织、教育，在民族统一战线
的大前提之下，大家联系起来，密切地携着手，做我们抗日的
收复失地的先锋队。"[12] 在这个表述里，义勇军或者东北抗日联
军在"收复失地"这个有待实现的目标中，承担的是"先锋队"
角色。这也是陈烟桥在《我们的前卫》一画里，为义勇军战士
所树立的形象。【图 6.9】

---

〔12〕 松五等：《东北抗日联军游击实录》，第 1 页。

图 6.9　陈烟桥《我们的前卫》，
1937 年？

　　张仃漫画开启了"收复失地"主题在抗战初期宣传图像里的流行，这类图像在 1937 年的南京绽放出异彩。1937 年 11 月 3 日的《中央日报》上，刊登有一张照片，照片里有两个路人（其中一人只露出肩部）正在观看一幅名为《收复失地，拯救东北同胞》的大幅宣传画，画中一个巨人般的战士站立在长城内侧，一边向东方也就是长城外伸出手臂，一边面朝画外，仿佛正向他面前的观众以及这幅照片的观看者发出召唤："收复失地，拯救东北同胞！"从照片来看，这幅宣传画固定在一面墙壁上，大约是画在布上，画幅四角因拉伸而略有变形。左下方的观看者正聚精会神地看向画面一角，他的身体恰好将画题最后三个字遮挡住。这位观看者的出现大概有两个作用，一是提示这幅宣传画悬挂于户外，可以任人观看；二是用他的身体映衬出这幅画作的巨大尺寸。从比例上看，这幅宣传画的高度当在两米上下。《中央日报》刊登这一作品时，在作品名称后用括弧标注出作品类型为"漫画"，表明当时主流媒体对于这一画作的认识（"这是一幅漫画"），同时也流露出它刊登这一照片的目的，乃是希望读者注意照片中的画面，也就是宣传画所着意表达的"收复失地，拯救东北同胞"。【图6.10】

《中央日报》没有提供这幅大型"漫画"所悬挂的地点，这个信息由1938年1月16日出版的《抗战漫画》补全了。在

图6.10 《收复失地，拯救东北同胞》，1937年11月3日《中央日报》

《中央日报》刊登这幅照片两个半月之后，《抗战漫画》再次将其刊登出来，只是这次给出的标题是《悬挂于首都车站之大布画》，这就不仅说明了这幅漫画悬挂在"首都车站"这一具体地点（place），而且暗示漫画所展示的空间（space）具有极高的公共性。【图 6.11】

这幅张贴在南京车站的宣传"大布画"（或"漫画"）是谁绘制的？在什么时间画成？《抗战漫画》里的"大布画"照片是为《抗战以来之全国漫画运动》一文所配的插图，该文主要列举 1937 年漫画家们组织的"漫画宣传队"在广州、广西、杭州、南京、汉口和南昌等地举行的抗日宣传活动。"大布画"是他们在南京活动的成果：

图 6.11 《悬挂于首都车站之大布画》, 1937 年

漫画界救亡协会在指派各省各市各县努力宣传工作外，特再组织漫画宣传队分向各处宣传，由叶浅予领导，队员是胡考，张乐平，陶今也，盛特伟，白波，席与群六人八月卅日由沪出发到首都，即在首都各界抗敌后援会指导之下，开始工作，首先将南京各路口要隘的广告牌改绘抗敌漫画，并在九月十八日借新街口大华大戏院举抗敌漫画展览五天，出品一百余件；后来又流动到夫子庙展览三天，十月二日应镇江江苏文艺协会之邀，在省立图书馆举行一周，十三日在下关兴中门展览四天，十八日往卸甲甸永利化学工厂展览一天，十月二十七日，便运往汉口。这次展览的筹备并有留京作家高龙生、夏光、戴廉、刘元、张仃参加工作，后来陆志庠、宣文杰分别自苏州上海来参加。即正式加入宣传队为队员，参加政府宣传机关工作，曾绘制大批的布画招贴和小帧漫画，供前方后方张贴及展览和国际间的宣传之用。[13]

作为插图，《悬挂于首都车站之大布画》照片的作用在于证明"漫画宣传队"（这个宣传队既是《抗战漫画》的"编辑者"，也是这幅大型宣传画的"作者"）的工作卓有成效。漫画宣传队的全称是"上海市各界抗敌后援会宣传委员会、漫画界救亡协会漫画宣传队第一队"，成立于1937年8月底，领队为叶浅予。漫宣队成立后即前往南京，挂靠到南京市国民党党部，不久又归属于国民政府军事委员会政训处宣传委员会。[14]1937年10月初，宣传队转移到武汉开展工作，到1938年4月国民政府军

---

〔13〕 宣文杰：《抗战以来之全国漫画运动》，《抗战漫画》1938年第2期。
〔14〕 叶浅予：《叶浅予自传：细叙沧桑记流年》，北京：中国社会科学出版社，2006年，第120—121页。

事委员会政治部第三厅成立，漫画宣传队划归第三厅领导。[15]
《抗战漫画》是"漫画宣传队"在上海《救亡漫画》停办之后重
新筹办的漫画刊物，创刊号在 1938 年 1 月 1 日出版，名义上由
全国漫画作家协会发行，总经销是上海杂志公司。《抗战以来之
全国漫画运动》一文的作者宣文杰，原本在上海《时代漫画》
任职，进入漫画宣传队之后，不仅创作漫画，还担任宣传队的
总秘书和总财务。这篇文章还提到，张仃也是漫画宣传队的成
员，与宣文杰为共同工作的队员。

　　《抗战以来之全国漫画运动》一文中还配置了一张照片，名
为《漫画宣传队在南京之工作室》。【图 6.12】这幅照片可以帮
助我们确定悬挂在南京车站的那幅大布画的绘制时间。"工作

图 6.12 《漫画宣传队在南京之工作室》

〔15〕凌承纬、张怀玲：《抗战时期的漫画宣传队》，《中国美术馆》2011 年第 12 期，
　　第 84—85 页。宣文杰：《抗日战争时期的漫画宣传队》，《美术》1979 年第 6 期，
　　第 38 页。

室"里有两幅正在绘制中的大布画，一左一右。两画大体就绪，但都没有最后完成。左边一幅从绘制完成的部分来看（伸出的巨手和远处的田野），就是后来出现在南京街头的《收复失地，拯救东北同胞》，只是成品中的长城还没有画出来，画面下方书写"收复失地，拯救东北同胞"的位置也还是空白。一个画家正在审视画面，斟酌下一步该如何进行（从完成后的作品可以知道，他面前的那个位置即将出现一座长城）。【图 6.13】

照片《漫画宣传队在南京之工作室》右侧"大布画"前要热闹得多，至少有两位画家正在绘制这幅大画的不同部分——这也表明，"漫画宣传队"绘制大型宣传画时采用的是集体创作的方式，数人同绘一画，数件作品同时开工。这幅半成品里已经画出一个农民和一个士兵，布画左上角还是空白。好在 1937年 10 月 13 日《中央日报》刊登了这幅布画的完整版，这幅大画同样也标注为"漫画"，在画面正上方写着"拥护政府，抗战到底"八个大字，画面标题下又有"首都各界抗敌后援会制"等字样。【图 6.14】

《中央日报》在 1937 年 10 月 13 日和 11 月 3 日分别刊登了

图 6.13 《收复失地，拯救东北同胞》的完成品和半成品

图 6.14 《拥护政府，抗战到底》的完成品（《中央日报》）与半成品（《抗战漫画》）

《拥护政府，抗战到底》和《收复失地，拯救东北同胞》两幅大画，可以确定，它们的绘制时间不晚于 1937 年 10 月 13 日，资助者为首都各界抗敌后援会。《中央日报》对"漫画宣传队"的报道，不仅说明"漫画宣传队"在南京极为活跃，还表明他们的艺术创作与官方媒体所试图引领的舆论导向已经达成高度一致。《中央日报》除刊登"漫画宣传队"创作的作品之外，还有他们的活动报道，尤其集中于"漫画宣传队"在南京举办的"抗敌漫画展览会"。报道首见于 1937 年 9 月 22 日刊登的图片《抗敌漫画展览会在大华戏院开幕，图为参加展览之漫画家叶浅予及其作品》[16]，照片里是叶浅予半身像，他正站在他的漫画《前方拼命杀敌，后方努力生产》前；10 月 3 日再次刊登图片《抗敌漫画展览会在首都大华戏院闭幕情形》和《参加抗敌漫画展览之京沪作家》[17]；10 月 6 日又发表了《力毁敌机之我

---

〔16〕《抗敌漫画展览会在大华戏院开幕，图为参加展览之漫画家叶浅予及其作品》，
《中央日报》1937 年 9 月 22 日，第 4 版。
〔17〕《抗敌漫画展览会在首都大华戏院闭幕情形》《参加抗敌漫画展览之京沪作家》，
《中央日报》1937 年 10 月 3 日，第 4 版。

空军勇士乐以琴氏在抗敌漫画展览会留影》[18]。可能是"抗敌漫画展览会"的成功举办吸引了《中央日报》的关注，随后才有了《收复失地，拯救东北同胞》《拥护政府，抗战到底》等"漫画宣传队"成果的持续报道。关于"抗敌漫画展览会"，宣文杰在《抗战以来之全国漫画运动》里说得很清楚，"漫画宣传队"在8月30日抵达南京，先是在首都各界抗敌后援会指导下将南京各路口广告牌改绘为抗敌漫画，而后于1937年9月18日在南京大华大戏院举办"抗敌漫画展览会"。展期五天，闭幕时间应该是在1937年9月22日。此后直到10月底，这个展览一直在各地巡回举行。《中央日报》将9月22日时拍摄的闭幕照片延迟到10月3日才刊登，可能是因为报纸栏目本身的原因，这些带有时事新闻性质的照片出自《中央日报》上的"中央画刊"栏目，这个栏目并非每天都有，也不定期。结合《拥护政府，抗战到底》里"首都各界抗敌后援会制"的落款以及"漫画宣传队"在8月底至10月初的活动来推断，《收复失地，拯救东北同胞》和《拥护政府，抗战到底》这两幅大布画可能就是"漫画宣传队"8月30日抵达南京至9月18日举行"抗敌漫画展览会"之间绘制的。

叶浅予的回忆有助于最终确定这个"工作室"的位置以及《收复失地，拯救东北同胞》的作者问题。叶浅予及漫画宣传队在1937年8月下旬到达南京后，原先想挂在国民党中央宣传部名下，被宣传部部长邵力子拒绝。之后找到国民党南京市特别党部负责人梁寒操，双方一拍即合，"即日起在市党部腾出一个大厅做我们的画室，招待一日三餐，并在两星期内以高速

---

[18]《力毁敌机之我空军勇士乐以琴氏在抗敌漫画展览会留影》，《中央日报》1937年10月6日，第4版。乐以琴是抗战初期国民党军队最出色的飞行员，在1937年8月的淞沪会战中首战就击落敌机4架。1937年12月3日，在保卫南京的空战中殉国。

度、高标准筹备一个抗战漫画展览会。这时，苏州的陶谋基和南京的张仃也参加进来，壮大了我们的队伍"。宣传队把具体画题分配到每个人。"一大幅《松花江上》，反映'九一八'那首歌词的内容，因张仃老家在辽宁，他弃家流浪在北京，在京华美专学画，这个题材就分配给了他。"[19]在另一篇回忆张仃的文章里，叶浅予把这张画的题目说成是《打回老家去》："抗日战争初期，他在南京画过一幅怀念家乡的大幅宣传画，题为'打回老家去'，画得是白山黑水、大豆高粱，形象地反映了《我的家在东北松花江上》那首流亡歌曲的思想内容。这是整个抗日战争期间一幅具有思想深度的宣传画，可惜在南京撤退中丢失了。"[20]从这段回忆来看，《漫画宣传队在南京之工作室》应该就是梁寒操提供给漫画宣传队用于作画的南京市国民党党部"大厅"，回忆中出现的"一大幅《松花江上》"即在不久的将来悬挂于南京车站的《收复失地，拯救东北同胞》。

在抗日战争期间，"打回老家去"和"收复失地"是一个意思，收复失地的方式，就是打回老家去。叶浅予是漫画宣传队的队长，虽然他的回忆在少量细节上稍有出入，但综合起来看，张仃就是这幅《收复失地，拯救东北同胞》的作者，如果考虑到漫画宣传队有集体创作的倾向，那么张仃也应该是这件作品的主要作者。[21]

张仃对于日本侵略中国有切肤之痛。他是辽宁黑山人，在

---

〔19〕 叶浅予:《叶浅予自传：细叙沧桑记流年》，第119—120页。

〔20〕 叶浅予:《张仃的漫画》，叶浅予著，赵力忠编:《叶浅予文集》，北京：中国文联出版社，2007年，第270页。

〔21〕 我曾在《血肉做成的"长城"：1933年的新图像与新观念》一文中推测，《收复失地，拯救东北同胞》大布画"可能"出自宣文杰的手笔，现在看起来，此画作者不必"可能"，应该就可以确定为张仃。好在这个推测并不影响该文讨论的主要问题。见吴雪杉:《血肉做成的"长城"：1933年的新图像与新观念》，《文艺研究》2015年第1期，第140页。

1931 年"九一八事变"后从东北流亡到关内，由此开始他抗战漫画的创作。张仃回忆说自己刚开始画漫画时只有十五六岁，画出来的东西粗糙、幼稚又不成熟，"可是国难家仇使我不能平静，我不断地挥动画笔，要为拯救祖国和民族的危亡贡献出自己的力量"。1937 年张仃参加了漫画宣传队，其间"绘制大量的布画、招贴画，创作了许多抗战漫画"[22]。在漫画《收复失土》里，张仃就用大量笔墨描绘长城外的田园风光，近处一组组盘旋弯曲的黑白条纹仿佛起伏不定的丘陵原野，远处排布整齐的线条组成井然有序的农田，说里面隐藏着"白山黑水，大豆高粱"也不为过。其他画家如黄新波在处理相同题材时多着重刻画山峦间起伏的长城，不大关注农田生产。张仃对于田地的特别关注，与他来自东北、对于关外土地格外熟悉和留恋有很大关系。让叶浅予留下深刻印象的《收复失地，拯救东北同胞》（他回忆文章里的《松花江上》或《打回老家去》）多半就是根据《救亡漫画》上刊登的漫画《收复失土》修改、放大而来。这也正是当时漫画宣传队的工作方式。按漫画家黄茅的说法，在南京时，"漫宣队首先把刊物上的作品完全搬到马路的每一块广告牌上，漫画离开了画报走向街头和大众见面"[23]。这种创作模式也说明，南京街头出现"长城"的大布画（《收复失地，拯救东北同胞》）的原型就来自漫画家本人在画报杂志上发表的作品（《收复失土》）。【图 6.15】

叶浅予指出，张仃《打回老家去》的内容来自歌曲《松花江上》。歌曲《松花江上》创作于 1936 年秋，词、曲作者张寒晖。张寒晖其时在西安二中任国文教员，与驻扎在西安的东北官兵及家属多有接触，在与东北流亡人士的朝夕相处中体会

---

〔22〕 张仃：《我画抗战漫画》，《美术》1995 年第 8 期，第 15 页。
〔23〕 黄茅：《漫画艺术讲话》，重庆：商务印书馆，1943 年，第 37 页。

图 6.15　张仃《收复失土》
里的"白山黑水"

到东北同胞思乡恋土的情感以及打回老家去的强烈愿望，从而
有了《松花江上》的诞生。[24]张寒晖曾向友人陈述他的创作
动机："酝酿《松花江上》的时候，我是想反映东北同胞的悲
伤，借以激起人们对侵略者的仇恨，通过眼泪激发人们积极
抗战。"[25]在抗战初期，《松花江上》是非常具有政治动员性的
一首歌曲。曾思玉在《八年抗战》回忆录里记录了 1937 年 9
月，他所在的 115 师乘火车从侯马驶入太原车站时，各阶层人
民群众在车站列队欢迎，宣传队带领大家高唱《松花江上》的
情景：

---

〔24〕　梁茂：《张寒晖年谱》，《中央音乐学院学报》1982 年第 2 期，第 46 页。
〔25〕　刘冀：《刘炽回忆〈松花江上〉的作者张寒晖》，《抗战文艺研究》1983 年第 3
　　　　期，第 21 页。

我们的宣传队，利用这个大好的时机，化妆演出抗日活报剧，揭露日本鬼子侵略罪行。组织合唱《松花江上》："我的家在东北松花江上，那里有森林煤矿，还有那满山遍野的大豆高粱……那里有我们的同胞，还有那衰老的爹娘……'九一八'，'九一八'，从那个悲惨的时候，离开了我的家乡！……哪年哪月，才能够回到我那可爱的家乡！？"人们不约而同的相随唱起了这悲愤的歌曲，尤其是东北逃难的老乡和流亡学生，边唱边流泪，唱着唱着不少人竟嚎啕大哭。此时，聚集在车站广场的人群，不分民族，不分老少，个个义愤填膺。举臂高呼口号："打倒日本帝国主义！收复失地！为死难同胞报仇！以牙还牙！以血还血！"口号声此起彼落，响彻云霄。从人们心中迸发出来的怒火，就像火山爆发出来的熔岩一样，必将侵略者烧为灰烬。这是人民的吼声！民族的吼声！[26]

　　《松花江上》的整体格调比较悲伤，颇有些"哀感消沉"[27]，但它指向的主题却是"打回老家去"（《松花江上》有一句反复吟唱的歌词"哪年，哪月，才能够回到我那可爱的故乡？"）。在1937年抗日战争全面爆发后，中国方面对于战争的最终目标确立为收复中国的全部领土，而当时直接为日本所控制的主要是东北，"打回老家去"的寓意就是克复东北，收复失地。要用图像来表明打回因为"九一八"而失去的东北，长城就成为一个最易于辨识的图像标志物。

　　虽然《救亡漫画》和《中央日报》上刊登的《收复失地》

---

〔26〕　曾思玉：《八年抗战》，济南：黄河出版社，1992年，第7页。
〔27〕　徐大成：《从〈松花江上〉到〈流亡三部曲〉——论抗战套曲〈流亡三部曲〉的诞生历程》，《音乐创作》2015年第8期，第119—121页。

（或《收复失土》）都是张仃所作，但在抗战宣传中，宣传画的作者是谁可能并不重要。有时候，某个图式经由一位画家创稿后，被其他画家大量复制或改绘；又或者作者就是以集体身份出现。这一巨人跨过长城的图式在 1937 年和 1938 年初就经历了这样的过程，从张仃的个人作品，衍生为漫画宣传队的集体创作。1938年《抗战漫画》创刊号刊登了一组"巡回展览布画"，共计 8 幅，原稿大约每幅 54 寸 ×72 寸（180 厘米 ×240 厘米），其中也有一幅《打回老家去》，画面上同样是一个巨人般的士兵挥舞大刀、纵身越过长城。这个人物在画中近乎顶天立地，高度接近 2米，展出时应该是很有震撼力的。《抗战漫画》上注明这批布画是"漫画宣传队为军委会政训处电影股作"，这一图像自然就是作为"漫画宣传队"的集体作品出现在公众面前。这一期《抗战漫画》的出版时间是 1938 年 1 月 1 日，这幅布画的绘制和巡回展览自然是在 1938 年以前。漫画宣传队只在 1937 年的 9 月、10月间于南京、镇江和汉口做过巡回展览，这批大型布画很可能就是这次巡回展览中的参展作品，其制作时间大约与张仃画《收复失地，拯救东北同胞》时间相当。由于这批作品注明是"为军委会政训处电影股作"，有可能展览作品的制作乃至此次巡回展览本身都得到了军委会政训处的支持。【图 6.16】

　　日军占领南京后所拍摄的照片里也记录了一张类似的抗战宣传画。【图 6.17】照片拍摄的位置在南京中山门一带，日本军队在前景里休整，背景是一个几乎横贯整个画面的广告牌，广告牌分三个部分，两边是文字广告，中间是一幅巨大的抗日"大布画"。画面由 18 块长方形的小画布拼接起来，其中两块已经不见，还有两块脱落了一半，但画面主体内容基本完整，一个巨人般的中国士兵左手握枪，右手持大环刀，正在跨越长城。他一边前冲，一边转身张口呼喊。画面上方有两行文字：一行为"收复失地"，一行为"拯救东北同胞"，这两句话似乎

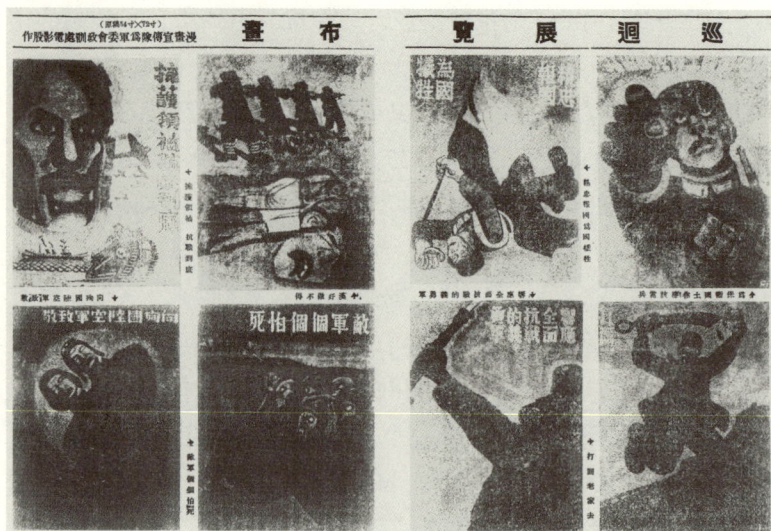

图 6.16　漫画宣传队为军委会政训处制作的"布画"，其中有《打回老家去》，1937 年

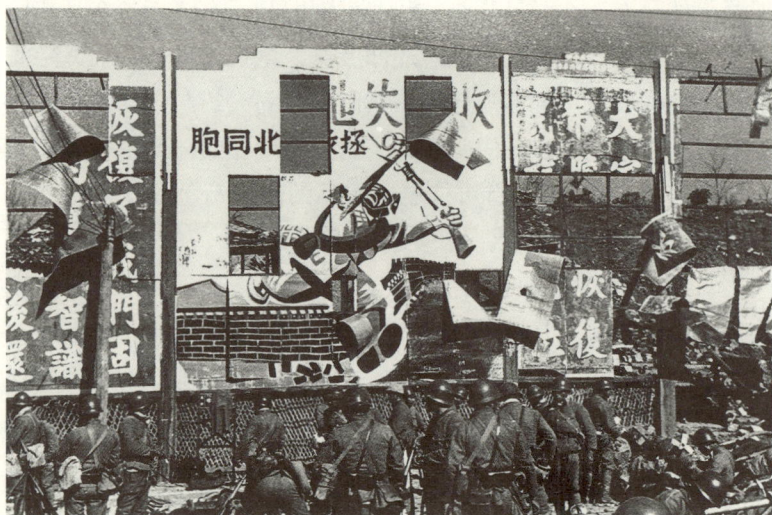

图 6.17　南京陷落时位于南京中山门的抗日看板，1937 年

也正是这位战士发出的呐喊。长城部分砖块掉落在地面上，表明这是一个残破的、经历过苦难和战火的城墙。画面内容与张仃《收复失土》一般无二。【图 6.18】由于画面形式以及宣传文字的高度接近，可以推测这幅竖立在南京中山门的大幅宣传画有可能是在张仃带领下完成的，或者至少是对张仃作品的忠实模仿。同时，两件作品的张贴地点也有相似之处，前一幅可以明确为张仃绘制的"大布画"安放在南京车站，这一件则放置在南京中山门，中山门原址为明代南京内城东面的朝阳门，民国时修建中山大道，将朝阳门拆除后改建为现在的中山门，是南京东西方向的交通要道，日本占领南京是从中山门攻入，举行入城式也是从此处入城。[28]宣文杰在《抗战以来之全国漫画运动》里曾提到"漫画宣传队"的工作成果之一是"将南京各路口要隘的广告牌改绘抗敌漫画"，中山门广告牌宣传画或许就

图 6.18　张仃《收复失土》和南京中山门抗日看板图像近似

[28] 刘斌：《中山门：古城风雨沧桑的见证》，《档案与建设》1998 年第 5 期，第 42—43 页。

是其中之一。"漫画宣传队"设计、制作的两幅大型宣传画都位于人流密集的重要公共场所，表明1937年南京的抗战宣传已经借由政府力量在积极地展开，而巨人与长城的组合图式也通过这种方式获得极大的传播。

如前文所言，"收复失地"这个绘画主题与歌曲《松花江上》有紧密联系，虽然这首抗战歌曲里没有直接提到长城，而在构建"收复失地"的视觉图像时，长城却成为画面中的核心。这就需要讨论长城为什么会出现在这里。张仃以及漫画宣传队其他成员虽然都没有对画中长城的内涵做出说明，他们对于长城意义的理解可能主要受益于另一首歌曲——《义勇军进行曲》。宣文杰后来回忆宣传队在南京这两个月的工作时，提到"当时国民党的电台整天放着《义勇军进行曲》表示抗日的决心"[29]。《义勇军进行曲》在当时起到鼓舞人心、激发斗志的巨大作用，漫画宣传队的工作目标也正在于此，黄茅后来把漫画宣传队的工作目标总结为三点："一、分途使各地民众明了抗战救亡的意义；二、鼓动前线将士杀敌情绪；三、唤起并组织各地漫画界，负起同样的使命。"[30]画家们借助当时最流行的抗战口号，将"老长城""新长城"与"收复失地"融会贯通在同一个图像之中，创造出抗战初期南京街头最具有公共性的视觉形象。

3. "漫画标语"与长城图像的传播

巨人与长城的组合可以有多种含义，不同语境下，"长城"

---

〔29〕 宣文杰：《抗日战争时期的漫画宣传队》，《美术》1979年第6期，第38页。
〔30〕 这是黄茅对漫画宣传队1937年所做工作的总结。见黄茅：《漫画艺术讲话》，第36页。

所指向的意义也会有所不同。1937年下半年，在以"收复失地"或"打回老家去"为名的巨人跨越长城图像里，长城首先指代那座古老的、实体的长城，然后才是赋予战士"新长城"的象征意义。在1937年抗战全面爆发的战争初期，日本尚未占据关内大片领土，跨过长城"收复失地"所传递出来的图像含义，还是打出关外，收复东北。

而在日军节节逼近，占据中国当时的首都南京之后，"打回老家去"就不再仅仅是收复东北了。中国面临的首要问题是号召民众团结起来以遏制日军攻势。这个巨人与长城的图式就转移到其他标语、口号之下，服务于新的目的。

在两幅大约作于1938年的宣传画里，继续沿用了巨人与长城的组合关系，却排除了长城在地理空间上的意义，从而使长城图像更具有象征性。一幅作品名为《誓与国土共存亡》，长城在这一图像中成为一切"国土"的象征，伫立在长城上的战士仿佛与城墙融为一体，将要与国土"共存亡"。画面中有一个细节需要注意，象征国土的城墙已经破碎，这是张仃《收复失土》一画里长城城墙的基本特征。有意识地强调城墙的破碎，一方面可以突出时局危难已刻不容缓；另一方面可能也是为了更好地突出巨人般的战士所存在的意义。他顶天立地地站在那里，用血肉之躯来构筑新的城墙。画面右下角注明"军委会政治部制"，由此可以确定，这是一件标准的由官方制作的政治宣传画。【图6.19】

另一幅宣传画《从军保国是国民的天职》也描绘一个战士站立在城墙之上，城墙的分量比前一幅更多，能够看出长城在山峦上蜿蜒起伏。画面标题（或标语）之下有"军政"二字，说明这一宣传画也是由军事委员会政治部印制。在画面左下角还有"漫画宣传队绘"的字样，提示出图像的创作者。【图6.20】

以上两幅宣传画都是荷兰汉学家兰斯博格（Stefan R.

图 6.19 《誓与国土共存亡》, 1938 年？　　图 6.20 《从军保国是国民的天职》, 1938 年？

Landsberger）的收藏。阿姆斯特丹的社会历史国际研究所（the International Institute of Social History, Amsterdam）和兰斯博格收藏了一批中华民国各级政治部在抗战期间印制的宣传画，其中有相当一部分署名"军委会政治部制"。[31] 关于这部分宣传画的绘制者问题，此前一直缺少明确的认识。实际上，这批署名"军委会政治部制"的作品，可能大部分都是由漫画宣传队的成员设计创稿，再由政治部交付印厂印刷。

　　1938 年 3 月 16 日出版的《抗战漫画》第 6 期刊登了一组作品，共计 12 幅，作品都没有单独署名，只在下方统一注明为"漫画标语，漫画宣传队绘，军委会政训处印制"。【图 6.21、图 6.22】从这一题名可以看出，这些作品在当时被称为"漫画标语"。值得庆幸的是，《抗战漫画》里刊载的这 12 种"漫画标语"里至少有 6 件为阿姆斯特丹社会历史国际研究所收藏，这样就有

──────────

〔31〕 http://chineseposters.net/gallery/theme-01.php。

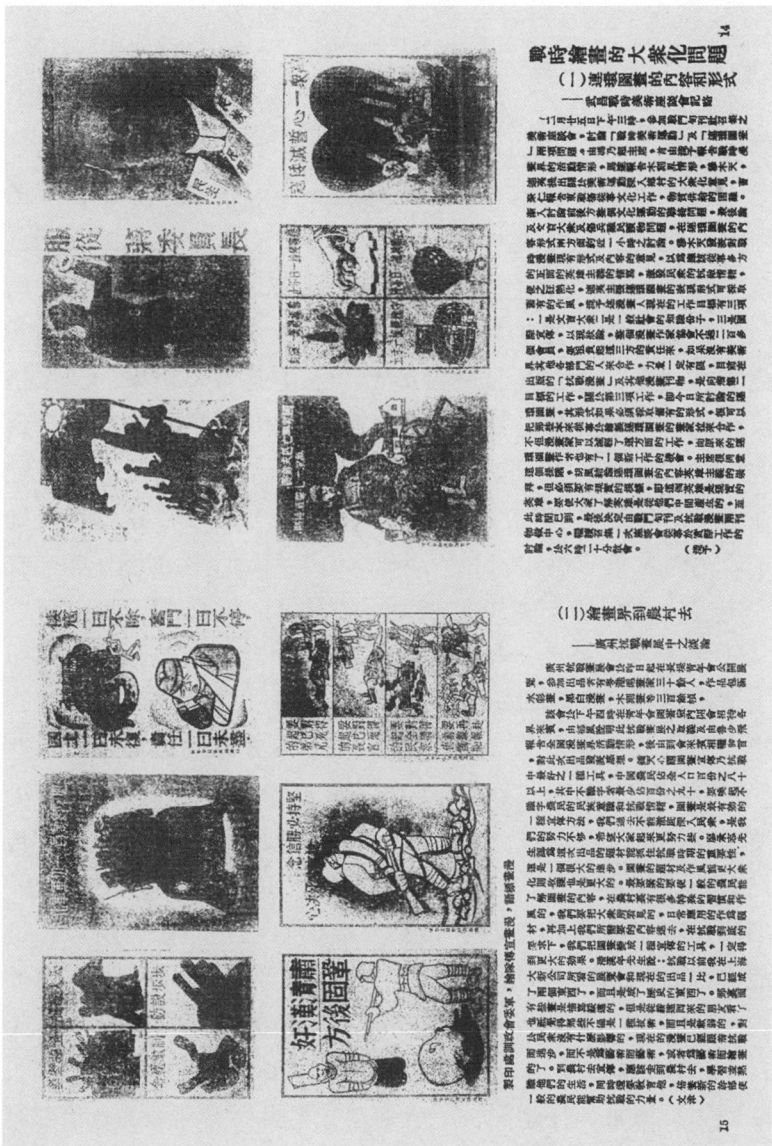

图 6.21 《抗战漫画》第 6 期上的 "漫画标语"，1938 年

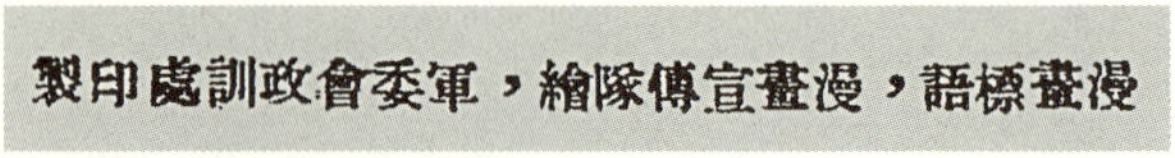

製印處訓政會委軍，繪隊傳宣畫漫，語標畫漫

图 6.22 "漫画标语"的落款

实物可兹参照，并以此为基础，研究其他现存的同类宣传画。

　　这些"漫画标语"有三个特点。一是全部彩色印刷，除黑白两色之外，通常会再有一种或两种颜色（红色、蓝色、黄色或绿色）。鲜艳的色彩使这批"漫画标语"较之传统上的黑白版画在视觉上更加醒目，更能吸引观众视线。当然，这些色彩在单色印刷的《抗战漫画》杂志上是看不出来的。二是尺寸大小基本一致。从《抗战漫画》上刊登的 12 幅来看，这些作品长宽比例相同。荷兰所藏这批作品的尺寸基本上高度在 80 厘米左右，宽度在 52 厘米至 54 厘米上下。这就可以确定，当时这批彩色印刷的"漫画标语"每一批次的制作都会有一定规格。80 厘米 × 50 厘米大小的尺幅，印成后既便于张贴，又较为醒目。第三个特点是作品大部分会在宣传画的一侧印上"军事委员会政训处印"的字样。同时，这些作品没有特别指出它们的绘制者为"漫画宣传队"。从这里可以看出，这些"漫画标语"可能是政训处委托漫画宣传队设计，作为政训处所主持的抗战整体宣传工作的一部分，政训处在散播这批宣传品时不必强调它的设计绘制者是谁。不过，由"漫画宣传队"编辑出版的《抗战漫画》自然要突出自己的贡献，所以《抗战漫画》将这些彩色招贴作为自己的成果展示出来。"军事委员会政训处"是判断这批作品印制时间的重要依据。1938 年2 月，军事委员会政训处正式改组为军事委员会政治部，部长陈诚，周恩来担任副部长。后来在文艺界大名鼎鼎的政治部第三厅的成立时间要到 1938 年的 4 月。也就是说，漫画宣传队为政训处制作这批"漫画标语"的时间是在政训处改组为政治部之前，早于 1938 年 2 月。漫画宣传队与军委会政训处的合作，也早于政治部第三厅的组建。还有一点需要考虑到，《抗战漫画》是半月刊，自 1938 年 1 月 1 日出版第 1 期以来，大约 15 天就要出一期，出版工作十分紧张，稿源压力很大。与军委会政训处合作制作精美的"漫画标语"，对于漫画宣传队来说是比较重大又很有影响力的活动，在创稿制版印成后应该会比较快地在漫画宣传队主持编辑的刊物上登载出来。如《抗战漫画》第 1 期就用两页篇幅刊登了漫画宣传队为政训处电影股制作的"布画"。将这批"漫画标语"推迟到 1938 年 3 月中旬才刊登出来，有可能是这批早在一两个月前就设计制版的作品，刚刚在印厂印刷出来。如果这个推断不错的话，这批彩色"漫画标语"的设计创稿不晚于 1938 年 2 月，而印刷时间则是在 1938 年 3 月前后。【图 6.23、图 6.24】

　　与这批"漫画标语"搭配发表在《抗战漫画》上的，是讨

图 6.23 《抗战漫画》所载"漫画标语"与存世实物的比照 1

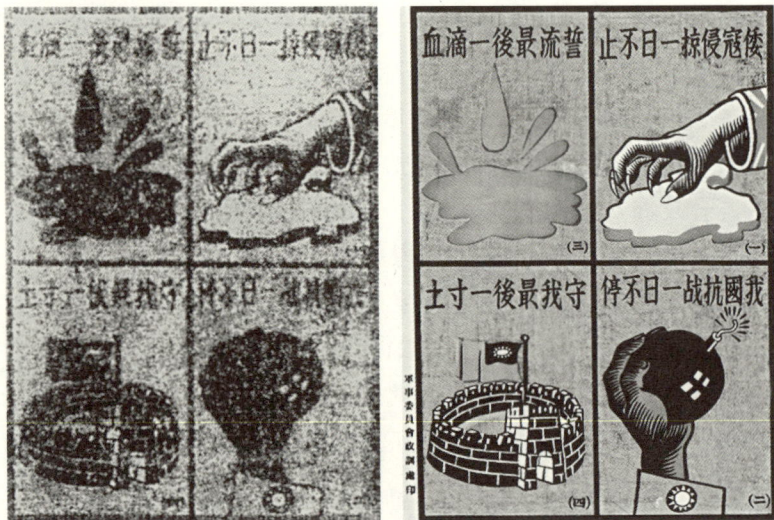

图 6.24 《抗战漫画》所载"漫画标语"与存世实物的比照 2

论"战时绘画的大众化问题"的两篇短文。一篇是叶浅予的
《连环图画的内容和形式》。这是一个在武昌举行的战时美术
座谈会纪略，座谈会主题是"战时美术运动"和"连环图画"
两个问题。叶浅予这篇文章主要记述他自己的发言，谈漫画面
对的三项工作目标，"一是文盲大众，二是一般社会的知识分
子，三是国际宣传，以现状论，整个漫画作家协会不过二百多
个会员，要担负起这三方的责任来，如果没有美术界其他各部
门的人来合作，力量一定有限"，提议把那些"本来从事于绘
制连环图画的画家拉来合作，不但漫画家可以减轻了这方面的
工作，而原来的连环画作者也有了一个新工作的机会"[32]。第
二篇是文津的《绘画界到农村去》，主要围绕"昨日"广州抗
战画展的座谈内容，核心问题是怎么到农村去向不识字的农民

[32] 叶浅予:《连环图画的内容和形式——武昌战时美术座谈会记略》,《抗战漫
画》,1938 年第 6 期，第 14 页。

做宣传，号召艺术家"在抗战到底的要求下，我们把图画变成一种宣传的工具，一定得到更大的效果"[33]。抗战时期追求美术作品的"大众化"，而漫画天然的就是最具有大众化的一种艺术形式，这也是为什么是由漫画宣传队来为军委会政训处创制宣传图像的原因。

郭沫若在 1938 年 5 月 12 日作的《第三厅工作报告》里也提到了这一批"漫画标语"。政治部第三厅于 1938 年 4 月 7 日至 13 日筹备、主持了武汉各界第二期抗战扩大宣传周，其中 4 月 10 日是美术日，举办了以下几项活动：

> 甲、一周内有（1）街头漫画展览，（2）抗战连环图画展览，（3）抗战漫画标语印刷品展览，（4）正气歌图像展览，（5）大幅布画展览，（6）抗敌摄影展览。
> 乙、出版（1）抗战漫画第八期内全美术界动员特辑，（2）阵中画报特刊，（3）《扫荡》《大公》《新华》《申报》附加美术特刊。
> 丙、张贴大幅图画壁报。
> 丁、美术日晚间，开美术歌咏游行大会，举行火炬游行及水面游行。[34]

六个展览中，"抗战漫画标语印刷品展览"与其他几个展览颇为不同。其他五个展览，无论漫画展、连环画展、正气歌图像展、布画展还是摄影展，展出的都应该是作品原件，唯有"抗战漫画标语印刷品展览"展出的是印刷品，而且特

---

〔33〕 文津：《绘画界到农村去——广州抗战画展中之谈论》，《抗战漫画》1938 年第 6 期，第 15 页。
〔34〕 郭沫若：《第三厅工作报告》，《郭沫若学刊》2011 年第 3 期，第 70—71 页。

别标注为"印刷品展览"。此外，这一展览的内容实际上和其余展览尤其是"街头漫画展览""抗战连环图画展览"有重合之处，都含有"漫画"在内。结合《抗战漫画》上刊登的两页"漫画标语"就可以明了，这个展览展出的很可能就是《抗战漫画》里发表的那批作品。而"抗战漫画标语印刷品"，也就是由漫画宣传队绘稿、军委会政训处印制，既有图像，又有标语，制作精美的彩色印刷品。这种印刷品在当时应该十分独特，足以和漫画、连环画分庭抗礼、鼎足而立。此外，这些"漫画标语"在1938年3月16日的《抗战漫画》里刊印，随后就在4月10日展出，也说明这批作品一经问世就很受欢迎。

既然名为"漫画标语"，标语的本身的意义就很重要，漫画图像是为标语服务的。这些由政训处或政治部印制的长城巨人的"漫画标语"中，长城的意义指向哪里？

在抗日战争期间，宣传工作的一大重点是书写各种标语。1939年，军事委员会政治部曾经对标语做过一次整理工作，专门出版了一本《第二期抗战标语集》。该书就面对何种对象应使用何种标语口号进行了分类。这个标语口号集并不具有强制性，其中也提到，各地可以根据具体情况对该书提供的标语做适当调整，"其直引原文而辞句不甚通俗或过长者，应用时可根据原意改制"[35]，不过这些规范化的口号依然可以提供一个确认标语目标或受众的大致依据。

关于"收复失地"一语，《第二期抗战标语集》出现过两次。第一次是"民众宣传标语"中"对后方民众"部分，有一

---

〔35〕 "例言"第3条说"其直引原文而辞句不甚通俗或过长者，应用时可根据原意改制"，第8条是"本集标语，仍不完备，凡为本集所未列者，希各机关团体依据第三项之原则，自行斟酌拟用。"国民政府军事委员会政治部：《第二期抗战标语集》，国民政府军事委员会政治部，1939年，"例言"第1—2页。

条是"抗战到底，收复失地"[36]；第二次是在"对出发前线抗战的部队"，有"收复失地，还我河山"[37]。可知在当时的宣传机关看来，"收复失地"主要针对的是后方民众和即将出发前往前线的部队，而不是正在前线战斗中的士兵。1937年出现在南京街头的大量"收复失地"布画，实际上也是为了号召首都民众积极参与抗战。

"从军保国是国民的天职"，这条口号不见于《抗战标语集》。与之最接近的标语口号是"服从兵役是国民的神圣义务""当兵杀敌是光荣的事业""建国必先建军，保家必先保国"。[38]这三个口号是"兵役宣传标语"的前三条。从这里似乎可以推断，《从军保国是国民的天职》宣传画，在当时可能主要是宣传兵役、号召民众参军的漫画标语。这个漫画图像就是在树立一个威武坚定的战士形象，号召民众像这个战士一样，如长城般（这个战士和长城组合在一起就是"血肉长城"）保卫国家，而这也是"国民"天生的职责。这个标语召唤的是对"国民"的认同，但凡认同中华民国国民身份的人，在某种程度上就会受到这个口号质询。

这里也可以看出文字与图像的差别。"从军保国是国民的天职"带有某种指令性，这个口号告诉"你"："你"具有这个职责；同时它也命令"你"："你"必须履行这个职责。这个指令带有某种居高临下的强制性。但图像就不同了，站在长城上的战士并没有命令"你"，说你必须像我一样，成为士兵来履行"你"作为国民的天职。相反，他只是沉默地看着远方，无言地站在伟大的长城上。这个图像从视觉上传达出的信息是：

---

[36] 国民政府军事委员会政治部：《第二期抗战标语集》，第7页。
[37] 同上书，第30页。
[38] 同上书，第35页。

如果"你"履行国民的天职，"你"就会像"我"一样，与长城同在，甚至比这个伟大的长城还要威武雄壮。图像是诱惑性的，它并不发出指令，而是从视觉和情感两方面来打动观看者，促使"你"做出决断。

4. 政治部与宣传图像的传播体制

漫画宣传队制作的作品能够以印刷品的方式大规模生产和传播，得益于他们与政治部的合作。在当时，政治部与漫画宣传队是上下级的隶属关系，漫画宣传队的组织和活动需要服从于第三厅的整体规划和安排。在第三厅领导下的艺术家们大多以"队"的名义组织起来活动，除漫画宣传队之外，人数更多可能也更加活跃的是抗敌演剧队，抗敌演剧队后来奔赴各个战区后，也是直接隶属于各战区政治部。抗敌演剧队也吸纳美术家参与，在各地演出时绘制壁画、布画或者标语。通过政治部有意识地推动，中央政府制作的标语、口号和图像传播到各个战区，进而分散到四面八方。

政治部下属于国民政府军事委员会。按 1925 年 7 月 5 日公布的《中华民国国民政府军事委员会组织法》第四条，军事委员会设政治训练部、参谋团、海军局、航空局、军需局、秘书厅、兵工厂等机关。[39] 1927 年 11 月 25 日公布的《修正国民政府军事委员会组织大纲》第六条规定，军事委员会设主席团、办公厅、参谋厅、军政厅、总务处、经理处、审计处、军事教

---

〔39〕 国民政府公布《中华民国国民政府军事委员会组织法》（民国十四年七月五日公布），见中国第二历史档案馆编：《国民党政府政治制度档案史料选编》（上），合肥：安徽教育出版社，1994 年，第 565 页。

育处、政治训练部及兵站总监部等机关。[40] 这里的"政治训练部"就是后来政治部的前身。

1926 年制定了一份《军事委员会政治训练部组织大纲》，在总则里规定"政治训练部以指导国民革命军之党务、政治及文化工作为职责"。在组织方面，政训部分为总务处、宣传处、党务处三大块。其中宣传处又分为宣传科、文化教育科、统计调查科和编辑科。总体来说，宣传处的工作是"编辑关于理论指导之材料，以作军队中党员及政治宣传员对士兵、学生与官长政治文化教育之材料，且为讨论军队中政治工作问题，得召集各种大小会议"。具体到制作宣传品，是由编辑科负责："编辑科掌管本部一切之出版物如报纸、书籍、图画、小册、标语等类之编辑并发行。此项出版品之分发，由宣传科长施行。"[41] 政治训练部权力很大。国民革命军中曾实行党代表制度，党代表就是由政治训练部来任命。团级和团级以下的党代表由政治训练部直接任命，师级以上军事组织的党代表由政治训练部提名、经国民党中央执行委员会通过，再由军事委员会任命。[42]

1938 年初，随战争形势发展，武汉成为抗战的政治和军事中心。1 月将原大本营第六部、军事委员会政治训练部、训练总监部政训处合并为政治部，并在 1 月 11 日任命陈诚为部

---

[40] 国民政府公布 1927 年 9 月军事委员会决议通过之《修正国民政府军事委员会组织大纲》（民国十六年九月军事委员会决议通过，民国十六年十一月二十五日国民政府公布），见中国第二历史档案馆编：《国民党政府政治制度档案史料选编》（上），第 381—382 页。

[41] 《国民政府军委会公布党委会政治训练部组织大纲、军法委员会组织大纲及国民革命军党代表条例令》（1926 年 3 月 19 日），见中国第二历史档案馆编：《中华民国史档案资料汇编》第 4 辑，南京：江苏古籍出版社，1986 年，第 60—62 页。

[42] 同上书，第 70 页。

长。〔43〕更早一点的 1938 年 1 月 1 日，陈诚就已被任命为武汉卫戍总司令，是主持武汉会战的核心人物。《陈诚先生回忆录》里解释了组建政治部的原因："初国民革命军北伐时，有总政治部之组设，对于宣传、组训以及激扬士气等方面，卓著成效，厥功甚伟。其后渐形陵替，至抗战军兴，政训工作之于部队，甚少作用，淞沪会战后，检讨得失，咸以为加强部队政治工作，有极大之重要性。因于二十六年委员长即命先生筹组政治部，至是因有是命。"〔44〕从 1938 年 2 月 11 日起，政治部正式开始办公。

1939 年 12 月，政治部又经改组，改组后第一厅专管人事，第二厅专管训练，第三厅专管宣传，第四厅专管经理。每厅各设设计、调查、监督、考核各科，以收分工合作之效。从建立之初，宣传工作就一直由第三厅负责。

抗战期间，国民政府非常重视宣传。1938 年 11 月 25 日，蒋介石在南岳召开的军事会议上制定了"第二期抗战要旨"，共计有 15 条：

> 1. 政治重于军事；2. 民众重于士兵——用兵不如用民；3. 精神重于物质——以精神补助物质之不足；4. 组织重于实际——不重名位；5. 训练重于作战；6. 情报重于判断与想像；7. 整理重于购置；8. 宣传重于作战；9. 纪律重于一切；10. 命令重于生命；11. 行动重于理论；12. 分组会议、检讨工作、自我批评重于正规教育；13. 专技重于博学；14. 紧缩重于生产，节约重于丰裕；15. 建设、创造重

〔43〕 戚厚杰：《国民革命军沿革实录》，石家庄：河北人民出版社，2001 年，第 435—436 页。
〔44〕 何智霖编：《陈诚先生回忆录——抗日战争》（下），台北：国史馆，2005 年，第 435 页。

于战争。[45]

其中第 8 条甚至出现了"宣传重于作战"一语,可见当时对于宣传的重视。

蒋介石也曾直接指导宣传品、标语和漫画的散布工作。在 1939 年 4 月 1 日给予陈诚的手谕里,蒋介石说:

> 此次我军退出南昌及修水一带,阵地被敌突破之处与沿途各处,皆未有对敌宣传品及标语,此实为我政治工作不良及无效之表现。以后对敌宣传方法应特别研究有效方法,且于我军撤退之前,在原阵地及道路应特别散布宣传品及大字标语与漫画为要。关于此次南昌与修水及武宁各地,政工不良与不力应查究为要。[46]

1939 年 4 月 19 日给陈诚的手谕里又提到宣传问题,并对政治部提出批评:

> 各公路沿途之标语乱糟已极,应即由政治部派专员负责改正,切实整顿,使之整齐为要。而重庆附近周围二百里内新兵训练处政治部所涂写之标语更乱,应将该处政训主任严罚,以为不负责任不知整顿者戒也。[47]

对于宣传可以起到的作用,蒋介石有他自己的理解,他在 1939

---

〔45〕 何智霖编:《陈诚先生回忆录——抗日战争》(上),第 106 页。

〔46〕 蒋介石:《手谕应特别研究宣传有效方法》(二十八年四月一日),见何智霖编:《陈诚先生回忆录——抗日战争》(下),第 684 页。

〔47〕 蒋介石:《手谕切实整顿宣传标语》(二十八年四月十九日),见何智霖编:《陈诚先生回忆录——抗日战争》(下),第 685 页。

年 9 月 21 日的手谕里说：

> 前后方各部队对官兵训练政治学科时，应特别注重对
> 敌人之宣传方法与各种技术，其方法应分析日本、朝鲜、
> 台湾各种人之心理，尤其要注重伪军之官与兵之心理，以
> 及语言、文字、标语、口号等各种传达，散发秘密、明白
> 化装等各种技术，最好能使敌军上下疑惑，彼此防范。此
> 于各种人种、语言、心理不同之军队更易生效，以后作战
> 完全要靠政工与宣传之能否得力，必使各军官长与政工人
> 员皆能明白此点，时刻研究，时刻改良。尤其要在前方详
> 侦对象而定宣传与政工计画，更于实际工作有效也，望切
> 告各军各级官长与政工人员万勿疏忽于此也。[48]

身为其时中国最高领袖的蒋介石，会直接关注战地的宣传品、
标语和漫画散布的状况，甚至会对宣传不力进行问责，对宣传
效力加以评估。这种来自最高层的关注和指示，可以看出国民
党政府对于宣传工作的重视，也可以部分说明抗战期间抗敌标
语何以无处不在。

　　蒋介石的指令充分解释在抗日战争期间，尤其在抗战初期，
各地公共场所内出现大量壁画和标语的现象。这些壁画和标语
的受众不分敌我，蒋介石甚至在他的手谕中明确指示："我军
撤退之前，在原阵地及道路应特别散布宣传品及大字标语与漫
画。"[49]前文提到的南京街头壁画或"布画"，它们固然是给中
国人看的，同样也是要留给日本人看的。日本方面留下的照片

---

[48]　蒋介石：《手谕对敌宣传之各种技术盼时刻研究改进》（二十八年九月二十一
　　　日），见何智霖编：《陈诚先生回忆录——抗日战争》（下），第 689 页。
[49]　蒋介石：《手谕应特别研究宣传有效方法》（二十八年四月一日），见何智霖
　　　编：《陈诚先生回忆录——抗日战争》（下），第 684 页。

也确认了这一点，日本士兵和随军摄影师确实看到甚至记录下这些宣传画和标语。[50]

对于各个战区的宣传工作，政治部负有领导之责，也为各战区提供宣传品。1938 年 3 月 24 日，"政治部拟制对敌宣传标语十五条，大量印发各战区"[51]。政治部在当时会制作大量宣传标语（或者附带有图像），在大量印刷后分发给各个战区。这就明确了当时中央和地方各战区在宣传上的一致性，相同的宣传语言同时在各地区传播，而这一传播是通过政府的力量来实现的。同时，军委会政治部和各战区政治部之间常有人员流动。1938 年 11 月 24 日，陈诚在向蒋介石报告如何改进政治部业务时，说要"将部中现有人员三分之二派至各行营各战区政治部及学校政治部服务，留部三分之一人员中，再分派半数，至桂林、汉中两行营工作。"在军委会工作过的政治部人员，还会下放到分战区政治部任职。

军事委员会政治部第三厅在抗战期间对于宣传品的需求极其巨大。仅在1938 年 4、5 月间，政治部就印制了 5 亿份以上的宣传品。郭沫若 1938 年提交《第三厅工作报告》可以提供这方面的线索。这份报告只涉及第三厅 1938 年 4 月成立后到 5 月 12 日的活动内容，在这一个半月里，第三厅编印了 20 种不同的"对敌宣传品"，其中漫画一种，由第三厅七处一科编制，4月 27 日交付印刷，5 月 10 日印成交货，共计印刷了 50 万份。这 50 万份漫画，分发给航委会 10 万份、第一战区 5 万份、第

---

〔50〕 蔡涛曾经关注到一个现象，在 1938 年 9 月也就是武汉即将失陷的前一个月，政治部第三厅组织美术科全体工作人员在武汉各重要街头绘制了大量壁画，从中"可以看出三厅在当时已将壁画视为武汉沦陷后对敌宣传的一项重要手段"。见蔡涛：《敌我的镜像：黄鹤楼大壁画与中日宣传战——从中央美术学院美术馆藏王式廓〈武汉大壁画草稿〉谈起》，《美术研究》2014 年第 1 期，第 72 页。
〔51〕 何智霖编：《陈诚先生回忆录——抗日战争》（下），第 438 页。

二战区5万份、第三战区10万份、第五战区10万份、第五战区游击队1千份、第六师政训处5百份，计有401,500份。[52]余下没有提及的近10万份应该就留在武汉，武汉本身已在1938年2月增设为第九战区。

在漫画之外，还有对敌官兵宣传标语（15种，共计7,500,000份）、敬告日本国民书（500,000份）、告日本国民书（10,000,000份）、对敌国民宣传标语（30种，共计15,000,000份）、鹿地亘的《一个真实》（1,000,000份）、池田幸子的《与日本士兵书》（100,000份）、鹿地亘的《与日本人民》（500,000份）、通行证（5种，5,000,000份）、敌士兵反战同盟传单（6,000,000份）、中国被侵略民众告日本军人书（1,000,000份）、日文标语（17种，共计8,500,000份）、对东北伪兵标语（9种，共计1,800,000份）、告东北同胞书（500,000份）、鹿地亘《告日本政党人士》（1,000,000份）、鹿地亘《告日本农民大众》（1,000,000份）、鹿地亘《告日本工商业者》（1,000,000份）、鹿地亘《告日本劳动者阶级》（1,000,000份）、鹿地亘《告日本文化界》（1,000,000份）、鹿地亘《告日本国民》（1,000,000份）。印成后均分发各战区。[53]

需要指出的是，这些宣传材料全部是"对敌宣传品"，是专门为日本侵华官兵和伪军制作、印刷的传单。其数量极为庞大，在一个半月之内，这些为敌人印制的各种标语、宣传文书就达到5亿多份。对敌宣传品的散布方式很多，其中之一是通过飞机投放。最著名的一次是直接将传单投放到日本本土。1938年5月19日，中国空军两架B-10B型轰炸机从汉口起飞，5月20日凌晨飞临日本长崎撒下第一批传单，随后是福冈、九州，共

〔52〕郭沫若：《第三厅工作报告》，《郭沫若学刊》2011年第3期，第67—68页。
〔53〕同上书，第67页。

计投下一百多万张。传单上有号召，"我们中日两国人民，紧握着手，打倒共同的敌人、暴戾的日本法西斯！"；也有警告，"尔再不训，则百万传单，将一变为千吨炸弹，尔再戒之"。[54] 对于中国政府大量向敌占区空投宣传品这一现象，中外均有报道，在图像中亦不乏体现。1938 年 9 月 3 日《密勒氏评论报》上有一页介绍中国的抗战漫画，其中刊登了一组类似"十二月份图"的宣传画，每月选取一个主题刻画中国军民在抗战中的优异表现。5 月的主题属于空军，描绘两架飞机在空中如雨点般向下散布传单，还有一首打油诗题在画面上方："五月再说我空军，一十日跨海云东征。传单敬告日民众，打倒军阀才和平。"[55]【图 6.25】

　　《密勒氏评论报》1938 年 7 月 16 日转载了两幅漫画，都涉及这一主题。一幅是艾德曼（Elderman）发表于《华盛顿邮报》（*Washington Post*）的《今天谁不文明？》，漫画左边是"日本为中国准备"的炸弹正在摧毁一座城市，右边是"中国为日本准备"的传单，正在一个日本城市上方飘飘扬扬地落下。另一幅则是发表在《匹兹堡新闻报》（*Pittsburgh Press*）的漫画《谁不文明？》，并附有文字说明"中国在日本城市散发和平传单而非炸弹"[56]。【图 6.26】日本国土上密布枪炮，朝向国界之外，而天空中飘扬着无数来自中国的传单，上面写着"我们要和平"（Let's Have Peace），漫天飞舞的白色纸片和围绕在日本国旗四周的黑黝黝的大炮形成鲜明对比。这幅漫画很能显示到日本本土散发传单而非投掷炸弹的政治意义：即便遭受侵略，中国依然是热爱和平的国家。这一点为西方社会捕捉到，并在漫画中

〔54〕 叶介甫：《抗日战争中的中国空军》，《党史文汇》2005 年第 12 期，第 36—37 页。
〔55〕 *The China Weekly Review*, 1938/9/3, p.23.
〔56〕 该漫画转引自 *Pittsburgh Press*，*The China Weekly Review*, 1938/7/16, p.225。

图 6.25 《五月再说我空军》，
1938 年

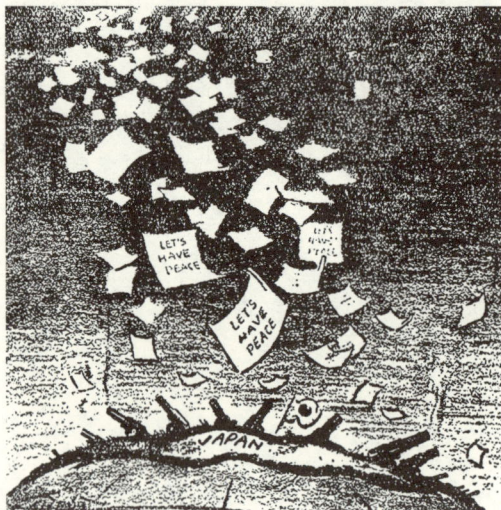

图 6.26 《谁不文明？》，
1938 年

给予很高的评价。同时，日本被塑造为一个野蛮的、不文明的国家。这些漫画作品不仅显示出对中国的同情，也开始改变中国在西方的形象。

郭沫若的《第三厅工作报告》显示，"对敌宣传品"主要由第三厅的秘书处和第七处负责制作，又以第七处为主。第三厅下辖一个办公室和三个处（五处、六处和七处），分别负责一般宣传、艺术宣传和国际宣传。其中第七处分管国际宣传，所以对外宣传品由这个部门完成。郭沫若的报告里没有提到对国内民众以及抗战官兵所制作的宣传品情形，但可以参考"对敌宣传品"来做侧面的了解，品种和数量只会更多，不会更少。例如报告中提到 1938 年 4 月 7 日至 13 日的武汉各界第二期抗战扩大宣传周，一共 7 天，每天都有不同主题，依次为文字日、宣讲日、歌咏日、美术日、戏剧日、电影日和游行日。在 4 月 7 日的"文字日"里，由政治部编制印发的各项宣传品有：（1）宣传大纲，（2）告全国同胞书，（3）标语，（4）口号单，（5）第二期抗战鼓词，（6）第二期抗战扩大宣传特辑；另以筹备会名义制发各项宣传品有：（1）告同胞书，（2）告负伤将士书，（3）告难民书，（4）告东北伪军书，（5）连索信，（6）告世界人士书（英文），（7）国际连索信（英文）。其丰富程度远超对敌宣传品。

在郭沫若提供的文件里，专门说明了这些宣传的去处。除政治部所在战区外，宣传品还分发给其他各个战区。这就建立起一个官方的宣传流通渠道，中央的军事委员会政治部制作的宣传品会循着官方途径进入到各大战区，再由各大战区散布到基层，或张贴到前线，乃至投放、散发到敌军手中。除中央的军委会政治部会印制宣传品之外，各战区政治部也会编印适合自身需求的宣传品，其中也包括各种"漫画标语"和宣传画。在阿姆斯特丹社会历史国际研究所的民国宣传画藏品中，就包括部分各战区政治部印制的宣传图像。

政治部委托漫画宣传队制作的各类宣传图像，应该也在分发各战区之列。巨人与长城相组合的宣传画大约会通过这种途径直接分发到各战区，或者出现在各战区政治部通过模仿制作出的新的宣传图像里。第四战区政治部制作过一件《纪念"九一八"，誓死收复失地！》的小幅宣传画，一个战士站立在长城上方，双手擎枪，身后国旗飘扬。这幅凭空招展、几乎充斥整个画面的巨大国旗充分展示出画中抗日战士的政治身份。在战士与长城的关系上，这一宣传画与军委会政治部宣传画使用了同一个图式。标题里出现的"誓死收复失地"，又与张仃在南京创作的长城图像共享一个主题。【图 6.27】

第四战区在抗战期间有三次战区划分。1937 年 8 月，国民政府在南京召开的最高国防会议上进行了第一次大规模的战区

图 6.27　第四战区政治部《纪念"九一八"，誓死收复失地！》

划分，第四战区划分的辖区是广东、福建两省，司令长官是何应钦[57]；1938 年 1 月，因南京沦陷，国民政府迁至武汉，国民政府军事委员会重新划分战区，第四战区长官仍为何应钦，作战地区则变更为广东和广西[58]；1938 年 10 月武汉会战结束之后重新划分战区时，第四战区辖区不变，仍为广东、广西，司令长官则改由张发奎担任[59]；1944 年冬，为筹备战略反攻，国民政府再次调整战区，第四战区撤销，在昆明成立中国陆军总司令部，统一指挥西南各战区部队，张发奎所部改编为该部第二方面军[60]。所以第四战区大致可以分为两个阶段，第一阶段在 1937 年 8 月至 1938 年 1 月，辖区为广东、福建，长官何应钦；第二阶段从 1938 年 1 月至 1944 年冬，辖区是广东、广西，长官主要是张发奎。张发奎在国民党高级将领中对共产党较为友善，也是各战区长官中比较看重艺术宣传功效的一位。在抗战期间，他多次直接参与、干预战区政治部下属的艺术活动。[61]存世署名为"第四战区政治部制"的宣传品，可能大多出自第四战区的第二阶段。如一幅名为《军民合作，保卫华南》的作品，署名为"第四战区司令长官司令部政治部制"，画面背景是一个战区地图，涵盖广西、广东、海南岛和部分福建。整个战区地图以两广为中心，从战区地理范围来看，这幅宣传画就应该是第二阶段的产物。【图 6.28】

---

[57]《大本营颁国军战争指导方案训令》（1937 年 8 月 20 日），见中国第二历史档案馆编：《抗日战争正面战场》，南京：凤凰出版社，2005 年，第 37—39 页。

[58] 何应钦：《八年抗战之经过》，台北：文海出版社，1972 年，第 30 页。

[59] 同上书，第 64 页。

[60] 同上书，第 169 页。关于国民政府战区的划分问题，还参考了房列曙、胡启生：《抗战时期国民政府战区划分的演变》，《抗日战争研究》1995 年第 1 期，第 100—111 页。

[61] 左双文：《张发奎与两广抗战述论》，《抗日战争研究》1995 年第 4 期，第 90—104 页。

图 6.28 《军民合作，保卫华南》，
第四战区司令长官司令部政治部制

　　《纪念"九一八"，誓死收复失地！》大约也是出自这一阶段。虽然在巨人战士和长城相组合方面，与早先南京流行的宣传画保持一致，但这幅出自第四战区的印刷品还是有它的地方色彩。由中央军事委员会政治部委托漫画宣传队制作的"漫画标语"里，两位长城上伫立的战士都戴着德式 M35 钢盔，这是当时中央军才能享有的标志。中央军在当时装备最好，战斗力最强，在抗战前期，中央军最精锐的部队多配备德式装备，也被称为德械师。而德式装备中最醒目的就是德式 M35 钢盔，据说，日本士兵看到中国军队戴着德式钢盔，就知道仗不好打了。[62] 而在第四战区，士兵佩戴的主要是英国托尼式（Tonny）钢盔。[63]

─────────────

[62] 在抗战全面爆发前，中国至少从德国进口了 295,000 顶德式钢盔。见章慕荣：《日本侵华时期国民政府陆军武器建设之考察》，《抗日战争研究》2008 年第 1 期，第 53 页。周渝：《国民党军队戎装变迁》，《国家人文历史》2015 年第 6 期，第 98—103 页。

[63] 甄锐：《丹青难写是精神：抗日战争中国民党陆军单兵装备详解（上）》，《兵器知识》2005 年第 3 期，第 49 页。

第四战区的战士看到这种头盔，就知道画中描绘的人物就是他们自己。这种差别显示出，当同一个长城图式转化为宣传图像时，可以因应情境的需要，对图式做出调整。【图 6.29】

图 6.29　同一长城图式在不同宣传图像中的应用

5. 国民党高层对"血肉长城"的理解

　　长城图像在各级政治部制作的宣传画中大量出现，说明官方认可了"长城"的宣传效力。那么，国民党高层在抗战爆发后如何理解"长城"呢？

　　1937年晋北的忻口战役中，郝梦龄（字锡九）中将殉国，陈诚著文《悼郝军长锡九兄》中提到了长城与"血的长城"：

> 　　在另一方面说，我们的血决没有白流，大白水村之役，给予敌人以严重的打击，使敌人不敢长驱直入，不得不破灭了急下太原的幻梦。锡九兄的壮烈的牺牲，更鼓励了晋北的全线战士，使人人抱定"我死而国生"的斗志，在长城的后方，又筑起了一条血的长城，来阻挡倭寇的南侵！这是锡九兄的胜利和成功！[64]

郝梦龄（1898—1937）是抗日战争初期牺牲的第一位军长，保定军校第六期毕业，在北伐战争中就升任第四军第二师少将师长，1937年山西忻口战役时，任国民革命军第九军中将军长，1937年10月16日殉国，于当年12月追赠为陆军上将。在10月10日忻口会战即将展开时，郝梦龄曾给妻子写下遗书："此次抗战乃民族国家生存之最后关头，抱定牺牲决心，不能成功即成仁，为争取最后胜利，使中华民族永存世上，故成功不必在我，我先牺牲。"[65]殉国当日，郝梦龄率部反攻日军，亲赴前线，激战最酣时距敌仅二百余米，最后与五十四师师长刘家麒同时中弹牺

---

[64] 陈诚：《悼郝军长锡九兄》，见陈诚：《陈诚将军抗战言论》，广州：新生出版社，1938年，第13页。

[65] 郝慧英：《纪念先父郝梦龄为国捐躯五十八周年》，《武汉文史资料》1995年第3期，第78页。

性。[66]忻口战役中，日军一直未能突破中国军队防线，到10月26日，日军另辟战线，占领娘子关，随后占领寿阳，逼近太原，坚守忻口再无战略意义，阎锡山在11月2日下令守军撤出，忻口战役才最后结束，以中国军队伤亡五万余的代价，阻敌23天。[67]郝梦龄的灵柩于10月24日运抵武汉，四千余人在车站迎灵。武汉各界在11月15日举行追悼大会，以国葬仪式安葬于武昌洪山。作为抗战中牺牲的第一位中将，郝梦龄的以身许国堪称军人表率，蒋介石曾对陈诚说"锡九兄算是替国家尽了责，他个人算成了功"[68]。毛泽东1938年3月12日在延安举行的纪念孙中山逝世十三周年和追悼抗敌阵亡将士大会上，也曾三次提到郝梦龄：

> 我们真诚地追悼这些死者，表示永远纪念他们，从郝梦麟、佟麟阁、赵登禹、饶国华、刘家祺、姜玉贞、陈锦秀、李桂丹、黄梅兴、姚子香、潘占魁诸将领到每一个战士，无不给了全中国人以崇高伟大的模范。中华民族决不是一群绵羊，而是富于民族自尊心与人类正义心的伟大民族，为了民族自尊与人类正义，为了中国人一定要生活在自己的土地上，决不让日本法西斯不付重大代价而达到其无法无天的目的。我们的方法就是战争与牺牲，拿战争对抗战争，拿革命的正义战对抗野蛮的侵略战。这种精神，我们民族的数千年历史已经证明，现在再来一次伟大的证明，郝梦麟将军等数十万人就为着这个而牺牲了。……我们的这个外线的战争，配合着内线的战争，又从各方努力，把我们全国范围内的党政军民各项紧要工作办得大大进步

---

〔66〕 董玉锁：《血洒疆场为报国——记抗战中牺牲的第一位中国军长郝梦龄》，《党史文汇》1995年第8期，第38—40页。

〔67〕 刘存善：《忻口战役始末》，《民国档案》1986年第1期，第95—99页。

〔68〕 陈诚：《悼郝军长锡九兄》，第14页。

起来，有朝一日，就可互相配合，内外夹击，打大反攻，那时还一定会配合着世界革命的援助，同日本国内人民革命的援助，最后胜利谁能说不是中国的？郝梦麟将军等的热血谁能说是白流的？日本强盗之被赶出中国谁能说不是必然的？孙中山先生的民族解放、民权自由、民生幸福的三大理想，谁能说不会实现于中国的？[69]

毛泽东高度评价了郝梦龄等11位"光荣地壮烈地牺牲了"的"崇高伟大的模范"。在这个历史语境里，陈诚文中所说的"血的长城"已不是纯粹的文学修辞，而是真切的军人的鲜血。这座"血的长城"就是军人鲜血凝固起来的一座"长城"。

郭沫若也曾在一篇文章里提到这个比喻。郭沫若作为政治部第三厅厅长，曾与陈诚共事，后来回忆过二人间的一段对话：

> 陈诚将军亲自对我说过：二十五，二十六那两天，敌人把飞机火力集中起来轰炸我们的大场一带的阵线，每天所投的炸弹在二千个以上。我们的将士事实上是以血肉作为长城；由前方传来的电话，大家都异口同声地说着"不成功，便成仁"，这话听来实在足以令人流泪。在这样悲壮情形之下，所有的工事遭了破坏，死伤过重，结局是退到第二道战线来了。然而像朱耀华师长的自杀引罪，四行仓库八百勇士的死守，不是真正地做到"不成功便成仁"的实际了吗？[70]

---

〔69〕 毛泽东：《在纪念孙中山逝世十三周年及追悼抗敌阵亡将士大会上的讲话》（一九三八年三月十二日），见中共中央文献研究室编：《毛泽东文集》第二卷，北京：人民出版社，1993年，第113—115页。文中"郝梦麟"即郝梦龄，"刘家祺"即刘家麒。

〔70〕 郭沫若：《持久抗战的必要条件》，战时生活社：《陈诚将军持久抗战论》，上海：战时生活社，1937年，第22页。

从这两处提起长城的部分看，陈诚在看到将士牺牲的情况下倾向于使用"血肉长城"的比喻。陈诚是上过前线的将领，与未上过前线的文人比较起来，对于"血肉长城"体会和理解自然有所不同。"血肉"的对立面是侵略者更现代化、更先进的武器装备。面对更精良的武器，中国军队只有也只能靠"血肉"来填补这个差距。当陈诚在血肉横飞的抗战最前线做这个比喻时，是在比较物质的、具身化的层面上使用这个"血肉长城"概念，反而使这个概念显得更为悲壮，同时更有力度，更加富于感召力。

为什么陈诚会使用这个比喻？这可能和陈诚作为政治部部长的身份有关，政治部的职能之一是主管宣传，他在具体领导或参与宣传事务时，自然会经常接触各类抗战歌曲、标语口号和宣传图像。

作为政治部第三厅厅长的郭沫若，也大量使用"血肉长城"这个词句，甚至用它来做自己诗歌的名字。1937年8月22日，郭沫若写出现代诗《血肉的长城》，这是他在抗战初期最受欢迎的诗作之一。[71] 这首诗在完成两天以后，便刊登在1937年8月24日上海的《救亡日报》：

> 爱国是国民人人所应有的责任，
> 人人都应该竭尽自己的精诚，
> 更何况国家临到了危急存亡时分。
>
> 我们的国家目前遇着了横暴的强寇，
> 接连地吞蚀了我们的冀北、热河、满洲，
> 我们不把全部的失地收回，誓不能罢手。

---

[71] 诗后附有时间。郭沫若：《蜩螗集》（附：《战声集》），上海：群益出版社，1948年，《战声集》第42页。

有人嘲笑我们是以戎克和铁舰敌对，
然而我们的戎克是充满着士气鱼雷，
我们要把敌人的舰队全盘炸毁。

有人患了恐日病，以为日寇太强，
我们的军备无论如何是比它不上，
然而淞沪抗战的结果请看怎样？

我们并不怯懦，也并不想骄矜，
然而我们相信，我们终要战胜敌人，
我们要以血以肉筑一座万里长城！[72]

　　在 1937 年抗战初期，郭沫若这首诗流传很广，几经转载，在《救亡日报》之外，又见于《抗战半月刊》1937 年第 1 卷第 2 期[73]，《非常情报》1937 年创刊号的"救亡文艺"[74]，以及《大抗战画报》1937 年第 3 期[75]。《大抗战画报》把郭沫若这首诗设置在"凭我血肉，守此天险"下，用七幅包括长城在内的照片和一幅战区形势图，表明地方军、中央军和八路军已经在河北、山西的紫荆关、娘子关、平型关、雁门关一带合力遏制住日军攻势，并期待不日即将展开的反攻。郭沫若这首《血肉的长城》编排在主标题与娘子关长城照片之间，新的"血肉"（诗歌）和古老的"天险"（照片）一起来陈述"凭我血肉，守此天险"主题，这是民国时期报刊设计中很精彩的一例。【图 6.30】

〔72〕 郭沫若著作编辑出版委员会编：《郭沫若全集》文学编第二卷，北京：人民文学出版社，1982 年，第 30—31 页。
〔73〕 郭沫若：《血肉的长城》，《抗战半月刊》1937 年第 1 卷第 2 期，第 44—45 页。
〔74〕 郭沫若：《血肉的长城》，《非常情报》1937 年创刊号，第 13 页。
〔75〕 郭沫若：《血肉的长城》，《大抗战画报》1937 年第 3 期。

图 6.30 郭沫若《血肉的长城》，《大抗战画报》1937 年第 3 期

郭沫若抗战初期的诗作收录在 1938 年 1 月出版的《战声集》里，他本人对自己这一时期的作品并不怎么满意，说它们"作为诗并没有什么价值，权且作为不完整的时代纪录而已"[76]。蓝海在《中国抗战文艺史》里对郭沫若这批作品的评价是："虽然这些诗缺乏艺术锤炼，存在口号化、概念化的缺点，但是却具有鲜明的战斗色彩和强烈的时代感。《抗战颂》站在时代的高度，提出了长期抗战的主张；《战声》号召以战争求和平；《血肉的长城》批判了恐日病。这些诗表现出一个诗人以政治家的风度对抗日战争所作的深刻思索。"[77] 从这些评价来看，它们的价值不在于诗本身，而在于诗所发挥的效

---

[76] 郭沫若：《蜩螗集》（附：《战声集》），"序"第 1 页。

[77] 蓝海：《中国抗战文艺史》，济南：山东文艺出版社，1984 年，第 297 页。

力，或者说诗歌所传达出的信念："有人患了恐日病，以为日寇太强，我们的军备无论如何是比它不上"，但"我们要以血以肉筑一座万里长城"，如果有了"血肉"筑成的长城，我们就可以相信，"我们终要战胜敌人"。"血肉的长城"在郭沫若诗中就凝聚为一种意志，一种期待，甚至成为战胜敌人最可以信赖的武器。

在抗战期间，明确认同"血肉长城"的官员中，职务最高者为冯玉祥。他是当时军事委员会副委员长，国防最高委员会委员，军政部部长。1944年1月1日出版的《田家画报》（第2卷第1期）里，冯玉祥有一首新年献词：

> 说献金，道献金，
> 献金救国是仁人。
> 趁着新年来谈心，谈谈如何挽国运。
> 前方正血战，前方正同敌人把命拼，
> 五百万好汉和英雄，
> 用他们的血肉筑成一条新的长城！
> 保护了我们的财产；保护了我们的性命，
> 还有我们的工厂，和我们的家中所有的人。
> 忠勇将士们，不顾自己长存，
> 保护我们民族永生，
> 献上他们的血肉之身，
> 英雄豪杰真盖世，真个是志士仁人！
> 对待我们后方的大众，不能说不是大恩；
> 如此我们该当怎样算尽一点我们的良心！
> 节约献金，节约献金，
> 慰劳他们，更要大量的建立机械化的新军，
> 多买飞机大炮坦克车，好快快的打走日本人。

我们也要救济苦难同胞，和荣誉官兵！

收复失地就在我们下一个新的决心！

大众火热起来，大众一条心，

真正是黄土亦能变成金！

起来呀！

大家节约献金！大家节约献金！〔78〕

冯玉祥在献词中直接借用了《义勇军进行曲》的歌词，将"把我们的血肉筑成我们新的长城"稍作改动，写成"用他们的血肉筑成一条新的长城"。冯玉祥强调了这条"新的长城"的作用：忠勇的将士们保护了我们的财产、保护了我们的生命、保卫了我们的工厂、保护了我们的家人，我们也应该"尽一点我们的良心"，"大众一条心"，"起来"节约献金。语句朴素直白是冯玉祥诗歌的特点，他也很能吸收流行文化中的语词来表达个人思想。1944年的冯玉祥虽未握有实权，但作为当时国民政府的高层，依然具有很大的社会号召力。他对于"新的长城"的理解和转用，能够说明这个观念在当时已经深入人心到何种程度，也体现出来自民间或流行文化的概念向社会上层传播的轨迹。

小　结

从黄新波《祖国的防卫》到张仃《收复失土》，再到各级政治部制作的抗战漫画标语，"巨人＋长城"的图式不断重复。这个图式里的共同点，是用长城来映衬巨人的高大。现实生活中没有一个人可以达到这种宏伟的高度，这就不可能是一种现实主义的再现，而只能是一种带有超现实色彩的、拟人化的寓

---

〔78〕 冯玉祥：《新年献词》，《田家画报》第 2 卷第 1 期，1944 年 1 月，第 18 页。

意形象。这个巨人总是呈现为战士的形象，寓意中国军队。巨人所对抗的敌人也非常具体，就是日本侵略者，而日本军队相比于中国军队而言，装备更加精良，战斗训练也更为完备，更是鸦片战争、甲午战争以来，对中国侵略最急迫、最残酷的帝国主义国家，这个巨人承担了弱小中国勇敢抵抗日本及一切帝国主义侵略的意志。这也使巨人般的战士还成为勇敢、正义、牺牲和荣誉等高贵品质的化身。巨人主要从长城那里获得意义，巨人脚下低矮的长城就像一个王冠，把长城之于国家兴亡与历史变迁的象征性意义赋予这个巨人。这样一来，巨人与长城在视觉上构成并列，而在象征意义上则完成了一种置换，长城蜕变为祖国的同义词，而顶天立地的战士取代了那座古代的砖石长城，铸造/置换为一座"血肉的长城"。这一"巨人＋长城"图式由此具备了双重性：它即代表了一座凝固在时间与空间中的实体的"长城"，同时又超越了历史的、物质的界限，升华为一座象征性的、精神的长城。

　　"巨人＋长城"图式由于其积极、正面的象征性，在抗日战争时期就很容易获得各阶层认同。只需要对巨人身上的某些带有标志性配件做出调整（最典型的是帽子或头盔），就可以为不同党派或群体所认同，用于各种抵御外侮和收复失地的宣传。也正是这个原因，它能够从艺术家（黄新波、张仃）的个人创造，进入大众传媒以及军事委员会政治部，成为体制所认可的图像，并借助体制的力量得到迅速而广泛的传播。我把这一过程称为"图像的体制化"。图像体制化首先是一个历史过程，在一个历史过程中，某种图像逐渐官方化，为官方或体制所认可。这也是图像获得合法性的过程。同时，图像的体制化也是一个规范象征意义的过程。在进入国家宣传机器之后，长城原本所具有的多种象征意义，尤其是历史上沉淀而来的负面价值（例如与秦始皇暴政的关联）就被体制化的"血肉长城"所一一剔除，只保留、强调和突出其中最积极、正面的那一部分。长城图像的"体制化"过程在 20 世纪 30 年代后期借助各级政治部得到实现，并为后来获得政权的中国共产党所继承。即便在今天的官方表述里，作为话语出现的长城总体上具有积极、正面的意义，而钢铁长城、血肉长城之类的象征性图像，也永远与保家卫国、英勇无畏和坚不可摧联系在一起。

第七章 无尽的行列：西方"新长城"漫画及其中国回响

自 1933 年以后，不同于实体长城的"新长城"概念开始在中国流传，到 1937 年抗日战争全面爆发后，随着《义勇军进行曲》的风行，要用我们的血肉筑起一座"新的长城"已经深入人心。但是这个"新的长城"究竟新在哪里，又怎样用"血肉"来筑起？抗战期间的人们有非常直观、也更具当下性的体会。通过当时的漫画和摄影，可以明了"新的长城"这一概念是在何种情境下，如何用视觉的方式构建起来，又如何规定了当时人对这个概念的理解。

1. 战士构造的"长城"

1940 年 1 月 15 日，《新华日报》刊登张谔漫画《向我们铁的长城致敬》。一排中国士兵从左到右排成一堵人墙，战士连成一片，黑色的身体显得坚实硬朗，宛如一座"铁的长城"。一位绅士托举一盒礼物前来慰劳，在高大的战士面前，这个人物如同孩童一般，显得过于矮小，为漫画增添不少喜剧效果。最能承托主题的是战士身上的文字："为国家尽忠，为民族尽孝"。传统观念在这里有了新的发展，忠、孝的对象转向国家和民族。而战士本身也是集体性的，他们用构成人墙的方式来替代真实

图 7.1　张谔
《向我们铁的长城致敬》，1940 年

的"长城"。【图 7.1】

　　张谔这一漫画刊登在《新华日报》报头右侧，在对应的报头左侧有一段黑体字图解："多送一份春礼劳军，增多一份抗战力量，多送一份春礼劳军，等于多送一颗子弹多杀敌人。爱国同胞们，到前线去！到战壕去！到后方兵营里去！真诚的热烈的去慰劳为坚持抗战的全国将士！"这段文字还出现在当日《新华日报》头版社论《响应春节劳军运动》一文中。社论主题是发动全国各机关团体、社会人士乃至全国人民在 2 月 10 日开展春节劳军运动，漫画对应的黑体字说明就出自这篇社论的最后一段。张谔漫画里的内容都可以在社论里找到依据，其中对抗战将士有这样的评价：

　　　　两年半的抗战，我忠勇为国的将士，以自己的忠骨筑成新的长城，阻止敌人的前进，保障国家的土地，收复失去的河山，维护无数同胞的生命财产。他们的鲜血，涤洗了和涤洗着旧中国的污点，他们的头颅建立了新中国的始基，他们是无愧于民族，无愧于国家，无愧于全国人民。[1]

"我忠勇为国的将士，以自己的忠骨筑成新的长城"，"他们是无愧于民族，无愧于国家"，这两段话大约就是张谔画中"为国家尽忠，为民族尽孝"的来历。以"铁的长城"为作品标题，可能也和这段文字有关。由于画面内容与社论文句高度一致，可以推测，张谔《向我们铁的长城致敬》是专为这篇社论而作，意在推动春节劳军运动的展开。【图 7.2】

用一排战士组成"铁的长城"，在图像上也有源头可循。此前在 1938 年 8 月 7 日《新华日报》还刊登过一幅漫画，画一排战士组成人墙，他们手握钢枪，身体前倾，刺刀指向左下角一个矮小的日本士兵。这个日本兵手里拿着大刀，背上还背着毒气罐。这一装扮古怪的矮小人物仿佛一个小丑，衬托出画面上那组战士的雄壮和有力。漫画名为《我们的新的长城》，注明转引自美国《工人日报》漫画。张谔《向我们铁的长城致敬》和这幅《我们的新的长城》多有相似之处：从画面一侧向纵深处排列的人墙，又用矮小人物来衬托战士的高大。【图 7.3】

图 7.2 《新华日报》1940 年 1 月 15 日，报头部分　图 7.3 《我们的新的长城》，1938 年

---

[1]　《新华日报》社论：《响应春节劳军运动》，《新华日报》1940 年 1 月 15 日，第 1 版。

和张谔的漫画一样，这幅转载自美国的漫画也刊登在《新华日报》最显眼的报头右侧，左侧也对应了一组口号："全国的共产党员！与国民党的同志们，与各界的同胞们，亲密地手携手肩并肩，为保卫武汉而奋斗！为驱逐敌寇出境而奋斗！为独立自由幸福的新中国而奋斗！"〔2〕如果将《新华日报》报名两侧的图像和文字结合起来，漫画中"我们的新的长城"所具有的含义无疑就更加丰富了。不仅仅是忠勇的战士，手携手、肩并肩站在一起的将会是全国的共产党、国民党和各界同胞，所有人团结在一起组成一道"新的长城"。这段报头文字全部摘引自当天《新华日报》社论《共产党员在保卫武汉中的责任》。〔3〕《新华日报》的编辑在外国漫画中选用这一幅来对应《共产党在保卫武汉中的责任》，应该是有意为之。作为中国共产党在武汉设置的桥头堡，《新华日报》能够代表党的声音。在《新华日报》上刊登这幅《我们的新的长城》漫画就足以说明，"新的长城"这一概念此时已为共产党接受和认同，"新的长城"的图像也得到充分的认可和利用。

　　这幅漫画并非仅见于《新华日报》，还发表在 1938 年 5 月的《华美》第 1 卷第 5 期。【图 7.4】这个版本更加清晰，日本士兵手中的大刀还在滴血，地上沾满血迹，毒气罐上的骷髅图案也十分醒目。关于日本军队在战争中使用毒气的情况，在当时的报刊上多有报道，也是"二战"后至今仍争讼不休的话题之一。《华美》这幅漫画注明转引于《莫斯科晚报》(*Moscow*

〔2〕　《新华日报》1938 年 8 月 7 日，第 1 版。

〔3〕　社论最后一段是："武汉危机了！全国的共产党员同志们！全武汉和全湖北的共产党员同志们！起来！响应政府保卫武汉的号召，执行本党保卫武汉的指示，在政府及战区司令部领导之下，与国民党的同志们，与各界的同胞们，亲密地手携手肩并肩，为保卫武汉而奋斗！为驱逐敌寇出境而奋斗！为独立自由幸福的新中国而奋斗！"见《新华日报》社论：《共产党员在保卫武汉中的责任》，《新华日报》1938 年 8 月 7 日，第 1 版。

图 7.4 《在中国长城的面前》，
《华美》1938 年 5 月

Evening Post），这就和《新华日报》在来源上大不相同；而且名字也略有不同：《在中国长城的面前》。[4]《新华日报》和《华美》对这幅漫画的转引，以及《工人日报》《莫斯科晚报》更早的刊印，都说明这一作品在当时受欢迎的程度。

《新华日报》和《华美》上这幅"长城"漫画催生出另一幅作品。1941 年 10 月 5 日出版的《国讯》第 282、283 期合刊本封面上刊登了夏涛漫画《筑成我们新的长城》，画中一排巨人般的战士双手擎枪，指向他们脚下的四个外国人。中国战士的排列方式与《新华日报》上的漫画如出一辙，只是刺刀所指向的敌人做了改动。【图 7.5】这几个外国人穿着各式军服，其中一人还顶着 19 世纪法国军队戴的帽子，颇有些时空上的错乱感。这个奇怪的形象也许可以从《密勒氏评论报》1940 年 6 月 8 日刊登的一幅漫画上获得解释。这幅漫画名为《在找圣赫勒拿岛吗，阿道夫？》（*Looking for St. Helena,*

---

〔4〕 《在中国长城的面前》，《华美》1938 年第 1 卷第 5 期，第 103 页。

图 7.5　夏涛《筑成我们新的长城》，
1941 年

Adolf?)，希特勒正在欧洲地图上圈定他下一处要进攻的地点，这个地点位于欧洲地图的东北角，应该就是苏联。拿破仑的幽灵站在希特勒身后，向他问出了这个问题，画家用这个幽灵预示着希特勒将会像拿破仑一样失败，另一方面，也突出了拿破仑穷兵黩武的一面。【图 7.6】《国讯》上出现类似拿破仑的形象，含义大约与之相近，甚至可能就是受这幅漫画的启发。和《在找圣赫勒拿岛吗，阿道夫？》里希特勒胳膊上的纳粹标志一样，夏涛《筑成我们新的长城》里也出现了德国法西斯的标志符号，这个符号说明了画中人物的身份，他们象征着德、日等法西斯主义国家。在面对巨人般的中国士兵时，这几个奇形怪状的法西斯人物，尤其是那个日本人明显被震惊到了，这个古怪的光头人物以手抚头，像灯泡一样发散出漫画独有的、表示惊讶的、呈弧形排列的小短线。这幅《筑成我们新的长城》画法稚拙，图式明显带有抄袭痕迹。不过，越是稚朴的技巧，越能显示出这位画家的热切，以及

图 7.6 《在找圣赫勒拿岛吗，
阿道夫？》，1940 年

这一"新的长城"图式的流传之广。

2. 菲茨帕特里克与中国"新长城"

用一排战士构成"新的长城"，最早也最有力度的作品出自美国漫画家丹尼尔·罗伯特·菲茨帕特里克（Daniel Robert Fitzpatrick，1891—1969）的《中国新长城》。这幅漫画最早刊登在 1938 年 4 月 10 日的《圣路易斯邮报》（*St. Louis Post-Dispatch*）上，画中中国战士平端步枪、刺刀向前，排成一列，横亘于大地之上，从画面的右端一直延伸到左边天际线的尽头，他们组成的人墙随地势高低错落而起伏。画面的三分之一是天空，三分之一是大地，这个由战士构成的人墙仿佛从大地中生长出来一样，伫立在天地之间，同样也占据了画面空间的三分之一。这个虚构的漫画场景气势恢宏博大，极富视觉冲击力。作品英文标题中的"the New Chinese Wall"一语双关，既可以理解为"这是一道中国的新长城"，也可以理解为"新的中国人构成了一堵墙"。这是利用"万里长城"的英文名"the Great Wall of China"做了一个文字游戏，在英文语境中将"长城"和"由人组成的墙壁"融为一体，从而与图像中的战士构成的坚强阵线相匹配。【图 7.7】

漫画作者菲茨帕特里克曾就读于芝加哥艺术学院（Chicago Art Institute），作为漫画家先后为《芝加哥新闻报》（*Chicago News*）和圣路易斯的《圣路易斯邮报》工作，为两家报纸提供时政漫画。他倾向于用漫画表达对受压迫者的同情，风格

图 7.7 菲茨帕特里克《中国新长城》，1938 年

THE NEW CHINESE WALL.

冷峻凌厉。[5]在 20 世纪 30 年代，他是最早意识到法西斯威胁到世界和平的漫画家之一，创作出大批针对法西斯侵略战争的时政漫画。如《不慌不忙的外交官们》(*While the Diplomats Deliberate*, 1937)嘲弄欧美政客们面对西班牙和中国如火如荼的战事时，却只知道在会议里消磨时光，没有付诸任何实际行动去阻止战争。【图 7.8】又如《今天是和平还是战争？》(*Is It Peace or War Today?* 1938)将欧洲刻画做一个谨小慎微的妇人，每天躲在家里把窗帘拉开一条缝，偷偷观望街头的局势变幻。【图 7.9】菲茨帕特里克漫画里最著名的形象可能是将纳粹符号"卐"刻画为一台翻滚中的死亡机器。在画家笔下，这台恐怖的战争机器反复出现，横扫欧洲。【图 7.10】这一形象在美国被看作关于第二次世界大战最具典型的视觉象征物。[6]这类漫画在当时很有影响力，就改变美国人对于纳粹的态度而言，菲茨帕特里克功不可没。他也是中日战争爆发后，坚定地站在中国一边，用漫画批判日本帝国主义的美国漫画家，在《圣路易斯邮报》上发表了大量讽刺日本入侵中国的漫画作品。

《圣路易斯邮报》为什么会刊登这样一幅漫画？这就要追溯1935 年 4 月 10 日前后《圣路易斯邮报》关于中国的相关报道。此前数日，这份报纸对中国的报道都集中于中日军队在中国山东爆发的激战，也就是台儿庄战役。先在 4 月 5 日刊登《逃避中的中国军队在转变，迟滞日军攻势》，报道中国军队在台儿庄

〔5〕 Thomas B. Sherman: "Profile of a Cartoonist", in D.R. Fitzpatrick: *As I Saw It*, New York:Simon and Schuster,1953. pp.vii-xvi.

〔6〕 Stephen Hess and Sandy Northrop: *American Political Cartoons: The Evolution of a National Identity, 1754-2010*, New Brunswick and London: Transaction Publishers, 2011, p.101.

图 7.8 菲茨帕特里克
《不慌不忙的外交官们》，1937 年

图 7.9　菲茨帕特里克
《今天是和平还是战争？》，1938 年

图 7.10　菲茨帕特里克
《下一个！》，1939 年

与日军展开争夺，日军尚未占领整个城市。[7]4 月 6 日继续报道
《山东正为中国所收复》[8]，4 月 7 日是《日本被击退，退出山东
一座城市》[9]，而 4 月 8 日的报道可能是决定性的，标题明白无
误地确定了中国方面在山东的胜利：《中国报道在山东取得的
重大胜利》[10]。4 月 9 日继续跟进报道《中国在东部使日军陷入
绝境》[11]。4 月 10 日的中国新闻是《中国报道，抵达山东省会济
南》[12]。最让人振奋（现在看起来也是最离谱）的报道来自 4 月
11 日，《中国准备收复南京》。[13]就是在这一系列中国军队节节
胜利的报道中，菲茨帕特里克的漫画《中国新长城》在 4 月 10
日的《圣路易斯邮报》上刊登出来。正是在台儿庄战役捷报频
传的鼓舞下，菲茨帕特里克完成了这幅极为精彩的、由顶天立
地的战士构成的"新长城"。

　　《圣路易斯邮报》首次刊登菲茨帕特里克《中国新长城》漫
画的 41 天后，在中国出版发行的《密勒氏评论报》于 1938 年
5 月 21 日转载了这幅漫画。随后，这一漫画在中国得到广泛传
播。这里要指出《密勒氏评论报》转载菲茨帕特里克漫画时做
的一个重大改动。菲茨帕特里克漫画的原始标题是 "The New

---

〔7〕　The Associated Press: "Fleeing Chinese Turn, Slow Japanese", in *St. Louis Post-Dispatch*, 1938/4/5.

〔8〕　The Associated Press: "Shantung Fighting Renewed By Chinese", in *St. Louis Post-Dispatch*, 1938/4/6.

〔9〕　The Associated Press: "Japanese Beaten Back, Give up Town in Shantung", in *St. Louis Post-Dispatch*, 1938/4/7.

〔10〕　The Associated Press: "Chinese Report Big Victory in Shantung", in *St. Louis Post-Dispatch*, 1938/4/8.

〔11〕　The Associated Press: "Chinese Trying to Trap Japan's Forces in East", in *St. Louis Post-Dispatch*, 1938/4/9.

〔12〕　The Associated Press: "Chinese Report Gain at Tsinan, Shantung Capitao", in *St. Louis Post-Dispatch*, 1938/4/10.

〔13〕　The Associated Press: "Chinese Prepare for Campaign to Retake Nanking", in *St. Louis Post-Dispatch*, 1938/4/11.

Chinese Wall"（中国新长城），而《密勒氏评论报》把作品标题
改成了一个问句："Will the New Chinese Wall hold？"（新中国
长城坚固吗？）这样一来，作品的含义就被改变了。菲茨帕特
里克的漫画本身就是一个"肯定句"：这道无尽的、坚定的战士
之墙，就是中国的新长城。而在《密勒氏评论报》这里，就变
成了：这座看起来坚固的战士长城还顶得住吗？这种转换应该
和转载时间有关。1938 年 4 月是台儿庄大捷最激动人心的时刻，
而到 5 月，日军集中兵力合围徐州，中方军队于 5 月 17 日西
撤，之后演变为日军的追击战。在 1938 年 5 月 21 日再发表菲
茨帕特里克的《中国新长城》，其最初所针对的台儿庄大捷已经
时过境迁，《密勒氏评论报》面对新的军事事件，为作品名添加
上一个问号也是可以理解的。【图 7.11】

　　而之所以要延迟到 41 天之后再刊登这幅漫画，就涉及欧

图 7.11 《新中国长城坚固
　　吗？》,《密勒氏评论报》
　　对《圣路易斯邮报》菲茨
　　帕特里克漫画的转载

美漫画如何传播到中国的问题。无论是 1938 年还是今天，在中国直接看到《圣路易斯邮报》都不是一件很容易的事情。但民国时期有几份在中国发行的英文报纸常常转引欧美最新报刊中的时政漫画，通过这些报刊，欧美漫画被大量介绍到中国，其中以刊登一流欧美漫画知名的报纸就是转载菲茨帕特里克漫画的《密勒氏评论报》。《密勒氏评论报》比较固定地从十余份欧美报纸转载漫画，《圣路易斯邮报》是主要来源之一。菲茨帕特里克是《圣路易斯邮报》的漫画主笔，又特别关注中日战争，描绘了不少以中日战争为题材的绘画，这大概是《圣路易斯邮报》频频为《密勒氏评论报》所援引的原因。中国在抗日战争期间能够看到菲茨帕特里克的漫画，主要依靠《密勒氏评论报》和《字林西报》的转载。《字林西报》(*The North-China Herald*)同样以漫画精美著称，只是这份报纸本身聘有一位专职漫画家，所以转载漫画要略少些。此外，图像传播与新闻传播还有不同。文字新闻可以通过无线电传送，而图像只能依附于书刊报纸由海运传递。来自美国的报刊图像要抵达中国上海，在 20 世纪 30 年代需要一个月以上的时间。在《圣路易斯邮报》刊登原创漫画与上海《密勒氏评论报》转载同一漫画的时间就可以看出当时新闻漫画图像传递所需的时间成本，这个时间大致在 40 到 60 天之间。

菲茨帕特里克关于纳粹德国和日本最经典的漫画里，有相当作品经由这两家报纸介绍到中国，如《密勒氏评论报》1938 年 10 月 15 日刊登的《前往捷克斯洛伐克的路上》(*On the Road To Czechoslovakia*)【图 7.12】、1938 年 10 月 22 日又刊登了《纳粹压路机》(*The Nazi Steamroller*)【图 7.13】，不过欧洲发生的战争距离中国比较遥远，反响不大。而类似《众多政府，等着瞧》(*Governments, While You Wait*)之类直接与中国抗战相关的漫画则很受欢迎。【图 7.14】日本的手指上顶着 3 个面部丑恶的

图 7.12　菲茨帕特里克《前往捷克斯洛伐克的路上》，1938 年

图 7.13　菲茨帕特里克《纳粹压路机》，1938 年

图 7.14 《字林西报》转载的菲茨帕特里克漫画《众多政府，等着瞧》

布娃娃，上面用英文写着南京、北平和满洲，表明这是 3 个被日本人操控的伪政权。这幅漫画经由 1938 年 3 月 2 日《字林西报》转载[14]，又在 1940 年 1 月 3 日《阵中日报》第 103 期中作为 "外国人眼光下的我国抗战" 的代表作出现。《阵中日报》转载时还在旁边附加了一段说明文字解释这幅漫画的入选理由："日本在中国制造了许多傀儡政府以图混淆国际视听，结果这套把戏早已给欧美各国人士看穿了谁也不会相信的，右图是英国路易士邮报的一张讽刺画是说明这些伪组织——南京、北平、满洲，是日人一手包办的（汪逆政府就是其中之一）。"[15]这段说明文字有两点需要补充说明一下。一是这个 "路易士邮报" 是美国报纸，不是英国的，《阵中画报》的编辑大约没有弄清楚

---

[14] *The North-China Herald*,1938/3/2, p.320.

[15] 菲茨帕特里克漫画的说明，见《阵中画报》1940 年第 103 期，第 3 页。

这家报纸的来历；二是这幅漫画创作于1938年，当时除所谓的"满洲国"外，日本还在北平组织了一个华北政府，又在南京组织了一个南京政府，两者互不统辖，到汪精卫投降日本后，由他将南京政府和华北政府统合起来。这一转引及文字解说是两年后对这幅漫画的重新利用，大约编辑认为有必要做一点追加的解释，所以附上说明文字"汪逆政府就是其中之一"。尽管与该漫画最初的历史情景已经大不相同，这幅漫画仍能够作为"欧美各国人士"提供的证据来证明当时的南京政权也就是汪精卫政府并不具备独立政权的合法性。只要中国还存在日本扶植的伪政权，这幅漫画就与中国政治现实息息相关，就能打动当时的中国读者。

在介绍到中国的诸多作品中，影响最大的还是要数菲茨帕特里克的《中国新长城》，或者《新中国长城坚固吗？》。同一幅漫画置入不同语境，其意义或有微妙差别。漫画固然有独立的含义，它所刊登的位置以及相匹配的文字内容或多或少会影响到读者对漫画图像的理解。菲茨帕特里克《新中国长城坚固吗？》在《密勒氏评论报》里被置入一篇时政评论《日本军队、首相和外务部为"控制"中国的方法争吵不休》之中。这篇评论先从日本国内对于下一步占领中国的目标分歧开始，进而谈到5月中旬日内瓦国联大会上对于中国的普遍"同情"，以及会上达成的决议，最后是中国政府正在展开的外交和政治举措。[16] 文章内容看起来是不偏不倚的事件说明，但却在正文之中配入三张看起来完全没有关系的图片。第一张是陈诚的照片及文字介绍，说明文字是："陈诚将军，汉口政治部部长（Head of Hankow Political Department），蒋介石的首席幕僚"。

---

[16] "Japanese Army, Premier and Foreing Office Squabble Over Methods of 'Controlling' China", in *The China Weekly Review*,1938/5/21.

第二张是郭沫若照片，文字说明他是"中国最著名的作家和革命者之一，1927 年参加民族主义运动（Nationalist movement）后前往日本直至去年。他现在是军事委员会政治部的秘书长（the political department of the Genneralissimo's Headquarters）"。第三张就是菲茨帕特里克的漫画。这三张图片有两个共同点：一是图片内容在它们所置身其中的文章里没有被直接提到。虽然陈诚与郭沫若都在军委会政治部任职，陈诚是部长，郭沫若是第三厅厅长，但这篇文章没有出现他们二人的名字；同样，文章虽然泛泛地说到"中国人民在维护国家独立与完整中体现的英雄主义赢得了全世界的赞誉"，却没有涉及中国军队如何组成新的长城抵抗日本侵略。二是三张图片都指向中国，一个中国将军、一个中国著名作家兼革命者，一组雄壮的中国士兵，他们的形象和身份都毫无凝滞地融为一体，对抗着文章标题所提到的、日本对中国的"控制"。这三幅照片、漫画及文字说明似乎突兀而生硬地插入到文章里，却是用图像的方式表达对于中国的支持，体现出《密勒氏评论报》本身对于中国抗战事业的同情。【图 7.15】

菲茨帕特里克还画过另一幅漫画，也出现了长城，时间大约在 1937 年 12 月，名为《被讨论多次的东京"轴心"》（*Much Discussed Tokyo "Axis"*）。【图 7.16】画一幅日本国旗覆盖在中国的东北方，日本旗上每一道黑色光柱都化作一只狰狞的手臂，两只黑手落在长城以北，又有三道越过长城，死死抓住中国土地上的城市。漫画中的图像都是象征性的。长城孤零零地坐落在一片平坦的土地上，是图中唯一的标志性建筑。菲茨帕特里克大概对中国长城只有概念化的了解，为了让美国人能够认出这是一个中国建筑，还在城墙上添加了一个中国亭子。长城北边铺设一面放射手臂的日本国旗，旗帜上圆形的黑色中心大约也隐喻日本首都东京，直观地表达出这里是日本发动战争

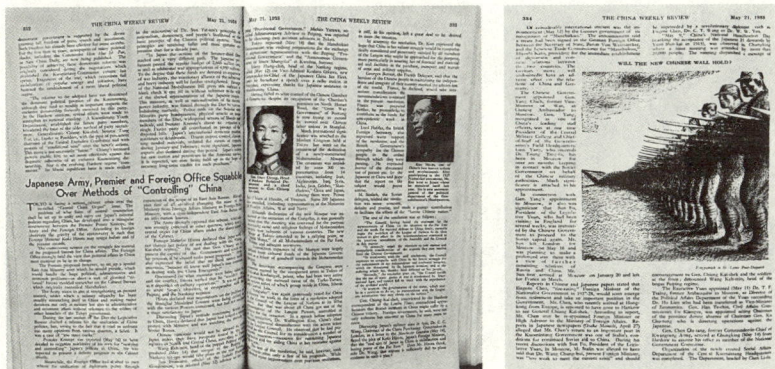

图 7.15 《日本军队、首相和外务部为"控制"中国的方法争吵不休》,《密勒氏评论报》
1938 年 5 月 21 日

图 7.16 菲茨帕特里克
《被讨论多次的东京"轴心"》, 1937 年

的"轴心"。继 1931 年占据中国东北后，日本军队在 1937 年下半年终于越过长城，侵入中国华北。长城在这幅漫画里既是一个真实的建筑物，也是一个政治地理标志，还暗示着一种时间性，跨过长城就表明战争正在进一步延伸。在这个过程里，长城——这座仡立在中国北方的庞大建筑物——显然无助于抵挡

日本的"黑手"。画家本人大概对这个构思比较得意，在1939年又将这组"黑手"画在另一幅漫画里。名为《反对共产主义的伟大圣战！》（*Great Crusade Against Communism!*）的漫画揭露出这组"黑手"的全貌，日本像章鱼一样向四面八方伸出巨手，每只手下都是一座被碾压的城市。中间的黑色"太阳"上写着"日本独占"（JAPANESE MONOPOLY），八只手臂抓住的土地在空中扭曲浮动，仿佛一面正在蠕动的日本国旗。【图7.17】画家用这样一幅漫画尖锐批评了日本帝国主义的暴力和恐怖，而漫画主要元素明显是从1937年《被讨论多次的东京"轴心"》里延伸而来。从这两幅漫画的演变可以看出，菲茨帕特里克一直密切关注日本对于中国的侵略，不断完善和提炼自己的表现手法，将手中炭笔化作武器，在美国从事反法西斯的高尚事业。

　　不过，这两幅"黑手"图像里的中国过于柔弱无助了，中国漫画家秦兆阳在菲茨帕特里克创造的图像基础上画了另一幅漫

图 7.17 菲茨帕特里克《反对共产主义的伟大圣战！》，1938 年

画《搏斗的结果》，通过中日两国国旗图案的对决来象征当下的战局。日本中间是一个骷髅头骨，象征日本侵略战争的黑暗本质，而中国则表现为一个战士激愤的面容，两者正作殊死搏斗。日本像蜘蛛一样伸向中国的八只黑手都被国民党党徽上的尖角牢牢钉住。画家还加了一段说明文字："看你这自讨苦吃的怪物还能动弹？"[17] 搏斗的结果似乎还是中国占据优势，这倒不一定是秦兆阳对于战事过于乐观，而是中国画家对于战争的期待，以及一种必胜信念的体现。菲茨帕特里克的漫画既富于批判性，又有力度，不过对于身处战局之中的中国画家而言，就显得过于冷静而理性，在鼓舞斗志方面略有不足。中、美画家所处历史情景不同，对同一形象的运用上也就显露出差别。【图 7.18】

在菲茨帕特里克的漫画里，1937 年 12 月孤立无助的长城与

图 7.18 秦兆阳《搏斗的结果》，1938 年

---

〔17〕 秦兆阳：《搏斗的结果》，《抗战漫画》1938 年第 8 期。

1938 年 5 月那道顶天立地、由战士构成的"中国新长城"形成了鲜明对比。这是一个从老长城到新长城的转化，从一道低矮的"砖石"长城转化为雄伟的"人"的长城。这一转化还伴随着视角的转移，《被讨论多次的东京"轴心"》里的长城是以俯视视角来观察，长城虽然横亘在大地之上，却在日本"黑手"临空跨过的映衬下显得如此渺小；反过来看《中国新长城》(或《新中国长城坚固吗？》)，视点放得很低，以仰视角度来看中国的抗战勇士，用自下而上的目光来衬托战士的高大伟岸。俯视与仰观之间，画家对两种长城在认识和评判上的差异就显现出来。中国对于砖石长城之无用的判断在晚清民国时已经很流行，对"人的长城"的呼唤在 1933 年已经出现，到 1937 年成为共识。两种长城的并存与转换在中国 20 世纪 30 年代发展成形。而在 1937 年至1938 年，美国漫画家在漫画里实现了同样的转换。菲茨帕特里克笔下所化生出的图像，反过来在中国获得了认同，并激发起中国漫画家的创作灵感。【图 7.19】

菲茨帕特里克《中国新长城》(《新中国长城坚固吗？》)经

图 7.19 《被讨论多次的东京"轴心"》与《新中国长城坚固吗？》中新、老"长城"的对比

《密勒氏评论报》传入中国后大受欢迎。最能反映当时中国对这幅漫画推崇程度的，是一部1939年出版的漫画教材《漫画的研究》。这本教材把菲茨帕特里克《新中国长城坚固吗？》当作成功漫画的优秀范本来品鉴。作者萧剑青本身就是一个漫画家，曾到日本留学，学习西洋绘画和漫画。[18]抗日战争全面爆发后有感于漫画在当时已成为"一种改造时代的技术"，又缺少专门的教材用于参考，于是写成《漫画的研究》一书。[19]在介绍漫画的概念、来源、派别、画法和取材之后，萧剑青专门作了一章"漫画的欣赏"，选出九件作品逐一分析，第一件就是菲茨帕特里克《新中国长城坚固吗？》。萧剑青直陈，他是在《密勒氏评论报》看到这件作品，《漫画的研究》一书选取的漫画样本有四幅出自该报，因为作者以为"《密勒氏评论报》所选登的漫画，是国内出版物中的最精彩者，在文化界上所获得的声誉，比任何刊物为佳"[20]。这段论述也是《密勒氏评论报》在中国文化界具有影响力的一个有力证明。

萧剑青从画题、技巧、寓意、力量、美点五个角度来分析和评价这件作品，从中可以部分看出这幅来自外国的漫画在1939年时人心目中的印象：

这是一幅炭笔漫画，创作技巧是属于抽象派。作者利用华军的作战坚强性为主点，以广大的地面代表中国，用铁一般的黑色来构成整幅画面的发挥力。

欣赏这幅画所得的结果与印象，有如下列：

1.画题　切合目前环境，虽以问话方式，但因画中表

〔18〕张伟：《尘封的珍书异刊：书海遨游寻珍觅宝》，天津：百花文艺出版社，2004年，第28页。
〔19〕萧剑青：《漫画的研究》，上海：世界书局，1939年，"自序"第1页。
〔20〕同上书，第148页。

现，反足以作华军阵线，永不崩溃的豪语。

2. 技巧　作者利用广阔的黑色，构成有如钢铁一般的暗示，足以证明其创作的精练与胆量。

3. 寓意　用大片地土代表中国；用严肃延绵不绝的阵容代表中国军人；用刺刀代表其锋芒，都最为适合。

4. 力量　由上三点联合作用，使人看了顿生敬畏与兴奋的心。

5. 美点　构图适合，人物奇伟，光与影调和，部局无偏于轻重。[21]

萧剑青本身就是漫画家，他看过时尚且升起"敬畏与兴奋的心"，这幅漫画在当时的中国应该算是极成功的作品了。需要注意的是，萧剑青特意提到如何理解漫画标题里的问号——"新中国长城坚固吗？"——萧剑青的解读是，这个问句反而可以加强作品的力量，使之成为"华军阵线，永不崩溃的豪语"。

显然，萧剑青并不清楚原画标题实际上没有这个问号，大约所有从《密勒氏评论报》上接触到菲茨帕特里克这一漫画的中国人都不知道这一点。《密勒氏评论报》1938 年的主编是美国人约翰·本杰明·鲍威尔（John Bill Powell），对于鲍威尔及其旗下的美国编辑来说，中国的新长城是否坚固在 1938 年的 5 月可能确实是个问题，即便图像本身已经做了正面的回答。而对中国人来说，标题里的"问号"却显得太多余。当菲茨帕特里克漫画为中国刊物所转载时，这个问句就常常变回了肯定句。《宇宙风》杂志 1938 年第 70 期刊登了这幅漫画，将作品重新命名为《中国的新长城》。【图 7.20】虽然作品旁边注明出自"美国圣鲁易邮报"，不过该期《宇宙风》杂志的出版时间是

---

〔21〕 萧剑青：《漫画的研究》，第 150—151 页。

1938 年 7 月 1 日，已经是《密勒氏评论报》刊登菲茨帕特里克这一漫画一个半月之后了，其直接来源应该还是《密勒氏评论报》。《新语周刊》也转引了这件作品，这份杂志给出了作者名"Fitzpatrick"，作品标题改动为《新的中国长城》。[22]【图 7.21】《宇宙风》和《新语周刊》在转引时都对原作品标题做了修改，

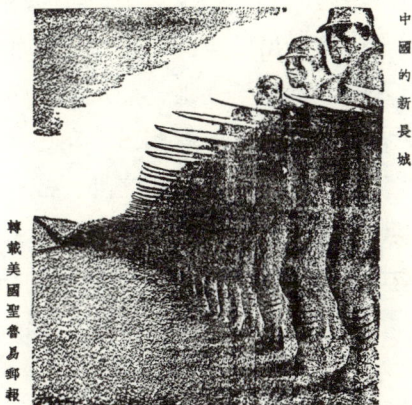

图 7.20 《中国的新长城》，《宇宙风》1938 年

图 7.21 《新的中国长城》，《新语周刊》1938 年

---

〔22〕 Fitzpatrick:《新的中国长城》，《新语周刊》1938 年第 1 卷第 6 期，第 103 页。

将英文标题里的疑问句改成一锤定音、不容置疑的短语"中国的新长城"或"新的中国长城"。对于1938年的中国而言，"新中国长城坚固吗？"——就算这是一个问题，也不应该让它成为问题。《宇宙风》和《新语周刊》对标题的改动，本身就是对"新中国长城坚固吗？"这个问句的答复。

菲茨帕特里克创造的"新长城"图式构建起一种"绵延不绝"、令人心生"敬畏"的视觉效果，这种效果很大程度上是利用透视制造出的空间深度以及仰视产生的雄伟感来实现的。最前方的人物顶天立地，而最远处的战士已经渺不可见。最前方战士身前依然露出有刺刀一角，暗示出在这个队列的前面还有战士在，而远处天际线之外，战士的队列还在延续，由此象征性地构建出视线无法容纳的、无穷尽的宛如铜墙铁壁般的中国战士。张谔、夏涛等中国画家的仿作多少都沿用了这个图式，只是出于绘画技巧上的欠缺，改编版在视觉力度上较为薄弱，反倒是在内容的戏剧性上有所增加。这种戏剧性在1940年的漫画《我们要作新的长城》里突出地体现出来。这幅漫画出自《抗建》杂志1942年第19、20、21期合刊本，该期杂志主题之一是儿童。漫画作者在《我们要作新的长城》里代替儿童表达出一种"儿童的愿望"。画中一群小孩子穿着军服从右向左斜向排列，形成一堵密不透风的墙壁。漫画图式（斜向排列的人墙）和主题（新的长城）都可以追溯到菲茨帕特里克，不过菲茨帕特里克作品里的庄重肃穆在这里化作天真稚拙。就表达和塑造儿童对于战争的意识而言，《我们要作新的长城》也算别有一番生趣。通过对美国漫画家菲茨帕特里克作品的模仿与再创造，一种视觉上由人墙构成的"新的长城"，也深入人心地建立起来。【图7.22】

图 7.22 《我们要作新的长城》，
1942 年

3. 无尽的行列

纯粹用战士来构造中国的"长城"，还有比菲茨帕特里克更早的案例。1937 年中日战争全面爆发不久，《亚里桑那州共和报》（*Arizona Republic*）于 1937 年 7 月 30 日头版刊登了漫画《中国的长城》（*the Great Wall of China*），作者是《亚里桑那州共和报》专职画家雷吉·曼宁（Reg Manning）。在绵延无际的丘陵上，一队中国军队穿过画面前方的边框，源源不断地开赴远方，在画面尽头的天际线上，正有礼花般的硝烟绽放。左下角的士兵行列上面还有一个仿佛旗帜般飘荡的方框，里面写着"MAN POWER"，似乎寓意中国的"MAN POWER"（人力）正转化为军队，源源不断地开赴前线投入到与日本的战争中。而四人一排、组成方整队列的军队在起伏的丘陵蜿蜒错落，明显是在模仿位于崇山峻岭之上的万里长城。作品标题证实了这种视觉上的相似性，正开赴前线的中国军队就是"中国的长城"（the Great Wall of China）。【图 7.23】

这幅漫画一经发表，就在中国引起巨大共鸣。1937 年 10

图 7.23　雷吉·曼宁
《中国的长城》，1937 年

月的《战时画报》转引这幅漫画时，大约是为了突出"MAN
POWER"，编辑者做了三点小改动：将原作中歪斜的边框扶
正；又将这个英文词组略微放大；出于面向中国读者的需要，
编辑者还在"MAN POWER"上添加了中文"人力"二字。通
过这些微调，《战时画报》将源源不断的"人力"与中国长城做
了更紧密的联结。【图 7.24、图 7.25】

　　1937 年 10 月的《国闻周报》也转载了这幅漫画，作品
名改作《中国新长城》，并附加说明："言中国在抗战中，以
人力占优势也。"[23]【图 7.26】1937 年 12 月出版的《时事月
报》第 17 卷第 6 期在转载这幅漫画时，将标题改为《暴日摧
毁不了的中国新长城》，又用"民众力量"替换原本的"MAN

----

〔23〕《中国新长城》，《国闻周报》1937 年第 14 卷第 41 期，"漫画"第 2 页。

图 7.24 《中国的长城》，
《战时画报》1937 年 10 月

图 7.25 "MAN POWER"的调整：边框更正、字更大、加中文

图 7.26 《中国新长城》,
《国闻周报》1937 年 10 月

POWER"。[24]这个译法似乎比"人力"更具有感召力,如此一来,中国的新长城就是由"民众"及其"力量"构成的了。不过有意思的是,中国刊物在转引这幅漫画时,有意无意地将"长城"改成了"新长城"。面对一幅由人组成的"长城",中国刊物似乎更希望在文字的命名上能够有所区分,把"新长城"和"老长城"的差别在文字上凸显出来。【图 7.27】

　　这幅漫画不仅为各类刊物频繁转载,还为不少抗战书籍所青睐,将它用作封面插图。1937 年 11 月由战时生活社出版的《陈诚将军持久抗战论》一书,就在封面设计上直接转用了这幅用"MAN POWER"构成的长城漫画。这本书的书名有某种误导,书中收录七篇文章,实际上只有前三篇是陈诚所作,分别是《持久抗战应有的认识》《持久抗战的几个重要点》和《持久抗战的战局谈》,这三篇文章都已经先后刊登在《救亡日报》上。其余

[24]《暴日摧毁不了中国的新长城》,《时事月报》1937 年第 17 卷第 6 期,第 324 页。

暴日摧毁不了的中国新长城。

图 7.27 《暴日摧毁不了的中
国新长城》,《时事月报》
1937 年 12 月

四篇是社会名流关于抗战的论述，包括郭沫若的《持久抗战的必
要条件》、洛甫《抗日民族革命战争的持久性》、史德华《持久抗
战为中国胜利关键》和史良《持久战的目的——最后胜利》。此
外还附有《民族革命战争战地总动员委员会工作纲领（草案）》
和《中国共产党抗日救国十大纲领》。所有这些文章的主题是一
致的，都是关于正在进行的中日战争以及即将到来的、难以预计
的持久战问题。封面上出现一眼望不到尽头的士兵奔赴战场、暗
示中国"MAN POWER"无穷无尽的漫画，确实很能体现"持久
战"以及中国方面预期"持久战"终将胜利的观点，放在封面上
确与书中主题"持久抗战"相得益彰。【图 7.28】

　　在战时出版社出版的《抗战总动员》里，这一漫画又作为
封面出现了。这本书收录邹韬奋等 27 位作者的 27 篇文章，从

政治、经济、外交、文化、教育、新闻和艺术七个方面讨论
"总动员"问题。"人力"动员和军事动员没有包含在这本《抗
战总动员》内，但人力与军事却恰恰是以上各种动员的基础。
将"MAN POWER"转化为战士正是"抗战总动员"所要实现
的目标，漫画放在这里同样切题。【图 7.29】

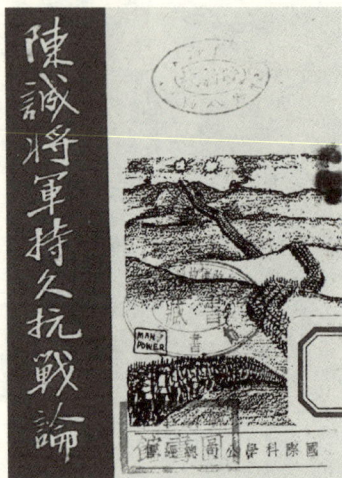

图 7.28 《陈诚将军持久抗战论》封面，
1937 年

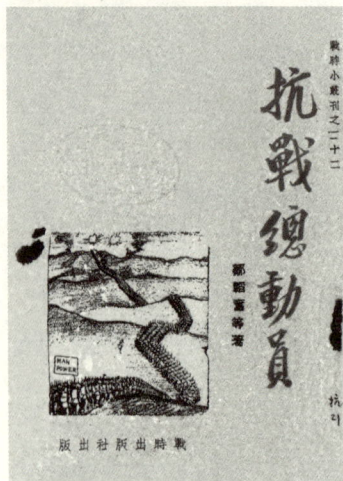

图 7.29 《抗战总动员》封面，1938 年?

1937 年 11 月 1 日出版的《中苏文化》"抗战特刊"创刊号封面上也使用了这幅漫画。与前两本封面不同的是,这里为作品添加了一个新的名字:《我们的长城——四万万七千万》。[25]"四万万七千万"将画面中的"MAN POWER"具体为所有的中国人,或者说,所有的四万万七千万中国人都可以作为"MAN POWER"转化为横亘在大地上的战士行列,这四万万七千万中国人共同来组成"我们的长城"。封面上"抗战特刊"的标题也为"我们的长城"提供了一个目标,这是一座为抗战而筑起的长城。【图 7.30】

当这幅外国漫画成为书刊封面的一部分时,它也就随着这些书籍的印刷、销售和阅读而得到传播。无论创作它的原初意图如何,这一漫画图像就此在新的语境中与"持久战""总动员""抗战"等当时最迫切也最重大的中国问题联系在一起,由此获得了新的意义。

在图像层面上,雷吉·曼宁《中国的长城》同样具有开创性,它将战士、长城与无穷尽的行列融合到一个图像,为后来的类似图像提供了范本。

《路易斯维尔信使报》(the Louisville Courier-Journal)一幅由约瑟夫(Joseph)所作的漫画《中国的长城》(The Great Wall of China)明显受到雷吉·曼宁的影响。这幅漫画里也有一队似乎永无止境的士兵在丘陵间行进,只是画面要更简单。前进中的队伍排成单人队列,他们从山后向前方走来,翻过两个山头后又走出画面之外,似乎只是一个无穷尽队列中的某个片段。在这个队列上方同样有"MAN POWER"字样,同样也暗示中国人力资源的无穷无尽。画面的构成、寓意甚至画面上的文字都与前一幅漫画相一致,承接关系十分明显。【图 7.31】

---

〔25〕《我们的长城》,《中苏文化抗战特刊》1937 年创刊号,封面。

图 7.30 《我们的长城——四万万七千万》,《中苏文化》1937 年 11 月

图 7.31 《密勒氏评论报》上转载的约瑟夫《中国的长城》, 1938 年 10 月 8 日

大约基于同样的原因，这幅漫画在中国也很受欢迎。《密勒氏评论报》1938年10月8日转载了这幅漫画，《导报增刊》1939年第1卷第3期也同样做了转载。这两次都是忠实的引用，在画面上没有做任何改动。

不那么忠实但更精彩的转载来自《民族公论》1938年的创刊号。这本杂志在将英文版漫画转变为中文版时做了些字句上的调整。不仅在"MAN POWER"旁附上中文解释"人力"，还在画中左下方的空白处加了"中国的长城"五字，并用箭头指向上方的"人力"，用"中国的长城"来为"人力"做注解。这个注解实际上是漫画英文标题的中文翻译，再用这个名字给漫画命名似乎就有点重复，于是编辑又在画面之外给这幅漫画添加了一个非常中国化的标题《筑成我们新的长城》。将原本的"中国的长城"改为"筑成我们新的长城"，就将一个词组变成了一个句子，而这个句子又有一个众所周知的出处，来自《义勇军进行曲》的歌词。这个新的中文标题不仅为漫画增添了运动感，仿佛行进中的士兵们"正在"化身为一座新的长城，还部分地赋予了画面一个"配音"，这队战士好像正踩着《义勇军进行曲》的节拍前进。在登载这一漫画时，《民族公论》别出心裁地搭配了另一幅漫画《前途渺茫！》，只画一个日本士兵在无限延伸的道路上踽踽独行，路前无尽的黑暗似乎预示着他的下场。一来一往、一多一寡之间，两幅图像很自然地构成了鲜明对比，两幅立意不同的漫画被组合为一个更大的、寓意中国必胜的叙事。【图7.32】

这类以中国的"MAN POWER"为中心的画面，最终的来源可能是一部在1929年就开始畅销美国的奇书《信不信！》(*Believe it or not!*)。《信不信！》记录世界上的各种奇闻逸事，图文并茂，在美国很受欢迎。关于中国的一则奇事是《永远走不完的中国人》(*the Marching Chinese*)。中国人组成四人一排的行列从地球远方走来，随地势排成一条弧线，最终与地球的边缘融

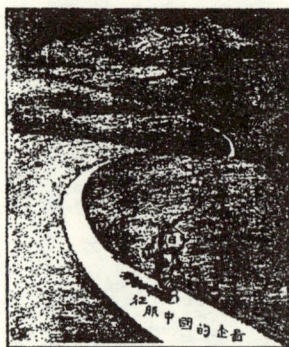

图7.32 《筑成我们新的长城》与《前途渺茫！》的并置，《民族公论》1938年创刊号

为一体，夸张的透视效果营造出一种巨大的数量感。黑沉沉的
天空中有白云浮动，斗笠下的行人面容隐藏在阴影中，显得阴
郁而压抑。队伍脚下是漫画名字和对画面的文字说明："如果世
界上所有中国人往前走，四个人一排，全都经过一个给定的地
点，那么他们就会永远走下去，永远走不完。"[26] 漫画下另附有
一篇短文对这个画面的缘起和内容做更详尽的解释，为什么画家
要认为中国人会无穷尽地通过这个给定的地点（a given point）。
作者假设现在有600,000,000中国人[27]，根据美国军事条例（U.S.
Army Field Service Regulations）的规定，每四个人一排，按每小
时3英里的速度每天行进15英里，那么所有六亿中国人需要22
年又302天才能通过这个给定的地点。这就是整整一代人的时

---

[26] Robert L. Ripley: *Believe it or not!* , New York: Simon and Schuster,1929, p. 46.
[27] 这个人数是作者自己推算的。在中华人民共和国成立前，中国从来没有一个
确切的人口统计数字，道光十五年（1835）统计的人口数是401,767,053，民
国元年（1912）统计数字是404,736,191，民国十七年（1928）调查的结果是
474,787,386。民国时人也相信，实际人口应该多于这个数字。见陶希圣：《中国
民族战史》，国民政府军事委员会政治部编印，1938年，第10页。到1953年进
行了第一次人口普查，普查结果是601,938,035，里普利的推测也算歪打正着。

间，其中每年走过这个点的人数是 26,280,000。然后作者假设中国的出生率是每年百分之十，又有一半的成活率，那么每年会有30,000,000 个中国人加入到这个行进的队列里。这样算起来，每年通过这个地点的人数是 26,280,000 人，在队伍的最末端又加入30,000,000 人，新加入的人数多于通过人数，那么在这个条件下走过这个给定地点的中国人将会永无止境。[28]【图 7.33】

这幅漫画的创作不晚于 1929 年，也不早于 1918 年。[29] 漫

图 7.33　里普利《永远走不完的中国人》，20 世纪 20 年代

---

〔28〕　Robert L. Ripley: *Believe it or not!* , p. 47.

〔29〕　《信不信！》在 1929 年出了第一版，在 1931 年出了新版，1934 年又出了一个选集。后两个版本分别是：Robert L. Ripley: *The New Believe it or not!* , New York: Simon and Schuster,1931; Robert L. Ripley: *Believe it or not! Omnibus*, New York: Simon and Schuster,1934. 在 1934 年版本的前言里，里普利说他从 1918 年开始创作"Believe It or Not"漫画，到 1934 年已有 325 家报纸或机构找他要稿，而他的漫画一直能够源源不断地产生出来。这就意味着他的漫画绘成后通常会先在报刊上发表，再汇集成册出版。《永远走不完的中国人》在 1929 年的第一版《信不信！》就已经出现，目前还不能确定这幅漫画究竟作于 1918 至 1929 年间的哪一年。

画作者罗伯特·勒鲁瓦·里普利（Robert LeRoy Ripley，1890—1949）用这个图像来表达他对于中国的恐惧。里普利讲述了他的灵感来源。在画这幅漫画前不久，他到唐人街一个中国朋友家吃饭，这是一顿"真正的中国正餐"，前后上了20到30道菜，持续了五个小时。看起来好客的中国主人应该是很用心地款待了里普利，所以里普利很晚才回到家里，而后他就上床睡觉，并且做了一个噩梦。在梦里，里普利看到他曾在青岛码头见过的川流不息的中国人，听到他们口里呼喊的号子声"Hi！Ho！Hi！Ho！Hi！Ho！"然后这些人和声音就无止境地出现在这个梦里，直到他从梦中惊醒。然后，里普利说，他就拿出铅笔和纸画下了这幅漫画。画中的中国人仿佛梦魇一样，所有人都低着头，面容隐藏在阴影中，毫无个性，只知道机械地前行。这种梦魇般的形象是里普利头脑里中国人的印象，这个印象又构成了他噩梦的核心。

这个梦境及其物化出来的漫画可能还不仅仅是里普利个人对中国的认识，而是20世纪20年代在美国流行的对于中国人的一种刻板成见。19世纪下半叶以来，美国一直有一种排华情绪，认为太多的中国人来到美国后对美国造成了沉重负担。在里普利描绘他的噩梦时，自1882年通过的排华法案（《关于执行有关华人条约诸规定的法律》）依然还在实施。直到第二次世界大战期间的1943年，这个限制中国人移民美国的法案才经由《麦诺森法案》得到废除。在此期间，中国人在美国一直带有某种负面形象，这种负面形象浓缩在一个特别的字眼里：黄祸。里普利的漫画某种程度上就是在迎合这种对于中国的看法。里普利漫画里隐藏的台词可能就是：如果放任中国人来到美国，那么美国就会到来无穷尽的中国人。用这种方式，里普利重申了美国排斥中国人的一个重要论据，进而强化了当时美国对于中国的偏见。

里普利的漫画中使用的图式也不全然是他的独创。在19

世纪"排华"风潮席卷美国的时候，美国漫画里就常以如此方式居高临下地描绘中国人。1881 年 5 月 7 日《窝斯比画报》（*The Wasp*）有一幅《用力关上门》的漫画，描绘了"新的中国法案"（the new Chinese Treaty）签订后，中国人进入美国的门户正在关闭。画里的中国人从远在天边的轮船一直延伸到画面最前方，再延伸到画幅之外，也是使用了这种无穷尽的图式。【图 7.34】同一画报在 1885 年 8 月 15 日以《禁例被挫》为题，把围绕排华法案的博弈描绘成一场棒球比赛。画面上"邪恶"的中国人胜出一局。旁边等待上场的中国选手从球场上一直排列到地平线上正在冒出浓烟的轮船。【图 7.35】在表现手法上，这幅漫画和前一幅毫无二致。这又是一个无穷尽的、负面的中国人形象。《窝斯比画报》创刊于 1876 年的旧

图 7.34 《用力关上门》，1881 年

图 7.35 《禁例被挫》，1885 年

金山，1941 年停刊。[30] 在 19 世纪美国华人最集中的城市旧金山，这一画报因常常刊登贬低和嘲笑中国移民形象的政治漫画而臭名昭著。"无穷尽"是这一画报攻击中国移民的口实之一，通过塑造并反复灌输这一形象，这类漫画试图唤起美国公众对于中国人的恐惧和敌视。

《永远走不完的中国人》和 1937 年的漫画《中国的长城》在图像上的承接关系非常清楚，都是四人一排，走在呈弧形的地面上，远处有云烟升起在空中。里普利《信不信！》里虽然没有出现"MAN POWER"之类的字句，却用数据和图像生动地展示了无比丰富的"人力"资源。而在 1937 年中日战争爆发后，西方漫画家借用这个图像引发出了新的含义，用士兵替代民众，用硝烟替代白云，用"中国的长城"来替代里普利颇有些调侃和讽刺的文章名字（《真他妈聪明，这些中国人》，*Damned clever, these Chinese*）。这与中日战争爆发后欧美对华舆论的转移或有关联，也与中国军队在战争初期的英勇战斗和出色表现不无关系。【图 7.36】

---

〔30〕 http://en.wikipedia.org/wiki/The_Wasp_（magazine）。

图 7.36　《永远走不完的中国人》与《中国的长城》对比

　　菲茨帕特里克的漫画里同样沿用了中国人无有穷尽的意象，含义也同样做了置换：中国人将用这无穷尽的力量来对抗敌人，保卫自己的国家。用这种方式，"无穷尽"获得了正面的、积极的意义。"中国新的长城"使用"无穷尽"的形式手法来呈现时，是对一种早已有之的、用来贬低中国人的图像模式的利用和转换。至少在部分西方人眼中，当中国竖起一座由威武战士构成的"新长城"，不再是轮船上倾泻下来的长袍马褂小辫子时，就意味着一个新的中国形象正在得到建立。自鸦片战争以来，中国直到抗日战争时才在西方树立起一个新的形象。这是一个英勇顽强、威武不屈的形象。

小　结

　　"新的长城"是 1933 年以后产生的一个新概念。由于战争的原因，这个概念迅速转化为图像，参与到民族建构和抵御外侮的洪流中。随之而来的问题就是：图像如何展示概念？图像又怎样利用既有概念来实现自己的目的？

美国时政漫画家面对这个新的概念，开创出两种图式。一种用静止的人墙来组成一座"新长城"，可以称为"站立模式"；另一种是由前进中的队伍来构成一道"新长城"，不妨称作"行进模式"。这两种图像都以战士为主体，利用透视营造出无穷无尽的视觉效果。无论站立还是行进，都呈现为一个无尽的行列，在山峦上曲折盘旋，仿佛没有尽头，而这恰恰就是中国古代/实体长城的一个视觉特征。欧美世界存在一个悠久的政治漫画传统，受过专业训练并在激烈竞争中胜出的职业漫画家大多具有卓越的艺术才能，面对中国的"新长城"概念，能够调动既有的、关于中国的图像资源创造出新的图像模式。反过来，这些图式又激发起中国画家对于"新长城"之视觉形象的理解。

在用于大众宣传的图像创造上，中国缺少可资借鉴的传统。西方已经非常成熟的艺术语言和形式手法自然就成为效法对象。对于20世纪30年代的中国漫画家来说，西方优秀漫画作品是学习的主要对象。本文一开始提到的画家张谔，在回顾自己如何走上漫画道路时，就直言他起步于对外国漫画的学习。在1935年发表的一篇文章《我画漫画的经过》里，张谔说："后来转到××服务，所遇到的朋友，都是对国际问题，有深刻研究的学者，并且对漫画也有兴趣，无形中就引起我画国际政治漫画的动机，又蒙各友好不时的鼓励，不时的指导，又介绍许多的国外书报作参考，于是对国际漫画就渐渐发生很大的兴趣；直到现在，所发表的，也还以国际漫画占多数，这就是我个人画漫画的经过。"[31]

---

〔31〕 张谔：《我画漫画的经过》，见陈望道编：《小品文和漫画》，上海：生活书店，
　　　　 1935年，第146页。

面对西方漫画家创造的图像模式，中国读者和中国画家会有完全不同的体会和理解。在直接搬用西方"新长城"图像时，会进行一定程度的修正，以附加文字的方式对图像内容进行调整。最典型的改变，就是改换作品标题，先把菲茨帕特里克《中国新长城》添上问号，再从疑问句改回肯定句。对于《圣路易斯邮报》的菲茨帕特里克和《密勒氏评论报》的编辑们来说，这个"新长城"是"他们"中国人的长城，可以置身事外地观察和评价。而对于20世纪30年代的中国人，这座刚刚竖立起来的"新长城"乃是"我们"中国人的长城。《中苏文化》"抗战特刊"封面转引美国漫画时，编辑将作品名改作"我们的长城——四万万七千万"就是最直接的体现。在美国人超然物外的目光中，"他们"的长城或者坚固或者不坚固；而在置身其中的中国人看来，"我们"的长城——由四万万七千万中国人组成的长城——必然坚不可摧。

　　对图像修正的另一种方式是由画家们完成的。固然，以"国外书报作参考"于20世纪上半叶的中国漫画家而言几乎是无法避免的事情，但"参考"之外，还可以有所"创作"。1938年《抗战漫画》第8期有王寄舟《义勇军进行曲歌词》组画，其中与"把我们的血肉，筑成我们新的长城"对应的画面主体，就是一列从近处向远方进发的军队。这个排成整齐行列迈向远方的队伍，明显来自西方漫画里"新长城"的"行进模式"。但王寄舟借用这个图式时加入了自己的理解，他在近景中进一步夸大了透视效果，在画面最下方放置了三个士兵头像，一个是正侧面头像特写，一个是头像侧后方，以及一个已经隐入黑暗的头盔背面。这三个士兵头部特写合成一个连续性的动态过程，暗示战士们正在义无反顾地转过身去，迈向前线。这个转身的暗示，象征性地表达了一个把"血肉"筑成"长城"的过程。画面上半段是借用，下半段却是很简单也很有力度的改造。【图7.37】

图 7.37　王寄舟《把我们的血肉，
筑成我们新的长城！》，《抗战漫画》
1938 年 4 月

　　另一件 1938 年 2 月 1 日《抗战漫画》上刊登的《用我们的血肉，做成我们新的长城——一九三八年的新阵容》，也许是中国画家所作的"新长城"图像中最令人振奋的一件。画家陶今也让一排排士兵组合成四个字"一九三八"，利用中国行书写法里的连笔和西方绘画技巧中的透视，将一排排的战士紧密连接在一起，组成一堵不间断的人墙。画家将战士形象、"新长城"概念、中国书法以及 1938 年新年伊始的期待与祝福融会贯通，创造出焕然一新的"新阵容"。由人墙来构成长城和画面的技巧，在陶今也这幅漫画里获得了新的生命。【图 7.38】

　　一种 1933 年出现、1935 年定型的中国"新长城"观念，由西方艺术家提炼出与之相匹配的视觉形象，再返回到中国并衍生出更为复杂多变的"新长城"图像，这个过程充分显示出中国的"新长城"是一种跨语际、跨国界的创造。经由现代报刊传媒对于信息和事件的传播，部分西方漫画家了解到中国正在发生的战事，运用西方已有的图像传统塑造出他们所设想的

图 7.38　陶今也《用我们的血肉，做成我们新的长城———九三八年的新阵容》，《抗战漫画》1938 年 2 月

"新长城"，再经由报刊转载传递回中国，为中国艺术家所吸收、转化和利用，成为中国画家构想"新的长城"的灵感来源。这个过程只有在现代化的传播媒介得到普及，信息、观念和图像实现快速传递的流通网络中才可能实现。一种完全由中国战士组成的"新长城"图像，在这个网络中得以确立和传播。他们绵延无尽，伫立在大地上，面朝敌人，或者结成一望无垠的队列，奔赴前方。在这个意义上，20 世纪中国"新长城"图像的生产、消费和传播，不仅是国际化的结果，也是现代性的产物。

最后回到一个问题：为什么需要一个由人构成的长城？

一段关于"政治时代精神"的表述或许可以回答这个问题。1940 年 3 月 20 日，作家王林在他的《抗战日记》里记录了他听到的一个演讲，演讲人是华北党政军指导员韩乐然，主讲题目是《摄影与国际宣传》。韩本人是画家，也做摄影，而在宣传上，韩乐然则强调一种所谓的"政治时代精神"，以为不同时期，因政治时局的不同，便应有不同的宣传手段："韩以为在初期可多照日本惨轰的情形，然而在武汉失守后则否，这时便应该表现中国在抗战中的进步和新生力量，否则不能建立国际对中国抗战胜利的信心。如仍表现日本飞机轰炸，等于替人宣传。"[32]关于长城的再现，大约也有同样的"政治时代精神"在其中运作。实体"长城"已经为日军所占据，表现这段长城可能就是在为日本做宣传。在图像里，实体的长城只能作为一个需要去收复的对象，在"打回老家去"和"收复失地"之类图像里得到呈现。反过来，由战士构成的"新的长城"恰可以表达抗战中的"新生力量"。只要中国人一息尚存，"新的长城"便屹立不倒。

---

[32] 王林：《抗战日记》，北京：解放军出版社，2008 年，第 167 页。

第八章　不到长城非好汉

抗日战争时期关于长城的图像，大部分已成过往，至今仍为人念兹在兹且拥有巨大感染力的，可能唯有沙飞拍摄的"战斗在古长城"系列照片。学者高华说他看到这组照片时有很深的感动，因为它们"显现出中华民族的崇高和壮丽"[1]。英国摄影师林塞实地探访照片中的长城时，也"深切地感受到沙飞是在通过摄影让万里长城永存"[2]。为什么是沙飞而不是同时代其他人的长城图像被一再提及？沙飞的作品中打动人心的力量究竟来自哪里？这些问题都需要进一步探讨。

1. 沙飞的长城摄影

在民国时期的摄影家中，沙飞可能是最乐于拍摄长城，也确有机会邂逅长城的一位。《沙飞摄影全集》中以长城为背景的照片就有 29 幅，但沙飞不是单纯地拍摄长城本身，这 29 幅照片全都以八路军在长城脚下的行军和战斗为中心，设置有一个

---

〔1〕　高华：《沙飞：在祖国的天空中自由飞舞的一颗沙粒》，见高华：《革命年代》，广州：广东人民出版社，2010 年，第 226 页。

〔2〕　威廉·林塞：《万里长城百年回望：从玉门关到老龙头》，北京：五洲传播出版社，2007 年，第 126 页。

共同的主题："战斗在古长城"。[3]拍摄又主要集中于1937年秋至1938年冬，是沙飞随军转战山西、河北时拍摄下的画面。

沙飞对长城的拍摄始于平型关。现存三幅《八路军攻克平型关》，是沙飞在八路军115师取得平型关大捷后专程前往拍摄的。[4]三张照片前后相继，拍摄一队八路军骑兵和步兵通过一座关城。【图8.1、图8.2】沙飞在1942年3月为申请入党写的《我的履历》里提供了这次拍摄的关键信息：

> 到全民通讯社的第二天，经太原办事处主任彭雪枫同志之介绍，以记者资格到八路军总政治部，再转往115师去收集平型关胜利品等新闻照片和通讯材料，二星期完毕即回太原发稿。[5]

当时沙飞的身份是全民通讯社的摄影记者，全民通讯社社长是李公朴，经费和人员由八路军驻晋办事处负责，通讯社的工作是向国内报刊发送战地新闻和通讯。八路军总参谋部参谋处长彭雪枫当时兼任八路军驻晋办事处主任，平型关大捷捷报传来后得到指示："急需通过各种渠道、各种方式向全国、全世界宣传报道，八路军是坚决抗日的军队，刚出师华北，便取得胜利"，并由八路军驻晋办事处物色新闻记者去采访拍照。[6]沙飞积极要求前往，找李公朴和八路军驻晋办事处开具介绍信，携带摄影器材前往115师驻地。当时的115师驻地在五台

---

〔3〕 这些照片应该不是沙飞长城摄影的全部，不过本文的讨论以这29件作品为中心展开。见王雁主编：《沙飞摄影全集》，北京：长城出版社，2005年，第61—75页。

〔4〕 王雁主编：《沙飞摄影全集》，第62—63页。

〔5〕 沙飞：《我的履历》，见王雁主编：《沙飞摄影全集》，第479页。

〔6〕 王雁：《铁色见证：我的父亲沙飞》，北京：社会科学文献出版社，2005年，第95页。

图 8.1　沙飞《八路军攻克平型关》之一

图 8.2　沙飞《八路军攻克平型关》之二

县城东的河东村，沙飞在这里见到了林彪和聂荣臻，获准随意拍摄，大约两周后返回太原。平型关大捷发生在 1937 年 9 月 25 日，如果沙飞在一周内赶到，两周后离开，他在 115 师驻地一带的活动时间就是 9 月底到 10 月中旬。这也是这三张照片产生的时间。

必须指出的是，虽然沙飞很想去平型关，但他最终没能去成。在大概半个月的时间里，沙飞都在五台县河东村一带。[7] 所以这三张照片拍摄的对象不是平型关，而应该是五台县。不过长城途经山西五台县，宽泛地讲，这座关城似乎也可以算作长城的一部分。在沙飞还没有正式融入八路军时，八路军进入 / 收复 / 攻克长城关隘的场景就已经成为他的摄影主题。最早这一组似是而非的《八路军攻克平型关》，奠定了沙飞此后拍摄长城的基调。

沙飞从 115 师驻地返回太原完成全民通讯社交给他的任务后，又以随军记者身份重返 115 师：

> 不久太原危急，国军主力南撤了，但闻八路军将留下少数游击部队，在五台山打游击，并创造抗日根据地。我遂又回到五台来，找到了聂司令员介绍到杨成武支队去收集材料。
>
> 军区成立后，聂司令员去电一分区，叫我到阜平帮助编辑抗敌报，因此我立即赶回军区来，参加政治部工作，任编辑科长兼抗敌报社副主任。[8]

沙飞随杨成武支队的活动时间应该在 1937 年 10 月中下旬到 12

---

〔7〕 王雁：《铁色见证：我的父亲沙飞》，第 97 页。
〔8〕 沙飞：《我的履历》，见王雁主编：《沙飞摄影全集》，第 479 页。

月初，12 月被聂荣臻电召到阜平，不仅正式加入八路军，还被任命为政治部宣传部第一任编辑科长。[9]

就在 1937 年秋至 1938 年春，沙飞拍摄下他人生中最精彩的一批长城照片。这批长城摄影现存 22 张。从时间上看，又可以分作两个阶段。一为 1937 年秋冬之际，拍摄的作品有《山西灵丘，八路军骑兵挺进敌后》《塞上风云》《插箭岭战斗，八路军指挥所》(同名作品 2 幅)、《八路军占领长城烽火台》《休息》《晋察冀军区一分区部队在插箭岭战斗胜利后，穿过战场向前进军》《八路军收复插箭岭》(同名作品 3 幅)、《卫士》《八路军在长城上行进》《不到长城非好汉》《八路军收复长城要隘紫荆关》【图 8.3】。以上共 14 幅。[10] 二是 1938 年春拍摄的《战斗在古长城》系列 (5 幅)，以及《河北涞源浮图峪长城，战后总结会》《河北涞源浮图峪，守卫长城》《河北涞源浮图峪，八路军在古长城欢呼胜利》等与河北浮图峪长城战斗有关的照片，计有 8 幅。[11] 这两批共 22 张照片绝大部分都拍摄于河北，是沙飞关于长城摄影中最精彩、也最重要的作品。[12]

1938 年以后，沙飞直接拍摄长城的照片就非常少见，存世有《八路军开进紫荆关》(1940)、《八路军收复紫荆关》(1943)、《八路军再次光复紫荆关》(2 幅，1944)，共计 4 幅。这批照片可以视为 1937 年照片《八路军收复长城要隘紫荆关》

［9］ 顾棣、王笑利：《〈晋察冀画报〉工作事略》，见司苏实：《沙飞和他的战友们》，北京：新华出版社，2012 年，第 248 页。
［10］ 王雁主编：《沙飞摄影全集》，第 64—69、75 页。
［11］ 同上书，第 70—73 页。
［12］ 王雁经过考察和研究确认，沙飞的长城摄影"除《挺进敌后》是 1937 年 10 月在山西灵丘拍摄的 115 师骑兵营外，其余照片是 1937 年秋天他在河北涞源插箭岭、1938 年春天在河北涞源浮图峪拍摄的两组长城作品。拍摄时都得到杨成武部队的配合"。见王雁：《铁色见证：我的父亲沙飞》，第 101 页。

图 8.3　沙飞
《八路军收复长城要隘紫荆关》, 1937 年

的延续，围绕八路军在紫荆关的战斗来展开。1937 年的《八路
军收复长城要隘紫荆关》是沙飞跟随杨成武支队时拍摄的。杨
成武曾经回忆过他在 1937 年 10 月底（或 11 月初）途经紫荆关
时爬上古长城时的感受：

> 这里是著名的古战场，民间流传杨六郎曾经在这里抗
> 击外寇侵略的故事。站在城头上举目一望，远近群山峭矗，
> 状如列屏。阵阵秋风里，枯草委地，野兔窜动。古长城经过
> 千年风雨、各种战乱的洗劫，已经破败不堪了。但它雄伟的
> 身躯，时隐时现地蜿蜒在太行山巨峰重岭之间，夕阳再给它
> 抹上一层金辉，雄风依然不减当年。它所体现的不屈不挠的
> 精神正是我们的民族精神，我们就要在它脚下，在新收复的
> 涞源、广灵、灵邱、易县、蔚县、阳原、浑原之间，秉承八
> 路军总部和聂政委的意图，筹创抗日根据地。[13]

---

〔13〕 杨成武：《敌后抗战》，北京：解放军文艺出版社，1985 年，第 63—64 页。

沙飞或许也身在其间，心有同感。虽然直接拍摄紫荆关的照片都聚焦于紫荆关城门，以战士在城门前的活动来表达八路军的军事胜利，长城的恢宏壮阔不是重点，不过沙飞在跟随杨成武支队时拍摄的《塞上风云》【图 8.4】、《八路军占领长城烽火台》【图 8.5】却以太行山巨峰重岭间蜿蜒的长城为背景，堪称气象万千，豪气干云，可与杨成武的回忆相匹配。

在所有这 29 张照片里，沙飞都有意识地把八路军战士和长城组合在一起，他几乎没有浪费一张底片用来拍摄长城本身。在勾连战士与长城的方式上，大致又有三种情形。第一种是拍摄行进中的队伍，八路军战士沿长城行进，或穿过长城关口。二是在长城上战斗、休息或欢呼胜利。第三种是守卫长城，战士肃立在长城之上或烽火台前，人与城仿佛融为一体。人与长城在这些影像里又互相构成"图底关系"。在某些场景里，长城是主体；另一些情况下，八路军战士是核心。两者达成不同的

图 8.4　沙飞《塞上风云》，1937 年

第八章　不到长城非好汉　*309*

图 8.5　沙飞
《八路军占领长城烽火台》，1937 年

效果，前者突出长城本身的宏伟壮丽，而后者强调的是八路军战士的英勇无畏。【图 8.6、图 8.7、图 8.8】

　　沙飞仿佛只是一个随军记者，只是忠实地记录、拍摄下战争过程中留下的影像。但沙飞对于拍摄对象是有选择的，带有明确的目的性，在拍摄之前就会反复构思。沙飞最亲近的弟子张进学说得很形象："拍照，他没有考虑成熟他是不拍的。"〔14〕

　　就此而言，长城反复出现在沙飞摄影之中自然也绝非偶然，是摄影家刻意追求的结果。他对长城有意识地刻画乃至"塑造"，与抗战这个背景密不可分。沙飞的战友罗光达说沙飞摄影的目的是"使每一个不愿做奴隶的中国人看到这种生动的画面都感到振奋，感到自豪，对坚持抗战，争取最后胜利增添了信心和力量"〔15〕。而长城摄影就是其中最突出的一部分。

---

〔14〕　王雁：《铁色见证：我的父亲沙飞》，第 150 页。
〔15〕　刘亚：《沙飞军事新闻摄影三论》，《军事记者》2008 年第 10 期，第 54 页。

图 8.6　沙飞《八路军收复插箭岭》，1937 年

图 8.7　沙飞《战斗在古长城》，1938 年

图 8.8　沙飞《卫士》，1937 年

2.　双重目光下的长城

　　沙飞对于长城的热情还传递给其他同在《晋察冀画报》工作的摄影家。《晋察冀画报》中刊登了很多长城摄影，作者并不全是沙飞。其中最著名的一张或许是张进学拍摄的《解放山海关》。1942 年 7 月，晋察冀调人支援冀辽热解放区，沙飞派张进学随队前往。张进学是沙飞得意门生，也是沙飞当时最信任的助手。临行前，沙飞对张进学说："那里环境艰苦，很需要人，你第一批去，你们将来是第一批打到鸭绿江边的，你们是尖兵，那儿有长城、山海关，环境最艰苦，军队和人民的斗争最英勇，你们要很好地把军民抗战的事记录下来。"并且叮嘱说，一定要"把部队开进天下第一关山海关时的雄伟场面拍摄下来"。[16] 这一嘱托

---

〔16〕　王雁：《铁色见证：我的父亲沙飞》，第 151 页。

直到 1945 年 8 月才最终实现，在八路军开始大反攻时，张进学随所在部队日夜兼程赶到前线，于 8 月 30 日用沙飞给他的相机拍下了这幅八路军战士穿过山海关城下的镜头。之后张进学将底片寄到晋察冀画报社，沙飞马上刊用了这一画面，作为 1945 年 12 月出版的《晋察冀画报》第 9、10 期合刊本的封面。[17]【图 8.9】

张进学的《解放山海关》一般认为拍摄于 1945 年 8 月 30 日，这是解放山海关的时间。[18]这幅作品后来被认为是"反映八路军军事胜利的重要摄影代表作之一，多次展览、发表"[19]。似乎张进学抓拍到了这个历史瞬间。但实际情况可能略有出入。

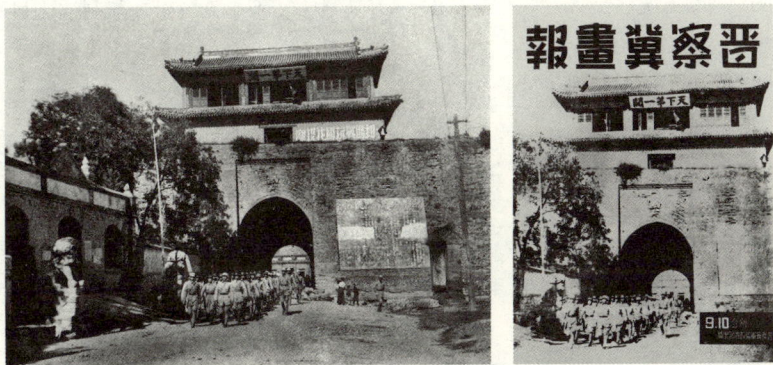

图 8.9　张进学《解放山海关》，1945 年 8—9 月

---

[17] 顾棣编著：《中国红色摄影史录》，太原：山西人民出版社，2009 年，第 279 页；王雁：《铁色见证：我的父亲沙飞》，第 151 页。

[18] 《中国红色摄影史录》《冀热辽烽火》等收录这幅摄影作品的图录基本上都持这种观点。《中国红色摄影史录》说张进学"于 8 月 30 日拍摄下八路军解放山海关的珍贵镜头"，见顾棣编著：《中国红色摄影史录》，第 279 页；《冀热辽烽火》的说明文字是："1945 年 8 月 30 日，冀热辽军区的八路军开进山海关城内"，见《冀热辽烽火》编辑委员会、晋察冀文艺研究会编：《冀热辽烽火》，沈阳：辽宁美术出版社，1991 年，第 150 页。

[19] 顾棣编著：《中国红色摄影史录》，第 279—280 页。

根据当时冀热辽军区司令员李运昌后来的回忆，山海关是由苏联军队和八路军共同合作攻克的。由于守城日军拒绝投降，中、苏联军在 1945 年 8 月 30 日下午 5 时开始攻打山海关。先由苏联红军向守城日军开炮轰击，再由八路军东路第十六军分区部队第十二团、十八团从南北两翼同时发起进攻。一个多小时后，十八团夺取城内制高点，将红旗插上"天下第一关"城楼，十二团夺取火车站，炸开城门，开始向城内突击。随后伪军开始投降，日军组织巷战。最后"经过三四个小时激战，至黄昏，除一部分日军逃跑外，城内日伪军全部被我消灭"[20]。从战斗过程来看，直到 8 月 30 日晚上 8 至 9 时，八路军才完全占领山海关。这一天里张进学不大可能拍摄八路军整齐步入山海关的画面，所以现在这张广为流传的《解放山海关》应该是 8 月 30 日之后几日拍摄的。

张进学并不只是拍摄了这一幅《解放山海关》。存世还有另一张《解放山海关》，拍摄八路军战士分作数排站立在"天下第一关"城门前的景象。【图 8.10】战士们在城下站三排，城墙上一排，城楼建筑上还站了一排。两幅《解放山海关》里的画面背景完全一样，无论城楼、树木、杂草还是涂写在城门边的白色标语都毫无二致。八路军战士的服饰也相当特别，一部分战士着八路军标准军服，另一部分战士却戴着日本头盔。八路军战士有时候会佩戴缴获来的日军头盔，但在抗日时期随军摄影师拍摄的照片里，这种混合装扮却非常少见，因为很多时候，敌我双方在影像里是依据服饰来区分的。同一背景下同样的"奇装异服"，而且数量不在少数，不太可能只是巧合，应该就是同一批八路军战士。也就是说，这两张《解放山海

---

〔20〕 李运昌：《忆冀热辽部队挺进东北》，见《冀热辽烽火》编辑委员会、晋察冀文艺研究会编：《冀热辽烽火》，第 182—183 页。

图 8.10　张进学两张《解放
　　　　山海关》之二

关》都是摆拍，而且是同一次摆拍的产物。两张照片的先后关
系也可以通过画面细节来推断。《解放山海关》之一的城楼上
有位负手观望的市民，城楼上的门板有的打开，有的闭合；
《解放山海关》之二里，城上的市民消失不见了，城楼建筑上
原本打开的门前站上士兵，原本闭合的门板也被取下，以方便
更多的士兵站立在楼檐上。这就可以推断张进学当时的拍摄情
况，他在获得军队的配合后，尝试不同的镜头和画面。他先
取"进入式"，战士列队入城。然后又尝试"阵列式"，战士
一排排阵列城头。在拍摄过程中，他只稍微移动了拍摄位置，
拍摄间隔也不长，所以两幅照片中的景物、角度以及光影效果
几乎完全一样。或许张进学还拍摄下更多的《解放山海关》照
片，他把底片托人送给沙飞，沙飞从中选出最满意的一张刊印
在《晋察冀画报》上。对沙飞的选择我们早已经知道答案，他

更钟爱"进入式"。比较起来,"进入式"不仅更为生动活泼,富于运动感,穿过城门的战士也更能暗示权力的交替转变,表达一个"解放"的动态过程,而不是仅仅陈述一个刚刚发生的事实。【图 8.11、图 8.12】

图 8.11　张进学两张《解放山海关》的对比之一

图 8.12 张进学两张《解放山海关》的对比之二

　　沙飞对这张照片应该极为满意，他后来又用另一种方式"再现"了这幅照片。1946年，沙飞拍摄了《晋察冀画报社美术编辑许群在张家口医院休息时看画报》，照片中生病的编辑躺在病床上翻看他的工作成果———一份《晋察冀画报》，而画报封面正是张进学拍摄的《解放山海关》。照片为室内场景，这类室内照在当时多多少少都会用摆拍方式完成，拍摄者会根据自己想要实

现的意图对房间内被拍摄的对象做出设计和摆布。即便面对的是
"首长",根据地的摄影师依然会将对方"摆来摆去",只是为了
"把镜头拍得美一些",甚至不惜惹怒"首长"。[21]为朋友或同事
拍室内照,摆来摆去自然更不在话下。沙飞很有可能是有意识地
让许群拿着这一册画报,然后拍下这个阅读"瞬间"。【图 8.13】

　　选择这一册《晋察冀画报》具有多重意义。最直接的意义
体现在照片的图像学内涵上。一个病人(或病中的"同志")在
调养身体的个人空间里仍然不忘工作,关心革命事业的发展,
这是塑造"革命工作者"常见的手法。在这个层面上,病中的
编辑阅读任何一本《晋察冀画报》都可以达到同样的效果。但
阅读封面带有《解放山海关》照片这一本就可能更有意义:许
群不仅关心《晋察冀画报》的出版,还关心党领导的革命事业
尤其是革命事业最近的胜利。

图 8.13　沙飞《晋察冀画报社美术编辑许群在张家口医院休息时看画报》,1946 年

---

〔21〕 徐肖冰:《凝固瞬间成就永恒》,见中国摄影家协会编:《透过硝烟的镜头》,第
　　　9 页。

在这个图像学框架内，沙飞设计了一个套嵌式的形式结构来呈现这一"革命工作者"形象。沙飞在三重意义上设计了《晋察冀画报社美术编辑许群在张家口医院休息时看画报》：其一，照片形式上的中心是张进学的《解放山海关》，这张照片是在沙飞的主导和策划下完成的。其二，许群手中的《晋察冀画报》是沙飞编辑的产物，《晋察冀画报》的诞生，沙飞起到最核心的作用，也正是他决定使用《解放山海关》作为《晋察冀画报》的封面。其三，沙飞构思设计了许群阅读《晋察冀画报》的画面结构和明暗光影。病中的文艺青年正在阅读他所参与制作编辑的刊物，通过手中的画报，来自远方的胜利消息在他面前绽放。而同样的，这也是沙飞的胜利，他促成张进学抓住这一"瞬间"，又将这个"瞬间"刊印出来，从而将这个具有重大象征意义的胜利凝固在《晋察冀画报》封面上，展示在所有读者面前——无论这个读者是画中人许群，还是画面外的任何一个观看者。

如果放在 1933 年以来关于长城的图像传统里，就可以明了沙飞为什么如此重视八路军《解放山海关》的拍摄。如前文所述，在日本占领东北之后，"收复失地""打回老家去"的标志就是跨过长城，冲出山海关。在 1942 年的时候，沙飞就在憧憬他的学生张进学能够记录下这个景象；而在张进学最终不负所托时，沙飞将这张照片放在《晋察冀画报》最醒目的位置，为抗日战争以来所有中国人所期待的目标——"打回老家去"——画上了完满的句号。在这个意义上，《解放山海关》就不仅是八路军的胜利，还是一个国家和民族最终在战争中涅槃重生的标志。这个重生的期待和完成都是以视觉的方式来呈现，始于图像，也终于图像。

在呈现这一意味着抗战胜利的画报时，沙飞设计了一场"对于观看的观看"，将他个人的成就——摄影、画报乃至抗日战争胜利的象征图像——设计成一个被观看的对象，画报不是照片名义上的中心（"看画报"才是主题），但它却是所有视线汇聚的焦点，无论是被拍摄的画中人（他的目光聚精会神地投射到画报上），还是正在或将要观看这一摄影的画外人（画报几乎位于照片正中心）。在这一"对于观看的观看"之下，隐藏着一幅对于"摄影"的"摄影"。从时间上看，前一个摄影（张进学拍《解放山海关》）发生在过去，后一次摄影（沙飞拍张进学照片）发生在现在；从再现方式上看，这是一个关于再现的再现，前一个再现是张进学镜头下的景象，后一个再现由沙飞本人设计或者捕捉。虽然摄影再现总是呈现出镜头能够直接看得到的东西，但沙飞却通过拍摄照片的方式，象征性地拍摄下镜头看不到的对象。从摄影形式本身来说，沙飞似乎只是把一张照片"套嵌"到另一张照片里，但在摄影与再现、镜头与现实的关系上，沙飞拍下他看到的瞬间，为的却是再现他看不到的时刻。在这个意义上，《晋察冀画报社美术编辑许群在张家口医院休息时看画报》就以摄影的方式，探讨了视觉与时间、摄影与再现的可能性问题。这张照片就不再仅仅是对沙飞战友的再现，或者对革命工作者的塑造，同时也可以理解为一幅自我指涉的"元摄影"或"元图像"，成为一幅用摄影来讨论摄影的摄影作品。[22]"天下第一关"作为图像中的图像处于双重目光之下：张进学试图复现八路军"解放山海关"的目光，以及沙飞借助许群之手，用摄影镜头占据八路军"解放山海关"画面的目光。通过这种方式，沙飞实现了自我补偿，他渴望亲自拍摄八路军解放山海关这一"事件"，但他无法实现这一愿望；当他把《解放山海关》这一"照片"摄入自己镜头内的时候，他就在象征的意义上将这一照片占

---

[22] 米歇尔对"元图像"的定义是："元图像是为了认识自身而展示自身的图像：它们呈现图像的'自我认识'"。见［美］W. J. 米歇尔著，陈永国、胡文征译：《图像理论》，北京：北京大学出版社，2006年，第38页。

图 8.14　对摄影的摄影

为己有。沙飞对于长城的崇拜甚至迷恋，在这里以一种更内敛、也更自我的方式流露出来。【图 8.14】

3．不到长城非好汉

"战斗在古长城"系列照片的拍摄时间多在 1937 年和 1938 年，而这批长城照片的发表主要是在 20 世纪 40 年代的《晋察冀画报》。这样一来，在沙飞的长城摄影里，摄影是一回事，而对于摄影的使用又是另一回事，这种差异最突出地体现在摄影作品的命名上。沙飞的女儿王雁已经指出，沙飞同一件摄影作品在不同时间发表时可能会标注不同的拍摄时间和地点。[23] 司徒实

---

〔23〕 王雁指出，"沙飞拍摄的长城照片，在不同时间发表，照片说明文字是不同时间、地点。《塞上风云》《挺进敌后》《八路军战斗在古长城》《战后总结会》《我军战士在古长城上欢呼胜利》等照片上的长城，究竟具体在什么地方，没有人知道。"直到 1997—2004 年长城学会、长城小站、中央电视台《永恒的瞬间——记沙飞》纪录片摄制组等单位、团体及包括王雁、顾棣等在河北、山西等地找到照片中的拍摄地点。见王雁：《铁色见证：我的父亲沙飞》，第 100—101 页。

在研究中也指出，沙飞在刊登自己照片时，可能会有意识地改写摄影拍摄的内容。最突出的一个例子是沙飞发表在《晋察冀画报》第 4 期（1943 年 9 月）上的《转战在喜峰口外的晋察冀八路军》。这张照片实际上拍摄的是 1937 年和 1938 年河北涞源的插箭岭或浮图峪。[24]

这就说明，沙飞对于照片的命名会根据发表需要而因时因地制宜，并不拘谨于摄影本身时间、地点的准确。沙飞的同事都回忆，沙飞对于照片原始信息的准确记录和保管近乎偏执；而在运用这些照片时，沙飞又体现出一种惊人的灵活性。这种分裂只能通过沙飞的摄影观念来解释：摄影是一种武器，而武器的价值由它所达到的效果来衡量。

1942 年 7 月 7 日，《晋察冀画报》创刊号封面上刊登了沙飞一张摄影作品，一队八路军战士行进在长城烽火台下，烽火台上还有战士守卫。这张照片是前文所述沙飞第二组长城照片之一，拍摄于河北涞源。杂志目录给出了封面摄影的名字：《塞上风云》，并有一段文字说明："一九三七年十月向长城内外进军之杨成武支队"。这一件作品的发表时间距离拍摄时已经过去了五年。【图 8.15】

又过了四年，同一张照片在 1946 年 7 月晋察冀军区政治部出版的《晋察冀画报》丛刊之一的《人民战争》上再次刊登，这一次，照片的题目换作"不到长城非好汉"，下方还有详尽的文字说明：【图 8.16】

中国红军两万五千里长征中，毛泽东同志曾在六盘山顶临风高歌："不到长城非好汉！"红军经过艰苦的奋斗，

[24] 司徒实：《沙飞与作为道具的长城：沙飞和他的〈战斗在古长城〉系列作品》，《中国摄影家》2015 年第 1 期，第 49 页。

图 8.15 《晋察冀画报》封面上的
《塞上风云》

图 8.16 从《塞上风云》到
《不到长城非好汉》

终于实现了北上抗日的志愿。当全国抗战爆发以后，聂荣臻将军接受了毛泽东同志所给予的战略任务，率两千兵马，深入冀西，直抵长城，卷起塞上风云，开辟了第一个敌后抗日根据地。图为一九三七年十月向长城内外进军的杨成武支队。[25]

摄影本身的内容是"一九三七年十月向长城内外进军的杨成武支队",而 1946 年《人民战争》上的标题将这张照片与毛泽东联系在一起。"不到长城非好汉"出自毛泽东 1935 年 10 月 7 日在六盘山上作的《长征谣》:

> 天高云淡,望断南归雁,不到长城非好汉!同志们,屈指行程已二万!同志们,屈指行程已二万!
>
> 六盘山呀山高峰,赤旗漫卷西风。今日得着长缨,同志们,何时缚住苍龙?同志们,何时缚住苍龙?

这首自由体诗歌很快在红军中传唱。1941 年 12 月由《奔流新集之二·横眉》首次发表,1942 年 8 月 1 日的《淮海报》副刊《文艺习作》再次刊登。1949 年 7 月底,上海《解放日报》再次发表时,毛泽东面对新的形势,将诗作改为《清平乐·六盘山》,文字也相应做出了调整,以符合规范的词曲格式,这也就是现在通行的《清平乐·六盘山》版本定稿。[26]

毛泽东 1935 年看到的长城应该是秦长城。1935 年 9 月,毛泽东率红一方面军进入甘肃南部。10 月初,国民党在六盘山一带建立防线,红军攻克通渭城,进入平凉、固原大道。10 月 7 日,在六盘山的青石嘴击败前来堵截的敌骑兵团,于当天一鼓作气翻越六盘山。最后在 10 月 19 日到达陕北保安县吴起镇(今吴旗县)与陕北红军胜利会师,完成二万五千里长

---

[25] 晋察冀文艺研究会、中国人民抗日战争纪念馆、中国新闻摄影学会编:《〈晋察冀画报〉影印集》,沈阳:辽宁美术出版社,1990 年,第 927 页。
[26] 李喆:《从〈长征谣〉到〈清平乐·六盘山〉》,《党史博览》2011 年第 10 期,第 52—53 页。

征。据说毛泽东作诗时是在六盘山最高峰之一的牛头山上，其时即将到达目的地，毛泽东心情甚佳，故有此作。六盘山距宁夏固原城 50 公里，现在固原境内只有秦长城遗址，残毁严重，大多看不到城墙，只见残留的城墩。不过，这些遗迹已经足够激发毛泽东的诗兴，写出"不到长城非好汉"这一 20 世纪中国诗歌中流传最广的名句。这一诗句同时也表达出毛泽东对于一个当时已公认为"伟大"的历史建筑的认同，而通过赞赏这个伟大的历史建筑，毛泽东要歌颂的是"屈指行程已二万"的"好汉"。

从"塞上风云"到"不到长城非好汉"，照片标题的变化不仅显示出毛泽东《长征谣》确实在各个八路军根据地传诵，同样也可以看到沙飞有意识地选择了毛泽东诗句，从而使这一照片在当时更具有合法性。"毛泽东同志曾在六盘山顶临风高歌：'不到长城非好汉！'"，而杨成武支队正在开赴"长城内外"，115 师的八路军战士自然就成为毛泽东赞赏过的"好汉"。借助毛泽东诗句来作为艺术创作母题，是 1949 年新中国成立后最常见的、最易获取合法性的方式，在绘画中这类作品被称为"毛泽东诗意画"。在这个意义上，这一 1937 年的照片在 1946 年添加上毛泽东作于 1935 年的诗句，称得上最早的"毛泽东诗意画"了。

"不到长城非好汉"里的长城最初与抗日没有直接关系。这些"好汉"在写作时的指涉对象是毛泽东当时率领的红一方面军，是在国民党军队穷追猛打下远行二万里的红军战士。共产党和国民党之间的战斗毕竟是内战，事关政权交替，却与民族兴亡无关。但在这本《人民战争》里，"不到长城非好汉"却开始和抗日战争有了直接的联系，尤其是"不到长城非好汉"作为沙飞长城摄影标题出现的时候，这句话的含义就改变了。借助照片上的主题词"到敌人后方去"，照片的标题"不到长城非好汉"，以及说明文字里"红军经过艰苦的奋斗，终于实现了北上抗日的志愿"等文句，照片中的长城图像就自然而然转化为红军以及后来的八路军走上抗日前线的见证。

在沙飞摄影与毛泽东诗句相结合的语境里，发生改变的就不仅仅是沙飞的摄影。在另一个层面上，正是沙飞的摄影使"不到长城非好汉"这一名句有了新的意义。雄伟的长城下，八路军战士奋战在抵抗外国侵略者的最前线。这里的长城具有了国家、民族的象征意义。当工农红军与国民党军队的战斗变为八路军战士抗击日军的战争时，"不到长城非好汉"的"长城"也就从历史遗迹意义上的长城，变成了中华民族象征意义的长城；"好汉"也从推翻国民党统治的战士变成了保家卫国、争取民族独立的战士。在这个意义上，与其说毛泽东诗意改变了沙飞的摄影，不如说沙飞的摄影赋予毛泽东诗词以新的、更加崇高的意义。

《不到长城非好汉》摄影之于毛泽东《长征谣》的新阐释，也成为后来重新解读《清平乐·六盘山》的主流见解。毛泽东本人对于这首词的理解也有一个变化过程。"不到长城非好汉"的好汉们有一个对手，就是不知何时才能缚住的"苍龙"，毛泽东本人对《清平乐·六盘山》有一条自注："苍龙：蒋介石，不是日本人。因为当前全副精神要对付的是蒋不是日。"[27]从语义上看，是一个比较早期的注释（"当前全副精神要对付的是蒋"）。到20世纪50年代，毛泽东诗集要在苏联出俄文版时，遇到一些翻译和注释问题，其中就涉及"缚住苍龙"里的"龙"究竟指什么。当时苏联文学家意见就有分歧，一种认为是日本侵略者，一种认为是蒋介石的军队，后来他们直接从毛泽东本

〔27〕 中共中央文献研究室编：《毛泽东诗词集》，北京：中央文献出版社，1996年，第67页。

人那里获得了答案："苍龙是泛指敌人……无论说日本侵略者还是国民党反动派，都没错。"[28] 也就是说，站在时隔二十年后的新立场上，毛泽东本人也开始觉得这首词所要针对的对象，也可以是日本人。在这个意义上，沙飞用图像改写"不到长城非好汉"的指向，是远远走在前面了。

沙飞的摄影工作得到聂荣臻的大力支持。聂荣臻在观看沙飞、罗光达举办的第一次晋察冀边区摄影展后说："照片形象鲜明、真实，战士和老乡们容易看懂，不识字的人也能看懂，照片是一种很好的宣传工具，要是能把它放大，群众会看得更清楚，那就更好了。"[29] 这种让不识字的人也能看懂的要求，大约也推动了沙飞对于摄影叙事性的追求。

沙飞本人对于摄影的历史感、摄影与国家民族的关系有很明确的意识。在1937年一篇名为《摄影与救亡》的文章里，沙飞说，摄影作者应该"把所有的精力、时间和金钱都用到处理有意义的题材上——将敌人侵略我国的暴行，我们前线将士英勇杀敌的情景，以及各地同胞起来参加救亡运动等各种场面反映暴露出来，以激发民族自救的意识"[30]。摄影家工作的最终目的，应该是唤醒民众和激发出"民族"意识。在友人记录的沙飞关于摄影的只言片语里，也流露出这种信念。《晋察冀画报》主要负责人之一的石少华回忆他1939年第一次见到沙飞时，两人秉烛夜谈，沙飞对他说：

---

[28] ［俄］尼·费德林著，周爱琦译：《费德林回忆录：我所接触的中苏领导人》，北京：新华出版社，1995年，第18—20页。费德林接着说，"可是，作者在别的场合又解释说，这些诗是早年在行军和战斗途中写的，现在过了几十年，连自己也想不起当年写诗的动机，很难回想当时的情景了。他还强调说，他的这些'小东西'没有什么价值，最好别去理会了"。这种含糊，其实也能说明很多问题。

[29] 河北省新闻出版局出版史志编委会、山西省新闻出版局出版史志编委会：《中国共产党晋察冀边区出版史》，石家庄：河北人民出版社，1991年，第57页。

[30] 沙飞：《摄影与救亡》，《广西日报》1937年8月15日，第5版。

"把新闻摄影与摄影艺术对立起来，不考虑在可能的条件下把作品的内容与形式统一起来，对历史是不负责任的。中国的摄影艺术是在革命战争中，才真正与国家和民族的命运结合起来，成为一种人民所必需的武器，真正从狭隘的儿女私情走向火热的生活。"[31] 摄影在沙飞心目中所要负载的内涵十分沉重，与"历史""国家""民族""人民"都密切相关，而在他的摄影作品中，与长城有关的摄影实际上最能承担起他对于这些宏大概念的表达。

沙飞对摄影的定位是"武器"。他自己说："摄影即具备如上述的种种优良的特质，所以，它就是今日宣传国难的一种最有力的武器"。[32] 这种观点被他的同代人称为"武器论"。[33] 同时沙飞还认为，摄影在宣传方面是最有力量的武器。他常将摄影和绘画做优劣上的比较，画家张望回忆他1945年底在张家口与沙飞相遇时，沙飞跟他讲摄影和绘画的差别："摄影受客观限制很大，不像绘画那样自由发挥，要因时、因地、因人而制宜，要真实反映现实，引人入胜；要技术精湛，不仅要勤于实践，要迅速果敢，争分夺秒，选择角度和光；要重视真、善、美的美学原则，要有统一的和谐的关系。"[34] 面对画家张望，沙飞侧重摄影的局限；而当沙飞面对的是自己更亲密的学生、同志且同为摄影家的张进学时，沙飞就会直接表达自己的态度："摄影的说服力要比绘画更强"。甚至沙飞还要把

---

〔31〕 王雁：《铁色见证：我的父亲沙飞》，第155页。

〔32〕 沙飞：《摄影与救亡》，《广西日报》1937年8月15日，第5版。

〔33〕 沙飞的学生和同事顾棣回忆说："就说这个武器论，沙飞说摄影是战斗，照相机是武器。战士是拿枪打仗，摄影记者是用照相机打仗，你拿照相机等于拿武器和敌人作战一样，要掌握住这武器，你掌握照相机等于战士掌握枪一样。"顾棣：《视底片如生命》，见中国摄影家协会编：《透过硝烟的镜头：中国战地摄影师访谈》，第312页。

〔34〕 王雁：《铁色见证：我的父亲沙飞》，第43页。

他本人的摄影与"艺术摄影"区别开来，因为他要用照相机去"表示爱憎，表示支持和反对"[35]。沙飞是有意识地"要用摄影唤醒民众"。这当然是一种启蒙者的姿态，他的历史感、民族意识，都促使他会在摄影中传达一些明确而强烈的观念。他的启蒙意识强烈到促使他写出一份万言书，委托聂荣臻转交给毛泽东，建议毛泽东和党中央应该如何在战争中打击敌人。[36]当他把这种略显偏执的精神诉求投注到摄影，将其具现为长城影像的时候，20世纪中国最具有现实性与象征性的一批作品就得以诞生了。

小　结

沙飞对长城的理解来自哪里？一幅沙飞本人摄于 1938 年的照片提供了线索。1938 年 1 月，八路军在河北阜平县召开晋察冀边区军政民代表大会，成立边区抗日民主政府，建立起第一个华北敌后抗日根据地。沙飞用照片《创建第一个抗日民主政府》记录下这个重要时刻。照片中第一排与会代表拉起横幅，上书"筑成我们新的长城"。横幅由"阜平县政委员会暨各群众团体合赠"，横幅上的文字既是社会各界对于共产党政府的期待，同样也可以理解为晋察冀边区抗日民主政府在当时的理想或者目标——"筑成我们新的长城"。这幅照片最终发表在 1942 年 2 月的《晋察冀画报》创刊号上，

[35] 王雁：《铁色见证：我的父亲沙飞》，第 150 页。
[36] 张进学曾经看到过这份万言书，他对万言书中内容的评价是"很可笑"和"不正常"，在他看来，这是沙飞精神状态不正常的表现。（见王雁：《铁色见证：我的父亲沙飞》，第 151 页。）另一方面，这份万言书也体现出沙飞的极度自信。这种带有偏执的个性特征，也被很多沙飞研究者称作孩子般的天真。

表明照片上的内容——无论人物还是文字——获得了当时共产党政权的充分认可。最有意思的是，在这幅照片的左上方还有蒋介石和毛泽东的圆形头像，这两张领导人肖像是拼贴上去的，从而使《创建第一个抗日民主政府》更加具有叙事性：在国共领袖的带领下，抗日民主政府将"筑成我们新的长城"。【图 8.17】

"筑成我们新的长城"来自 1935 年《风云儿女》的主题曲《义勇军进行曲》，到 1938 年，这首歌曲已经人尽皆知并被充分地图像化了。而沙飞对于《风云儿女》并不陌生。在 1939 年沙飞为吴印咸编写的《摄影常识》序言里，沙飞提到过这部电影。[37] 沙飞早年活跃于上海，与左翼文化界关系密切，曾为鲁迅摄影。在 1937 年作为战地摄影记者到华北根据地之前，他的思想受到上海左翼影响是毋庸置疑的。而他对于长城的理解和热爱，自然与《义勇军进行曲》中倡导的"新的长城"密不可分。

沙飞的长城摄影到现在仍具有生命力，除去这些照片本身所具有的历史感与宏伟力度之外，还在于这些照片从视觉上把

图 8.17 《创建第一个抗日民主政府》，1938 年 1 月，沙飞摄

---

〔37〕 王雁编：《沙飞纪念集》，深圳：海天出版社，1996 年，第 101 页。

长城这个中华民族的象征物与中国共产党的抗战伟业牢固地结合在一起，以至于"所有以中国革命为主题的图片展览都要展出沙飞拍摄的长城抗战照片"〔38〕。中国共产党在抗战时期为民族和国家所付出的牺牲与伟大贡献作为历史事实，固然毋庸置疑，而这种伟大只有在这些照片里才能最形象、最生动地呈现出来。或许只有看到这些照片，才能真正明白，为什么要说"不到长城非好汉"。

---

〔38〕 威廉·林塞:《万里长城百年回望：从玉门关到老龙头》，第126页。

结　语

　　19世纪末20世纪初，中国接受欧洲关于长城是"中国前古之遗迹"[1]、"地球上最伟大之古物"[2]的观点，在此基础上，才有了田汉说长城"象征我们民族的伟大魅力"[3]，才有了《良友》所说的"万里长城，中国建筑的光荣。伟大的艰巨的工程，象征着中华民族任劳任怨的忍耐性格"[4]。

　　借助长城的古老与伟大，1930年4月的《良友》画报尝试构建一个不同于欧洲文明的"东方文明"。画报将中国长城与美国纽约摩天楼放到一起对比，用长城代表"古代的东方文明"，纽约百老汇的摩天楼代表"现代的西方文明"。[5]这本身就是一种对平等的期许：在当时的欧洲人看来，只有欧洲文明才称得上文明，而中国不过属于"半文明国家"。[6]一方面，将"东方文明"与"西方文明"相提并论，是对欧洲所制定的文明等级提出了挑战；另一方面，《良友》对东、西方文明的理解又复现

---

〔1〕　《万里长城》，《时事报图画旬刊》，宣统元年（1909）二月上旬，第1页。

〔2〕　《万里长城》，《真相画报》1912年第5期。

〔3〕　田汉著，《田汉全集》编委会编：《田汉全集》第一卷，第290页。

〔4〕　《良友》1935年第101期，第24—25页。

〔5〕　《良友》1930年第46期，第22—23页。

〔6〕　刘禾：《国际法的思想谱系：从文野之分到全球统治》，见刘禾主编：《世界秩序与文明等级：全球史研究的新路径》，北京：生活·读书·新知三联书店，2016年，第43—100页。

了这个等级关系：长城即便散发着荣耀，那也是古代的荣耀，对于今天而言，它终究是"老而无用"了；"西方文明"则属于"现代"，在"现代物质竞争中，西方每占优胜"，我们最终还是要接受"现代人的命运"，要走西方文明的道路。《良友》在东、西方文明之间，划出了一个既对等又不对等的关系：在空间上，"东方文明"和"西方文明"似乎可以相提并论；在时间上，"东方文明"却要落在"西方文明"后面，前者属于过去，后者属于现在。【图9.1】

当"新长城"的观念提出后，晚清民国以来隐藏在长城背后的时间逻辑就被颠覆了。1938年初，赖少其在木刻组画《今天是破坏与凄凉，明天是自由与解放》里，用另一种时间对比——"今天"和"明天"——来替代"古代"与"现在"。《今天是破坏与凄凉》在1938年是死去的百姓，流血的士兵，还有在"中国"照耀下，由战士们排列起来的"血肉的长城"，以及

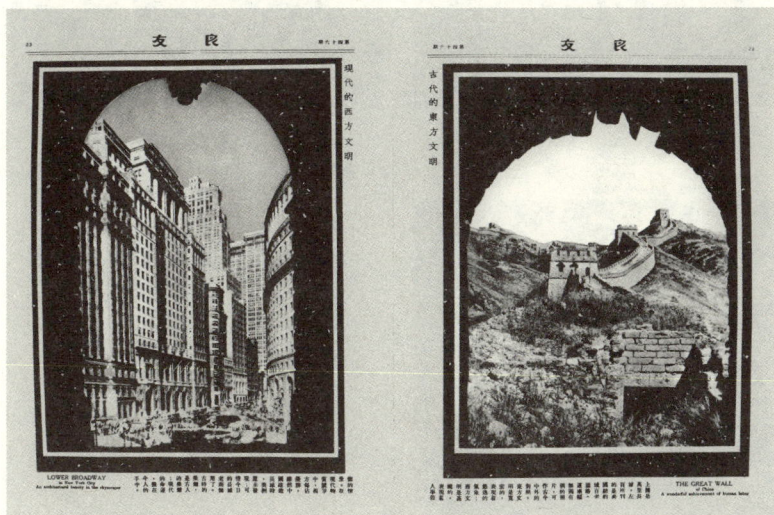

图9.1 《良友》画报中的长城与纽约摩天楼，1930年

握成铁拳的"民族魂"。正是他们的浴血奋战，才有了"明天"。《明天是自由与解放》里是"凯旋"，是"我们胜利了！"，是欣欣向荣的生产和建设。在这个图像叙事里，只有在"今天"的"血肉的长城"，才能带给中国"明天"的"自由与解放"。这座新的"长城"不再属于过去，属于古代；"长城"就在"今天"，它把我们带向胜利，带向未来。【图 9.2】

图 9.2　赖少其《今天是破坏与凄凉，明天是自由与解放》，1938 年

作为"中华民族"象征的"新长城",与作为"东方文明"代表的长城,在物质形态和精神意义上都截然不同。作为"东方文明"代表的长城是那座历经千年风雨的实体长城,即便伫立在当下,它也更多喻示着时间轴上古老的过去;作为"中华民族"象征的长城却有一个"血肉"的躯体,以及将所有中国人凝聚为一体的"民族魂",它在当下,朝向着时间上的未来。

　　无论文明意义上的长城,还是民族意义上的长城,都不能单从中国内部生发出来,而需要一个全球性的视野。只有在全球性的目光下,长城的"古老"与"伟大"才能凸显出来,长城才能够首先被欧洲、然后才是中国自身认定为中国乃至东方文明的代表,才能进而成为"中华民族"的象征,与其他世界民族交相辉映。

　　长城成为"中华民族"的象征,根据本书研究,经历了三个节点:1. 1933年初的长城抗战,"人的长城""动的长城""铁血的长城"——提出,更有号召"只有血和肉做成的万里长城才能使敌人不能摧毁!";2. 1935年在中国共产党文化工作者推动下完成的《义勇军进行曲》歌词,为新的长城观念确定了一个经典化的表达文本("把我们的血肉,筑成我们新的长城");3. 1937年抗日战争全面爆发后,新的长城观念普及到全中国,"长城"将"我们"与"中华民族"熔铸为一个整体。长城成为"中华民族"象征的过程,也是一个"新长城"观念的生成史。

　　长城的视觉化则是另一个问题。抽象的观念并不足以支撑长城的伟大(Great),传说中的空中花园只能停留在传说里。长城的伟大首先在于它的物质性存在,它的长度、高度、宽度、硬度等等可以感知的内容和特征。如果要表达秦始皇的伟大,只需要也只能够讲述他的事迹,而对于长城来说,这就远远不够,因为它就摆在那里,能够证实和证伪,长城的伟大就必须"眼见为实"。这就需要以感性的方式——主要是视觉的方式——把这种伟大呈现出来。18 世纪的欧洲长城版画和 19 世纪的长城摄影都会侧重传达长城的高大与壮观，借助山川的起伏辽阔来强化长城的崇高感。无论"万里长城"还是"the Great Wall"，都必须通过视觉图像获得表达和印证。长城之于现代世界的文化意义，从一开始就是借助视觉方式构建起来的。

在 20 世纪 30 年代，长城在物质意义上的"伟大"被战火毁灭了。无论在感知上如何"高大"，无法抵挡飞机、大炮的"砖石的长城"对一个面临生死存亡的民族和国家就没有意义。"砖石的长城"可以象征古老的中国，象征东方文明，但却不足以将战火硝烟下的中国人凝聚为一个整体。这个国家和民族需要一个长城的替代品，一个不是长城却又具备长城曾经所具备的力量的东西。于是"血肉的长城"就被塑造出来。和"砖石的长城"一样，这个"血肉的长城"也必须在视觉上得到呈现。因为"血肉的长城"存在的意义，就在于召唤所有中国人来组成一个"我们"，从内心深处把自己认同为"中华民族"之一员。这种召唤首先呈现为观念，而后它需要得到传播，用文字，用声音，用图像。

如何用图像来构建一个"血肉的长城"，或者"新的长城"？在早期阶段，"血肉的长城"用超现实的蒙太奇方式组装起来，巨人战士站在长城之上，用血肉之躯嫁接长城的方式，来号召所有中国人团结为"我们"。在 1937 年以后，"血肉的长城"或者"新的长城"已经深入人心，仅仅用战士排列出"墙"的形式，就足以表达出"把我们的血肉，筑成我们新的长城"的含义了。此前将长城与巨人拼接在一起的超现实组合，也就功成身退，不再为今天所熟悉。

从"砖石的长城"，到巨人与长城，最后到"人的长城"，就构成了一个"新长城"的图像发生史。"新长城"的图像发生史，与"新长城"的观念生成史相伴相生，紧密交织在一起。本书八个带有个案性质的章节，都是围绕"新长城"的观念生成史与图像发生史这两根主线来展开。"长城"在这两根历史线索当中，既是一个物质性的建筑，又是一个观念认知对象，还呈现为各式各样的视觉图像。"新长城"的观念和图像，都有一个挣脱实体长城物质属性、趋于精神化和象征性的过程：就观念而言，用"血肉的长城"替代了"砖石的长城"；在图像上，先有巨人跨越长城，再由战士人墙来象征"长城"。长城从此具有了两个"身体"：古老而伟大的"砖石"建筑是它物质的身体；由"血肉"、由战士构成的墙壁构成了它精神的"身体"。在抗日战争这一特定历史背景下，"长城"完成了一个从物质到精神的转化，而"长城"的视觉图像也作为一种民族话语的表达方式，一直延续到今天，并且不断激发出新的视觉形式，产生新的意义。